Kohlhammer

Pädagogik im Autismus-Spektrum

Herausgegeben von Christian Lindmeier

Eine Übersicht aller lieferbaren und im Buchhandel angekündigten Bände der Reihe finden Sie unter:

  https://shop.kohlhammer.de/paedagogik-autismus-spektrum

Die Herausgebenden

Prof. Dr. Christian Lindmeier leitet die Arbeitsbereiche »Pädagogik bei kognitiver Beeinträchtigung« und »Pädagogik im Autismus-Spektrum« an der Universität Halle-Wittenberg. Carina Schipp ist dort wissenschaftliche Mitarbeiterin. Dr. Mechthild Richter war dort ebenfalls tätig und ist nun wissenschaftliche Mitarbeiterin an der Universität Erfurt.

Lindmeier/Richter/Schipp (Hrsg.)

Autistische Menschen in Studium und Hochschule

Verlag W. Kohlhammer

Dieses Werk einschließlich aller seiner Teile ist urheberrechtlich geschützt. Jede Verwendung außerhalb der engen Grenzen des Urheberrechts ist ohne Zustimmung des Verlags unzulässig und strafbar. Das gilt insbesondere für Vervielfältigungen, Übersetzungen, Mikroverfilmungen und für die Einspeicherung und Verarbeitung in elektronischen Systemen.

Die Wiedergabe von Warenbezeichnungen, Handelsnamen und sonstigen Kennzeichen in diesem Buch berechtigt nicht zu der Annahme, dass diese von jedermann frei benutzt werden dürfen. Vielmehr kann es sich auch dann um eingetragene Warenzeichen oder sonstige geschützte Kennzeichen handeln, wenn sie nicht eigens als solche gekennzeichnet sind.

Es konnten nicht alle Rechtsinhaber von Abbildungen ermittelt werden. Sollte dem Verlag gegenüber der Nachweis der Rechtsinhaberschaft geführt werden, wird das branchenübliche Honorar nachträglich gezahlt.

Dieses Werk enthält Hinweise/Links zu externen Websites Dritter, auf deren Inhalt der Verlag keinen Einfluss hat und die der Haftung der jeweiligen Seitenanbieter oder -betreiber unterliegen. Zum Zeitpunkt der Verlinkung wurden die externen Websites auf mögliche Rechtsverstöße überprüft und dabei keine Rechtsverletzung festgestellt. Ohne konkrete Hinweise auf eine solche Rechtsverletzung ist eine permanente inhaltliche Kontrolle der verlinkten Seiten nicht zumutbar. Sollten jedoch Rechtsverletzungen bekannt werden, werden die betroffenen externen Links soweit möglich unverzüglich entfernt.

1. Auflage 2025

Alle Rechte vorbehalten
© W. Kohlhammer GmbH, Stuttgart
Gesamtherstellung: W. Kohlhammer GmbH, Heßbrühlstr. 69, 70565 Stuttgart
produktsicherheit@kohlhammer.de

Print:
ISBN 978-3-17-043648-0

E-Book-Formate:
pdf: ISBN 978-3-17-043649-7
epub: ISBN 978-3-17-043650-3

Inhaltsverzeichnis

Vorwort des Herausgebers der Buchreihe 9

Vorwort 11

I	Übergänge von der Schule an die Hochschule begleiten und gestalten	
1	Zwischen Abitur, sozialen Kontakten und Wäsche waschen *Clara Tabea Ketterer*	17
2	Von der Schule an die Hochschule: Autist*innen im Übergangsprozess .... *Carina Schipp*	22
3	Das Aktion-Mensch-Projekt IBERA: Individuelle Integrationsberatung für Menschen im Autismus-Spektrum mit Hochschulreife .... *Matthias Kraupner*	34
4	Übergang Schule – Studium im Autismus-Spektrum: Unterstützungsmöglichkeiten am Beispiel des kombabb-Kompetenzzentrums NRW .... *Stephanie Feinen & Johanna Krolak*	42
5	Wie erleben Autist*innen den Übergang von der Schule ins Studium? Ergebnisse eines exemplarischen, systematischen Reviews .... *Eileen Jensch, Christian Lindmeier & Carina Schipp*	56

II Barrieren und Herausforderungen in Studium und Hochschule identifizieren und bewältigen

6 Wie inklusiv sind deutsche Hochschulen? Strukturelle Rahmenbedingungen und Entwicklungspotenziale (nicht nur) für autistische Studierende 67
Bettina Lindmeier, Christian Lindmeier & Dorothee Meyer

7 Hochleistungsmasking und Übersetzungsfehler: Über die (Un-)Sichtbarkeit von (meinem) Autismus im Studium 82
Julia Bunge

8 Angemessene Vorkehrungen und Nachteilsausgleiche als Voraussetzungen für eine gelingende Teilhabe von Studierenden im Autismus-Spektrum an Hochschulen 95
Christfried Rausch

9 Eine Minderheit in der Minderheit? Mein Weg als autistische Geisteswissenschaftlerin 108
Imke Heuer

10 Selbstbestimmung auf der Tertiärstufe: Wissen und Praxis .. 113
Nathalie Quartenoud

III Ansätze und Perspektiven für ein autismussensibles Studium an Hochschulen

11 Brücken bauen: Perspektivenübernahme zwischen Studierenden im Autismus-Spektrum und Dozierenden wechselseitig gestalten 127
Eva Stucki & Andreas Eckert

12 Ein großer Schritt: Lernfeld selbstständig leben mit Autismus ABW – ein Projekt stellt sich vor 146
Mia Lechner

13 Autismusfreundliche(re) Universitäten? Beispiele europäischer Hochschulstandorte 153
Mechthild Richter

14 Zusammenarbeit in Aktion: Lektionen aus einem Kooperationsprojekt mit autistischen Studierenden 167
Andrea MacLeod unterstützt von Liz Ellis, Ken Searle, Marianthi Kourti, Caroline Lear, Callum Duckworth, David Irvine, Harry Jones, Michaela King, Jessica Ling & John Simpson

IV Übergänge vom Studium in das Arbeits- und Berufsleben koordinieren und moderieren

15 Gelingensbedingungen für den Übergang vom Studium in den Beruf: Praxisbeobachtungen und Empfehlungen am Beispiel von Salo+Partner 183
Sylva Schlenker & Michael Schmitz

16 Jenseits der Normen: Einblicke in meinen Arbeitsalltag als (autistische) wissenschaftliche Mitarbeiterin 190
Nele Groß

17 Herausforderungen beim Übergang vom Studium in den Arbeitsmarkt: Diskrepanz zwischen Anspruch und Wirklichkeit 195
Angelika Sarrazin

18 Autist*innen im Übergang vom Studium in den Beruf 208
Katrin Reich

19 Herausforderungen beim Übergang vom Studium in den Beruf und wie sie erfolgreich bewältigt werden können 216
Jana Steuer

V Anhang

Autor:innenverzeichnis 227

Vorwort des Herausgebers der Buchreihe

Die Buchreihe ›Pädagogik im Autismus-Spektrum‹ soll dazu beitragen, im deutschsprachigen Raum eine erziehungswissenschaftliche Autismusforschung und eine Pädagogik im Autismus-Spektrum zu etablieren. Als Sozial- und Kulturwissenschaft und soziale und kulturelle Praxis sind Erziehungswissenschaft und Pädagogik in erster Linie an Rekonzeptualisierungen von Autismus interessiert, die von der medizinisch-psychiatrischen Konzeptualisierung von Autismus als neurologische Entwicklungsstörung (DSM-5, ICD-11) abrücken und ihr die Anerkennung einer Neurodiversitätsperspektive, operationalisiert in partizipativen Forschungsmodellen, gegenüberstellen (Happé & Frith 2020).

Nicht nur zur Vermeidung einer abwertenden, normorientierten Sprache wird in der Buchreihe daher bewusst auf den medizinisch-psychiatrischen Begriff ›Autismus-Spektrum-Störung‹ (ASS) als personenbezogene Kategorie verzichtet. Stattdessen wird der auf Neurodiversität Bezug nehmende Begriff ›Autismus-Spektrum‹ verwendet und sporadisch auch die von Teilen der weltweiten ›Autistic Community‹ geforderte ›Identity-First-Language‹, welche die Bezeichnungen ›Autist:in‹ oder ›autistische Person‹ bevorzugt.

Der Begriff der Neurodiversität wurde Anfang der 1990er Jahre u. a. von der australischen Soziologin und Autistin Judy Singer (Singer 2017) geprägt. Neurodiversität bedeutet, dass die Menschheit nicht nur ethnisch und in Bezug auf Geschlecht, sexuelle Orientierung und zahlreiche andere Eigenschaften, sondern auch *neurokognitiv vielfältig* ist. Die Ergänzung durch den Begriff der *Neurominorität* (neurominority) (Walker & Raymaker 2021) weist Autist:innen als eine neurominoritäre Gruppe aus. Während Neurodiversität die Bandbreite der Unterschiedlichkeit aller Menschen bezeichnet, bedeutet *Neurodivergenz*, von den vorherrschenden kulturellen Standards für neurokognitive Funktionen individuell abzuweichen. In diesem neueren Diskurs sind die Kulturalisierung von Norm und Abweichung sowie die Überwindung eines Pathologie- bzw. Störungskonzepts ein wichtiges Thema. Anders als das *Pathologie-Paradigma*, das Neurodivergenz (z. B. Autismus, ADHS) als negative Abweichung von der Normalität ansieht, geht das Neurodiversitäts-Paradigma von der Existenz neurokognitiver Minoritäten aus und erkennt sie als gleichberechtigt mit der Mehrheit in Bezug auf ihre Wahrnehmung, Kognition, Motorik und Kommunikation an.

Eine der zentralen Forderungen der Neurodiversitätsbewegung als Menschenrechtsbewegung, die in den 1990er-Jahren als Antwort auf die Pathologisierung von ›neurologischen Minderheiten‹ entstand (Kapp 2020), ist die Einbindung autistischer Menschen in die (erziehungs-)wissenschaftliche Autismusforschung (Fletcher-Watson & Happé 2019). In der Buchreihe werden daher als Beitragende aller

Bände autistische Expert:innen beteiligt sein. Die bisherigen Planungen beziehen sich auf die ersten fünf Bände zu den Themen *Autismus und Neurodiversität* (Bd. 1), *Sprache und Kommunikation bei Autismus* (Bd. 2), *Schulassistenz bei Autismus* (Bd. 3), *Autismus und Studium* (Bd. 4) sowie *Weibliche Adoleszenz und Autismus* (Bd. 5). Damit enthält die Reihe neue, innovative Themen ebenso wie seit langem als wichtig erkannte Themen wie Sprache bzw. Sprachbesonderheiten, die allerdings auch stärker als üblich aus der Perspektive des Neurodiversitätskonzepts betrachtet werden.

Literatur

Fletcher-Watson, S. & Happé, F. (2019). *Autism: A new introduction to psychological theory and current debate.* Routledge.

Happé, F. & Frith, U. (2020). Annual Research Review. Looking back to look forward – changes in the concept of autism and implications for future. *Journal of Child Psychology and Psychiatry, 61*(3), 218–232.

Kapp S. S. (Hrsg.) (2020). *Autistic Community and the Neurodiversity Movement Stories from the Frontline.* Palgrave Macmillan.

Singer, J. (2017). *NeuroDiversity: The Birth of an Idea.* Judy Singer.

Walker, N. & Raymaker, D. M. (2021). Toward a Neuroqueer Future: An Interview with Nick Walker. *Autism in Adulthood, 3,* 5–10.

Vorwort

Die Idee zu diesem Sammelband über Autist:innen in Studium und Hochschule entstand vor ca. drei Jahren, als wir im Wintersemester 2021/2022 an der Martin-Luther-Universität Halle-Wittenberg (MLU) während der Covid-19-Pandemie eine Online-Vortragsreihe zum Thema ›Autismus und Studium‹ durchführten. Einige Zeit später waren wir außerdem an der Erarbeitung einer Konzeption für eine universitäre Selbsthilfegruppe für Studierende im neurodivergenten Spektrum beteiligt, die zustande kam, weil insbesondere autistische Studierende mit Fragen nach angemessener (Lern-)Unterstützung an die Beratungsstelle für Inklusion der MLU herangetreten waren. Der lebendige Austausch zwischen den vielen jungen sowie erfahreneren, autistischen sowie nicht-autistischen Vortragsteilnehmenden im Anschluss an die Online-Vorträge sowie die Konzeption der Selbsthilfegruppe haben uns gezeigt, dass auch die beiden Übergänge von der allgemeinbildenden Schule in das Studium bzw. an die Hochschule und von der Hochschule in Arbeit und Beruf Beachtung finden müssen, und nicht nur die Studienerfahrungen und -ergebnisse. Der vorliegende Band bildet aus diesem Grund den gesamten Weg von der Schule bis in die Berufstätigkeit ab und stützt sich dabei auf die Erfahrungen aktueller und ehemaliger autistischer Studierender sowie auf wissenschaftliche Erkenntnisse.

Wenn die komplexen Bedarfslagen von Studierenden im neurodivergenten Spektrum im Fokus stehen, geht es immer auch um die Entwicklung hin zu einer barrierefreien bzw. inklusiven Hochschule. Neurodiversität ist eine Dimension der neurologischen und sozialen Differenz, die in der Literatur zur Hochschulbildung bislang relativ wenig Beachtung gefunden hat, obwohl die Zahl der Studierenden, die sich im neurodivergenten Spektrum verorten, an internationalen Universitäten zunimmt (z. B. Bakker et al. 2019). Auch im Hochschulkontext zählen zum neurodivergenten Spektrum u. a. Autist:innen, Studierende mit ADHS, zugeschriebener Dyslexie oder Dyskalkulie (z. B. Hamilton & Petty 2023). Diese gruppenbezogene Adressierung wird von Vertreter:innen des sog. *Neurodiversitätsparadigmas* als pathologisierende, diagnostische Zuschreibung kritisch hinterfragt. Gleichzeitig wird postuliert, dass neurokognitive Unterschiede als natürliche Variationen angesehen werden sollten. Vorherrschend sei hingegen ein marginalisierender *(Neuro-)Ableismus*, der die Wahrnehmung und die damit einhergehenden Kommunikationsstrategien neurotypischer Menschen zum Standard erklärt.

Belastbare Daten über die akademischen Studienerfolge bzw. -abschlüsse von Studierenden im neurodivergenten Spektrum sind zwar derzeit nicht verfügbar; die vorhandenen Studien deuten jedoch darauf hin, dass das Wohlbefinden und die berufliche Teilhabe in dieser Bevölkerungsgruppe im Vergleich zu Gleichaltrigen tendenziell schlechter sind (z. B. Bayeh 2022).

Auch für die Hochschule als Bildungseinrichtung und -kontext gilt, dass das soziale Umfeld von zentraler Bedeutung ist: Es ist daher nicht verwunderlich, dass auch im Studium das Lernen von den sozialen Interaktionen zwischen den Studierenden sowie zwischen den autististischen Studierenden und dem Lehr- und Fachpersonal abhängt. In diesem Zusammenhang ist das *Problem der doppelten Empathie* (Milton 2012) von Bedeutung. Es bezieht sich auf die wechselseitigen Verständnisdefizite zwischen autistischen und sog. neurotypischen Personen, denn wenn Kommunikationspräferenzen und sensorische Empfindungen zwischen den verschiedenen ›Neurotypen‹ variieren, kann dieses Problem besonders ausgeprägt sein. Um doppelte Empathiebarrieren zu überwinden, müssen Lehrende an Hochschulen ihre Vorbehalte und Vorurteile sowie ihre Forschungs- und Lehrpraxis kritisch reflektieren. Dies könnte z. B. bedeuten, dass sie bewusst vermeiden, das Verhalten der Studierenden aus einer neuro-normativen Perspektive zu interpretieren. Auch ein Überdenken der Sprache, die sie verwenden, wenn sie über Unterschiede sprechen, kann dazu beitragen, ein Lernumfeld zu schaffen, das die neurokognitive Vielfalt stärker einbezieht (Bottema-Beutel et al. 2021; Lindmeier 2023).

Um an Hochschulen die notwendige (Lern-)Unterstützung zu erhalten – etwa im Rahmen eines Nachteilsausgleichs – sind Studierende häufig dazu gezwungen, ihre medizinische Diagnose offenzulegen und auf ihre Herausforderungen hinzuweisen, während ihre individuellen Stärken und Kompetenzen dabei oftmals in den Hintergrund treten. Das Aushandeln dieser doppelten Realität stellt für viele neurodivergente Studierende ein Spannungsfeld dar, das die Notwendigkeit eines Wandels hin zu inklusiven Ansätzen wie z. B. dem Universellen Design für das Lernen (UDL) (Lindmeier 2019) offenbart. Die Umsetzung der Erkenntnisse des Neurodiversitätskonzepts in den Universitäten bedeutet, über einfache Anpassungen oder Ergänzungen der derzeitigen Praxis hinauszugehen (d.h. auch über Nachteilsausgleiche). Gegenwärtig liegt die Last zu oft bei den Studierenden, die neuro-normativen Erwartungen zu erfüllen, z. B., indem sie ihr autistisches Selbst zugunsten eines gesellschaftlich erwünschten Verhaltens maskieren (Masking). Um die Praxis zu verändern, müssen Lernen und Lehren für eine vielfältige Studierendenschaft konzipiert und Lernkontexte geschaffen werden, in denen neurodivergente Studierende gesehen und verstanden werden sowie sich entfalten können.

Angesichts dieser Herausforderungen sollten Hochschulleitungen der Verbesserung der sozialen Erfahrungen und der akademischen Ergebnisse von neurodivergenten Studierenden Priorität einräumen. Viele Barrieren sind bekannt, Lösungen werden auch aufgezeigt: Nun sind Hochschulen in der Pflicht, ihren Inklusionszielen näher zu kommen.

Halle an der Saale, Oktober 2024
Christian Lindmeier, Mechthild Richter, Carina Schipp

Literatur

Anderson, A. H., Stephenson, J. & Carter, M. (2017). A systematic literature review of the experiences and supports of students with autism spectrum disorder in post-secondary education. *Res. Autism Spectr. Disord. 39*, 33–53. doi: 10.1016/j.rasd.2017.04.002

Bakker, T., Krabbendam, L., Bhulai, S. & Begeer, S. (2019). Background and enrollment characteristics of students with autism in higher education. *Res. Autism Spectr. Disord., 67*, 101424. doi: 10.1016/j.rasd.2019.101424

Bayeh, R. (2022). *Neurodiversity, Intersectionality and Distress: A Quantitative Survey on the Experiences of University Students.* MA thesis. Montreal: Concordia University.

Bottema-Beutel, K., Kapp, S., Lester, J. N., Sasson, N. J. & Head, B. N. (2021). Avoiding ableist language: suggestions for autism researchers. *Autism Adulthood, 3*, 18–29.

Hamilton, L. G., Petty, S. (2023). Compassionate pedagogy for neurodiversity in higher education: A conceptual analysis. *Front. Psychol., 14*, 1–9.

Lindmeier, C. (2019). Universelles Design für das Lernen – ein Konzept für die Inklusion in der beruflichen Bildung. In C. Lindmeier, H. Fasching, B. Lindmeier & D. Sponholz (Hrsg.), *Inklusive Berufsorientierung und berufliche Bildung – aktuelle Entwicklungen im deutschsprachigen Raum.* Beltz Juventa, S. 249–264.

Lindmeier. C. (2023). Sprach- und Identitätspolitik der Neurodiversitätsbewegung autistischer Menschen – die Debatte über Person-First Language vs. Identity-First Language. In C. Lindmeier, S. Sallat & I. Ehrenberg (Hrsg.), *Sprache und Kommunikation bei Autismus.* Stuttgart: Kohlhammer, S. 61–72.

Milton, D. (2012). On the ontological status of autism: the ›double empathy problem‹. *Disabil. Soc., 27*, 883–887.

I Übergänge von der Schule an die Hochschule begleiten und gestalten

1 Zwischen Abitur, sozialen Kontakten und Wäsche waschen

Clara Tabea Ketterer

Ich möchte mich mit den Worten einer damaligen Mitschülerin vorstellen: »Das ist die Tabea, die ist manchmal ganz schön komisch.« Das war in der neunten Klasse, kurz nachdem wir einen neuen Klassenkameraden bekommen hatten. Damals hatte ich für dieses »komisch« keinen Namen. Heute schon: Autismus. Im folgenden Abschnitt werde ich berichten, wie sich für mich als Person auf dem Spektrum die Zeit kurz vor, während, hauptsächlich aber nach dem Abitur gestaltet hat. Ein paar grundlegende Dinge muss ich allerdings davor noch erklären, damit die bei mir auftretenden Herausforderungen nachvollziehbar sind.

Ein Merkmal von Autismus, das sich in meinem persönlichen Fall besonders zeigt, ist eine mangelnde Adaptationsfähigkeit, also die erschwerte kognitive Anpassung an eine neue Situation. Vielen von uns Autist:innen fällt es unwahrscheinlich schwer, Planänderungen hinzunehmen und uns auf unbekannte Umgebungen einzustellen. Woran das liegt, möchte ich gerne anhand eines Bildes erklären, das ich auch in Vorträgen immer wieder einsetze:

Stellen Sie sich vor, Sie sind auf der Straße unterwegs. Um Sie herum stürmt und gewittert es, als sei der Weltuntergang nahe, außerdem schüttet es wie aus Eimern. Der Regen peitscht auf Sie ein und Sie sind schon völlig durchgefroren. Sie sind schon seit Stunden draußen, aber noch ist weit und breit kein Ende in Sicht. Um sich herum sehen Sie Personen, die in ihre Häuser hasten, wo sie sich nun aufwärmen und erholen können. Sie beneiden diese Leute ... Sie selbst gehen weiter. Irgendwann beginnen Sie zu rennen, immer und immer hektischer, um so schnell wie möglich ins Trockene zu kommen. Ein wenig Regen und Sturm ist ja in Ordnung, aber doch nicht so viel! Aber dort vorne, bei dem Café, dessen Markise noch ausgefahren ist: Da können Sie sich kurz unterstellen, bis es vielleicht ein wenig besser wird. Erleichtert hasten Sie also zu besagtem Café und lassen sich ein wenig antrocknen. Kurz durchatmen! Aber dann kommt auf einmal der Inhaber und dreht die Markise zurück. Sie müssen also weiter. Inzwischen ist der Wind schon so stark, dass Sie richtig kämpfen müssen, um nicht weggeweht zu werden. Eine Sturmwarnung wird herausgegeben. So langsam rückt Ihr Haus näher. Sie freuen sich, als Sie über die Brücke über den mittlerweile reißenden Bach gehen, denn das bedeutet, dass Sie sich am Geländer entlanghangeln können. Es gibt Ihnen Sicherheit auf dem Weg nach Hause, damit Sie nicht doch noch womöglich im Wasser landen. Doch dann stellen Sie nervös fest, dass das Geländer mitten auf der Strecke einfach endet: Es besteht also die Möglichkeit, dass Sie irgendwann im Wasser landen und ertrinken ...

Ein ziemliches dystopisches Szenario, oder? Nun, für mich als Autistin ist das im übertragenen Sinne Alltag. Es geht um das Thema Reizüberflutung. Um uns alle herum herrscht eine ständige Sturmflut an Gedanken, Geräuschen und allgemeinen Eindrücken, instinktiv aufgeschnappten Emotionen und Stimmungen. Neurotypische Personen, also solche Personen, die nicht von Autismus, AD(H)S oder anderen unter dem Begriff Neurodivergenz zusammengefassten Abweichungen der Reizwahrnehmung und -verarbeitung betroffen sind, haben bildlich gesprochen Wohnungen und Häuser, in denen sie sich vor diesen Eindrücken schützen können. Sie haben keine oder zumindest geringere Probleme, nur selbst gewählte Reize zuzulassen. Autistische Personen haben mit genau diesem Filtern oft massive Schwierigkeiten. Um bei meinem Bild zu bleiben: Sie haben kein solches Haus oder wissen, dass dieses noch weit entfernt ist. Sie müssen also diese Reize einfach auf sich einprasseln lassen, ohne eine Rückzugsmöglichkeit zu haben. Gelingt es ihnen nicht, zwischendurch Ankerpunkte zu finden, laufen sie Gefahr, metaphorisch gesehen ins Wasser zu fallen und unterzugehen – was sich als Reizüberflutung bis hin zum Shutdown (völliger Rückzug), zu Panikattacken oder sogar Meltdowns, d. h. (auto-)aggressivem Verhalten aufgrund von Überforderung, äußert.

Für welchen Aspekt stehen nun das Café und das Geländer? Für Vertrautheit, Rituale und bekannte Situationen. Darunter fallen auch die sog. Stimmings, wiederholte Bewegungen, Phrasen oder Melodien, die es einem ermöglichen, sich Sicherheit und Stabilität zu verschaffen. Die Logik dahinter ist, dass solche Bewegungsabläufe und vertrauten Situationen eben keine neuen Reize und Informationen beinhalten, die neu verarbeitet werden müssen. Sie stellen vielmehr eine Möglichkeit dar, sich – wenn auch für begrenzte Zeit – auf bereits bekannte, beruhigende Reize zu fokussieren. Außerdem kann die ständige Wiederholung einer Bewegung zu einer Art Trance führen, die das Ausblenden von Reizen erleichtert. Ebenso wie bspw. ein Säugling seinen Schnuller braucht, brauchen viele Personen mit einer Filterschwäche diese vertrauten Elemente im Alltag, an denen sie sich entlanghangeln können.

Ich bin mir also sicher, Sie können nachvollziehen, dass für mich als Autistin in solchen Zeiten des völligen Umbruchs, die ja sogar neurotypische Personen herausfordern und von einem Wegfallen so gut wie aller Gewohnheiten und vertrauten Situationen charakterisiert werden, vor allem die anstehende Ungewissheit in Kombination mit einem erhöhten Maß an Reizüberflutung und zu verarbeitenden Impulsen ausschlaggebend dafür war, dass ich sehr schnell in ein Burnout bzw. eine depressive Phasen abrutschte. Denn ohne diese Stützen im Alltag zu haben – die Rituale, die vertrauten Orte, die Stimmings – gerät der Geist schnell in Ungleichgewicht.

Aber warum fielen auch die Stimmings weg? Genau das ist der zweite Punkt, der wichtig zu verstehen ist: Social Masking. Das steht unter dem Motto: »Ach wie gut, dass niemand weiß, wie sehr ich mich grade zusammenreiß.« So lässt sich die Tendenz einiger autistischer Personen beschreiben, vor allem solcher, die nicht oder nur geringfügig kognitiv beeinträchtigt sind, sich so gut wie möglich an die Umwelt anzupassen. Sie beobachten schon von klein auf ihre Mitschüler:innen und sind in der Lage, ihr Verhalten haargenau zu analysieren und für sich selbst zu kopieren. Weshalb sie das tun? Weil häufig das intuitive Verständnis für soziale Normen und Regeln einfach fehlt. Ich habe oft gesagt, ich habe den Eindruck, ein Memo nicht bekommen zu haben, in dem alle sozialen Situationen und dazugehörigen Regeln und Muster einmal aufgelistet sind. Ich schaffe es nicht, eine neue Situation intuitiv zu erfassen und passend zu reagieren. Das alles habe ich mir kognitiv antrainiert, indem ich eben andere Personen beobachtet und deren Verhaltensweisen kopiert habe. Genauso habe ich mir aber auch gewisse Eigenheiten wie eben Stimmings oder die Tendenz, wie ein Wasserfall zu sprechen, abgewöhnt bzw. sie unterdrückt. Viele autistische Personen beobachten also und basteln sich aus den beobachteten Verhaltensmustern eine eigene soziale Maske zusammen, mit deren Hilfe sie nicht mehr sozial auffällig sind.

Problematisch daran ist allerdings, dass soziales Handeln für mich vor allem in ungewohnten Situationen kognitiv abläuft, statt intuitiv zu erfolgen. Ich muss also jedes Mal beobachten, welche Situation hier vorliegt, die dazu passende Maske auswählen, mir ins Gedächtnis rufen, wie andere Personen sich in dieser Situation verhalten haben, und schließlich dieses Verhalten selbst zeigen – was allerdings noch der einfachste Teil ist. So kann ich bei sehr gutem Social Masking natürlich absolut unauffällig wirken. Das Problem ist aber, dass auf die Situation nun zwar adäquat reagiert wird, allerdings ein grundlegendes Verständnis für den Grund hinter den gezeigten Verhaltensweisen fehlt – gleich wie bei einer Klausur, in der das gute Resultat nicht durch das Verstehen des Unterrichtsstoffs, sondern lediglich durch Abschreiben und Spickzettel möglich ist.

Das kann mit der Zeit unfassbar auslaugend werden. Und genau diese beiden Probleme – das Wegfallen von vertrauten Strukturen und Stimmings sowie das Social Masking – führen bei vielen autistischen Personen sehr schnell zu massiven psychischen Problemen. Ich habe sehr viel Glück gehabt, ein extrem verständnisvolles und unterstützendes Umfeld zu haben. Allerdings hat auch mich diese Zeit zwischen Abitur und Studium stark gefordert. Im Folgenden soll es also darum gehen, wie ich damit umgegangen bin.

Meine primäre Emotion, die während meines gesamten Abiturs bis zur Zeugnisvergabe leise vor sich hinbrodelte und erst dann so greifbar für mich wurde, als ich mein Zeugnis in den Händen hielt, war: Angst. Angst vor dem Unbekannten, Angst vor der neuen Situation, Angst davor, dass ich den an mich gestellten Anforderungen nicht gerecht werden würde. Vor der Tatsache, dass ich keine Ahnung hatte, was ich nun mit meinem Leben machen sollte. Ich denke, zu einem gewissen Grad kennt das auch jede neurotypische Person. Bei autistischen Personen ist die ganze Sache aber nochmal intensiver. Ich weiß noch genau, als wir die Resultate unserer Abiturklausuren und damit unseren Schnitt erhielten, war ich erstmal wie gelähmt. Und dieses Gefühl der Lähmung ist auch heute noch eine typische Reaktion meinerseits auf Stresssituationen. Oft folgt ein kognitiver Rückzug bis hin zur Flucht in Fantasiewelten wie die von Harry Potter, da das echte Leben mich überfordert. Jedoch war auch diese Flucht nicht nach außen hin sichtbar – das Bedürfnis nach sozialer Akzeptanz statt Ausgrenzung ist in uns allen tief verankert. Also habe ich vor anderen Leuten immer eine Rolle gespielt.

Ein weiteres Phänomen war, dass ich kurz vor meinem Abschluss frenetisch damit begann, mir Work-and-Travel bzw. FSJ-Programme anzusehen. Auch wenn ich eigentlich innerlich überzeugt davon war, dass es mir nicht guttun würde, in einem mir völlig unbekannten Land mit einer mir nicht vertrauten Kultur unbekannte Aufgaben zu bewältigen und nebenher einigermaßen selbstständig zu leben, befasste ich mich geradezu akribisch mit entsprechenden Angeboten auf der Suche nach Struktur, nach Planungssicherheit und Vorhersehbarkeit. Ich suchte irgendetwas, das es mir ermöglichen würde, meine Zeit nach dem Abitur zumindest teilweise zu planen. Im Nachhinein bin ich jedoch froh, dass keine dieser Bemühungen Früchte getragen hat. Ich begann in dieser Zeit auch, vor allem in der Sicherheit meines eigenen Zimmers immer und immer wieder auf Routinen und Stimmings zurückzugreifen, um so einen Teil der Überforderung mit Vertrautheit abzufangen. Außerdem fiel ich zu einem gewissen Grad auch wieder in Kindheitsmuster zurück, las Kinderbücher und schaute entsprechende Filme – weil mich diese an meine eigene strukturierte, behütete Kindheit erinnerten. So konnte ich dieses Bedürfnis nach Bekanntem zumindest teilweise stillen.

Nachdem ich also nach Zeugniserhalt immer noch nicht wusste, was ich machen wollte, und mich weiterhin durch ganze Aktenordner voller FSJ-Angebote wühlte, bekam ich schließlich über private Kontakte die Möglichkeit, in Spanien ein Praktikum als Deutschlehrerin zu machen. Ich stürzte mich auf diese Chance, versprach sie mir doch die Aussicht auf erneute Struktur und Organisiertheit in einem mir zumindest nicht gänzlich unbekannten kulturellen Raum. Außerdem überraschte mich die Hilfsbereitschaft meiner Chefs und Kolleg:innen. Ich erlebte sie als sehr hilfsbereit und unterstützend, was mir den Einstieg ins Erwachsenenleben erleichterte und mich auch bei meiner Lehrtätigkeit unterstützte.

Dennoch kamen nun völlig neue Aufgaben auf mich zu, die ich noch nie zuvor allein bewältigen musste. Wäsche waschen, einkaufen, kochen, putzen, persönliche Hygiene, aufräumen … Das alles überforderte mich. Das Problem war, dass ich nicht wusste, wie ich diese vielen unterschiedlichen Herausforderungen angehen sollte. Es war ein riesiger Berg an diversen Aufgaben, die für mich sehr grob definiert waren, aber in ihrer Gesamtheit zu komplex und herausfordernd, um sie kognitiv zu verarbeiten und durchzuführen. Diese mangelnden exekutiven Fähigkeiten sind sehr häufig eine Schwachstelle autistischer Personen. Während ich auf der Arbeit die soziale Maske aufzog und den Anschein wahrte, ich hätte alles perfekt unter Kontrolle, war ich zu Hause in meinen eigenen vier Wänden in Spanien völlig überfordert. Die Arbeit erschöpfte mich zunehmend. Es war für mich ja eine völlig neue Situation, vor einer Klasse zu stehen, und ich schaffte es einfach nicht mehr, mich zuhause erneut um heraus- bis überfordernde anfallende Aufgaben zu kümmern. Wenn Besuch da war, schaffte ich es trotzdem irgendwie, zumindest noch ein wenig aufzuräumen. Abgesehen vom Unterricht schottete ich mich oft völlig ab.

Anmerken möchte ich noch, dass die kognitive Entwicklung, die bei neurotypischen Personen in der Pubertät stattfindet, bei vielen autistischen Personen verspätet auftritt. Viele von uns werden erst mitunter in ihren späten zwanziger Jahren so richtig »erwachsen« und reif genug, um selbstständig leben zu können. Das habe ich damals auch festgestellt. Ich lerne jetzt mit zunehmendem Alter langsam, wie man »mens(c)ht« und sich die alltäglichen Aufgaben in kleine Einzelschritte aufteilt. Damals war ich eigentlich noch ein Kind im Körper einer jungen Erwachsenen. Deshalb kann ich nur Folgendes empfehlen, wenn Sie selbst oder eine Person, die Sie kennen, sich auf dem Spektrum verorten: Lassen Sie es langsam angehen. Eine sinnvolle Alternative zum eiskalten Wasser ist das Frosch-

Topf-Prinzip: Werfen Sie einen Frosch in heißes Wasser, springt er sofort wieder raus. Setzen Sie ihn in lauwarmes Wasser und erhitzen es nach und nach, wird er sich schnell an die Hitze gewöhnen und nicht rausspringen. Ein bisschen makaber vielleicht. Aber: Versuchen Sie, sich bzw. Ihrer:m Bekannten erst nach und nach Aufgaben zuzuschreiben und bestenfalls diese gemeinsam mit Vertrauenspersonen einzuüben. So gewährleisten Sie Förderung ohne Überforderung.

Aber selbstverständlich war nicht alles an dieser Zeit nach dem Abitur schlecht. Im Gegenteil, in Spanien hatte ich die Möglichkeit, so akzeptiert zu werden, wie ich bin – auch wenn ich immer noch meine soziale Maske trug, wurde ich von der komischen Außenseiterin, die man weitestgehend in Ruhe ließ, zu einem geschätzten Mitglied der Schule, dem man mit Freundlichkeit und Zuneigung begegnete. Das stärkte mein Selbstvertrauen ungemein, da ich dieses Gefühl außerhalb meiner Familie und weniger sehr guter Freund:innen noch nie gekannt hatte. Das war für mich eine Erfahrung, die mich nachhaltig geprägt und auch dazu motiviert hat, in Spanien meine Maske mehr und mehr fallen zu lassen. Der Grund für Social Masking ist bei mir die schreckliche Angst davor, ausgeschlossen zu werden, wenn ich mich so zeige, wie ich bin. Insofern ist die Zeit des Umbruchs auch manchmal ein absoluter Segen, wenn man an das richtige Umfeld gerät.

Nach meinem Aufenthalt in Spanien wurde allerdings schnell klar, dass ich bald anfangen wollte zu studieren. Ich liebe das Lernen, vor allem ordentliche Skripte zu schreiben – es ist eine Aufgabe, die völlig auf Logik und Struktur basiert, und etwas, in dem ich abtauchen kann. Also stürzte ich mich auf das Erste, was mir einigermaßen plausibel erschien: Grundschullehramt. Dass ich dieses Studium abbrach, um Übersetzen zu studieren, steht auf einem ganz anderen Blatt Papier. Ich lernte irgendwann, selbstständig zu leben, soziale Kontakte aufrechtzuerhalten und sogar Zimmerpflanzen am Leben zu erhalten, aber es war ein langer Prozess. Ich bin mir nicht einmal sicher, ob er heute abgeschlossen ist.

Abschließend kann ich also sagen, dass meine Zeit zwischen Abitur und Studium vor allem von Unsicherheit ob der vielen Veränderungen und des krampfhaften Suchens nach Sicherheit und Struktur geprägt war. Andererseits verspürte auch ich den Zauber, der dem Neuanfang innewohnt, und lernte einige neue Seiten an mir selbst kennen. Soziale Kontakte fielen in der Anfangszeit völlig weg, da ich dafür einfach nicht mehr die Energie aufbringen konnte – dafür lernte ich allerdings auch in Spanien wiederum neue Freund:innen kennen. Meine autistischen Bedürfnisse mussten in dieser Zeit jedoch deutlich hintenanstehen, und wenn ich einen Tipp geben darf, der aus der Tiefe meines Herzens kommt: Unterdrücken Sie nicht Ihre Bedürfnisse. Machen Sie nicht den Fehler, all Ihre Schwierigkeiten und Empfindsamkeiten zu verbergen, um sich sozial einzufügen – es wird Sie auf Dauer zermürben. Lernen Sie, offen zu Ihren Bedürfnissen zu stehen und sich Unterstützung zu holen, wo Sie sie benötigen – das ist Ihr absolutes Recht und es ist reines Gift, sich ständig selbst zu überfordern. Lassen Sie es langsam angehen und passen Sie bitte auf sich auf!

Danke für das Durchlesen meiner Erfahrungen – ich hoffe, Sie konnten für sich etwas daraus mitnehmen. Alles Gute wünscht Ihnen »die, die manchmal ganz schön komisch ist«.

2 Von der Schule an die Hochschule: Autist*innen im Übergangsprozess

Carina Schipp

2.1 Einleitung

Der Übergang von der Schule in die Hochschule ist eine entscheidende Statuspassage im Leben junger Menschen. Es verwundert daher nicht, dass sich diese Transition als wichtiger Gegenstand der Forschung und des fachlichen Diskurses etabliert hat (Friebertshäuser 2008, 61 ff.). Wird dieser Übergang im Kontext von Autismus in den Blick genommen, muss besonders für den deutschsprachigen Raum festgestellt werden, dass ein Forschungsdesiderat vorliegt, da hierzu kaum empirische Studien vorliegen. Gleichwohl spezifische Maßnahmen zur Studienwahl und -orientierung in Schulen angeboten werden, liegen weder Erfahrungswerte vor, ob diese für autistische Menschen ausreichend sind, noch gibt es Studien darüber, *wie* autistische Schüler*innen auf den Übergang in ein Studium vorbereitet werden.

Kinder und Jugendliche im Autismus-Spektrum sind in Deutschland in allen Schulformen vertreten (Schuwerk et al. 2019); ca. 60% besuchen allgemeinbildende Schulen und ca. 40% Förder- oder Sonderschulformen (Theunissen & Sagrauske 2019). Im Vergleich zur Gesamtbevölkerung (Statistisches Bundesamt 2023) erlangen überdurchschnittlich viele (50%) Schüler*innen im Autismus-Spektrum die allgemeine Hochschulreife (Riedel et al. 2016; Frank et al. 2018). Beim Übergang von der Schule in das Berufsleben oder in ein Hochschulstudium benötigen autistische Personen jedoch Unterstützungsangebote und gezielte Maßnahmen (Schuwerk et al. 2019, 21), die speziell auf ihre Bedürfnisse zugeschnitten sind. Allerdings ist die Gestaltung von Übergangsprozessen für Menschen mit Behinderungen aufgrund der verschiedenen beteiligten Institutionen wie Schulen, Hochschulen und auch Arbeitgeber sowie der Sozialleistungsträger mit unterschiedlichen rechtlichen Grundlagen nicht aufeinander abgestimmt. Es ist nicht klar festgelegt, welche Institution für einen gelingenden Übergang verantwortlich ist, denn die Schulen sind für die Erlangung der Hochschulreife zuständig und die Hochschulen für die Vorbereitung auf ein Berufsfeld, aber nicht für die Unterstützung während des Übergangs. Trotz des großen Bedarfs eines behinderungsspezifischen *Übergangsmanagements* existieren bisher keine eigenständigen institutionellen Organisationsstrukturen. Hierfür käme in erster Linie die Bundesagentur für Arbeit in Frage, allerdings wurde eine solche Reformierung im Rahmen des Bundesteilhabegesetzes versäumt (Welti & Ramm 2017, 36 ff.).

Laut Lambe et al. (2019, 1531) kann jedoch insbesondere ein Hochschulstudium autistischen Menschen die Möglichkeit bieten, höhere Abschlüsse zu erwerben und dadurch unabhängiger in Bezug auf die Gestaltung ihrer beruflichen Zukunft zu werden. Tatsächlich strebt ein hoher Anteil autistischer Menschen ein Hochschulstudium an, häufig bewerben sie sich jedoch nicht, erhalten keinen Zugang oder brechen ihr Studium vorzeitig ab. An dieser Schnittstelle mangelt es neben speziellen Unterstützungsprogrammen auch an Forschungsarbeiten zur Wirksamkeit bestehender Angebote. Auch befragte Menschen im Autismus-Spektrum selbst fordern für die Bereiche Schule, Studium und Beruf mehr Beratungsangebote (Schuwerk et al. 2019, 17). In diesem Beitrag soll einerseits der Übergang von der Schule in ein Hochschulstudium von autistischen Menschen beleuchtet werden; andererseits ist es das Ziel, die im deutschsprachigen Raum bereits existierenden Möglichkeiten und Angebote aufzuzeigen.

2.2 Autist*innen im Übergang von der Schule in das Studium

Wie bereits einleitend deutlich gemacht wurde, geht es bei dem autistischen Personenkreis weniger darum, die formale Hochschulzugangsberechtigung oder die vorrangige Unterstützung auf fachlicher Ebene zu erlangen, sondern um eine Unterstützung und Begleitung im Übergangsprozess und auch während des Studiums. »So besteht der höchste Unterstützungsbedarf nicht in der Vermittlung von fachlichem Know-how, sondern im Fördern des Verständnisses für zahllose soziale Prozesse, die für MmA immer wieder eine Herausforderung darstellen« (Dalferth 2014, 238). Im Rahmen meiner langjährigen Tätigkeit in einem Autismuszentrum habe ich sehr viele Autist*innen in diesem Übergangsprozess begleitet, beraten und unterstützt. So berichteten nicht wenige, dass die Vorbereitung auf den Übergang in das Berufsleben oder in ein Studium kaum stattfindet. In der Regel organisieren Schulen teilweise Angebote, die z. B. über Studiengänge informieren, oder es werden Studienberatungstermine in Anspruch genommen, aber diese Angebote stellen hinsichtlich einer Vorbereitung auf diese Statuspassage keine ausreichende Unterstützung dar. Grundsätzlich sind Bildungsübergänge mit einschneidenden Veränderungen verbunden und wenn diese Herausforderungen nicht bewältigt werden können, kann dies das Wohlbefinden und die Motivation junger Menschen beeinträchtigen (Metzner, Wichmann & Mays 2020, S. 1). Teil meiner Beratungstätigkeit war es auch, Klient*innen zu Studienberatungsgesprächen an den Hochschulen zu begleiten bzw. die erste Kontaktaufnahme herzustellen, da diese oft die größte Hürde darstellt. Darüber hinaus kann anhand von Praxiserfahrungen festgestellt werden, dass die akademische Laufbahn der von mir begleiteten Autist*innen von Wechseln und Abbrüchen gekennzeichnet ist. Dies ist aber nicht unbedingt auf die (falsche) Studiengangswahl zurückzuführen, sondern auf die unzureichende Vorbereitung auf ein Studium. Im Rahmen der autismusspezifischen Zusammenarbeit äußerten die autistischen Personen nicht selten, dass sich negative Erfahrungen im Kontext von Institutionen nach der Schule fortsetzten, wenn nicht sogar zugenommen haben. Mit anderen Worten: Autist*innen sind besonders gefährdet, negative Übergangserfahrungen zu machen.

Auch aus den Erfahrungsberichten in diesem Band geht hervor, dass für sie ein Studium viel mehr bedeutet, als nur fachliches Wissen und Können zu erwerben. Diese Erfahrungswerte decken sich zudem mit den unveröffentlichten biographischen Interviewaussagen autistischer Menschen zum Übergangsprozess aus meiner noch nicht abgeschlossenen Dissertation. Hier wird deutlich, dass sich Autist*innen nicht auf das Leben nach der Schule vorbereitet fühlen und dass dieser Übergang weder darin mündet, dass sie beruflich Fuß fassen können, noch, dass dieser als abgeschlossen angesehen werden kann. Wie bereits dargelegt wurde, bedarf es insbesondere im Hinblick auf autistische Personen weiterer Forschung zu individuellen Veränderungen und unterstützenden Ansätzen innerhalb des Übergangsprozesses (ebd.).

Dabei hat das Interesse an empirischer Forschung zu (bildungs-)biographischen Übergängen seit der Jahrtausendwende deutlich zugenommen, was vor allem mit der *Endstandardisierung von Lebensläufen* zusammenhängt. Endstandardisierung bedeutet, dass Übergänge häufiger und weniger klar abgegrenzt stattfinden: Anfang und Ende sind oft nicht eindeutig bestimmbar – ebenso wenig wie die Kriterien für eine erfolgreiche Bewältigung oder die Voraussetzungen dafür (Wanka et al. 2020, S. 11 ff.). Grundsätzlich kann festgestellt werden, dass der Transitionsprozess nicht nur autistischen Personen Strategien der Bewältigung abfordert, sondern dass sich dieser für den größten Teil aller jungen Menschen herausfordernd darstellt. Dies ist einerseits mit einem Strukturwandel von Arbeit und damit verbundenen häufiger werdenden Job- und Berufswechseln sowie auch langer Arbeitslosigkeit zu erklären; andererseits sind erworbene Schulabschlüsse oder hohe formale Qualifikationen bzw. Berufsabschlüsse kein Garant mehr dafür, einen sicheren Arbeitsplatz zu erhalten. Junge Menschen müssen mit unkalkulierbaren Situationen umgehen; wegen der sich dadurch verlängernden Übergangsprozesse sind sie entsprechend länger vom Elternhaus abhängig.

Angesichts der Endstandardisierung von Lebensläufen und bestimmten Entwicklungsprozessen, die die »normale Erwerbsbiographie« (Weßler-Poßberg & Vomberg 2007, 29) betreffen, kann nicht mehr von *dem* Übergang gesprochen werden. Auch die Erwerbsbiographien von Autist*innen sind oftmals durch eine hohe *Diskontinuität* geprägt, die durch Begriffe wie »Abbruch, Unstetigkeit, wechselhaft, unbeständig« (ebd., 66) bestimmt werden kann. Damit einhergehend konstatieren Kohl, Seng und Gatti:

> »Einen Beruf zu erlernen und einem Erwerb nachzugehen ist von selbstverständlicher Wichtigkeit – die Lebenswege von Asperger-AutistInnen in der Ausbildungs- und Berufswelt sind allerdings oft von Verständnislosigkeit, Niederlagen trotz fachlich sehr guter Leistungen sowie von Kompromissen zwischen eigentlichen Interessen und absolvierbaren Möglichkeiten geprägt« (2017, 16).

Obwohl mit diskontinuierlichen Erwerbsbiographien erst der Zeitraum nach dem ersten Berufseintritt gemeint ist, also nachdem eine Ausbildung oder ein Studium abgeschlossen wurde (Weßler-Poßberg & Vomberg 2007, 68), tritt diese Diskontinuität in Biographien autistischer Personen bereits direkt nach dem Schulabschluss auf. Auch dies geht aus den biographischen Interviewaussagen hervor, die ich im Rahmen meiner Dissertation erhoben habe; es deckt sich aber ebenso mit meinen berufspraktischen Erfahrungen. Das heißt, dass im Rahmen des übergeordneten Überganges Schule – Beruf zahlreiche kleinere Übergänge parallel bewältigt werden müssen. Anhand der biographischen Aussagen findet dieser Übergangsprozess auch im fortgeschrittenen Alter oft kein Ende, sodass hier nicht von einem abgeschlossenen Übergang gesprochen werden kann. Die Aussagen zum Erleben weisen auch darauf hin, dass die Diagnosestellung einen Übergang markiert, der bewältigt werden muss und nicht selten mit dem komplexen nachschulischen Übergangsprozess zusammenfällt.

> »[Dieser] Weg […] ist oft länger und beinhaltet mehr Umwege für autistische Berufstäter, weil die Lebensphase bis zu einer Diagnosestellung oft weit ins Erwachsenenalter reicht – und bis dahin weder die Person selbst noch die umgebenden Menschen einschätzen können, was es ist, das einen so angreift, wo denn eigentlich die zu lösende Problemlage zu verorten ist. Solange das Seltsame keinen Namen hat, besitzt es keinen nennbaren Umgangscharakter« (Kohl, Seng & Gatti 2017, 17).

Im Kontext von *inklusiver Bildung* können Übergänge für Autist*innen darüber hinaus auch immer mit Selektionsprozessen einhergehen, die Diskriminierung und Benachteiligung zur Folge haben. Werden Teilhabe-Barrieren in den Blick genommen, so stellt sich der Übergang von der Schule zur Hochschule für Menschen mit Behinderungen als kaum thematisiert heraus; ähnlich sieht es im wissenschaftlichen Kontext aus (Siedenbiedel 2017, 71 ff.). Trotz der Bemühungen (seit der Ratifizierung der UN-Behindertenrechtskonvention im Jahr 2009), die Bildungssituation von Menschen mit Behinderungen zu verbessern, sind »Studierende mit Behinderungsstatus […] an Hochschulen deutlich unterrepräsentiert« (Dalferth 2016, 63; ▶ Kap. 4 und ▶ Kap. 6 in diesem Band). Wird der Personenkreis autistischer Menschen in den Blick genommen, stellt sich der Übergang von der Schule ins Arbeits- und Berufsleben »in aller Regel […] als problematisch und konfliktträchtig« (Siedenbiedel, Dalferth & Vogel 2009, 29) heraus.

Inzwischen konnten durch Untersuchungen aus dem englischsprachigen Raum (z. B. Lambe et al. 2019; Zeedyk et al. 2019; Cage et al. 2020; Alverson et al. 2019) zu Erfahrungen autistischer Studierender sowohl Herausforderungen als auch notwendige Unterstützungsformen identifiziert werden. Untersuchungen, wie der Übergangsprozess von der Schule an die Hochschule von den Autist*innen selbst erlebt und bewältigt wird, sind auch im Ausland eher selten. Im deutschsprachigen Raum sind sie inexistent (▶ Kap. 5 in diesem Band), denn die durchgeführten Studien konzentrieren sich ausschließlich auf die Ansichten von Eltern und Pädagog*innen. Die Perspektiven autistischer Personen, die sich nach der Schule auf ein Studium vorbereiten, sind jedoch entscheidend, um deren Bedarfe und Perspektiven herausstellen zu können (Lambe et al. 2019, 1531 f.). Um diese Forschungslücke zu schließen, haben sich Lambe et al. (2019) in ihrer Studie mit Herausforderungen und Hoffnungen beschäftigt und folgende Hauptthemen identifiziert: »*The Social World, Academic Demands, Practicalities of University Living, Leaving the Scaffolding of Home and Transition to Adulthood*« (ebd., 1534; Hervorh. im

Original). Diese decken sich auch mit den Erkenntnissen von Lei et al.: »[...] social difficulties, to academic challenges and time management, as well as daily living skills« (2020, 2406). In Bezug auf den Übergangsprozess wurden hier vor allem Bedenken von den befragten Personen geäußert, die den gesamten Universitätsalltag betreffen. Einerseits ist die Vorfreude auf das Studium vorhanden, andererseits bestehen aber auch Ängste, es nicht zu schaffen, ein Teil der sozialen Gruppe der Mitstudierenden zu werden. Die Angst, wie bereits zuvor schon in der allgemeinbildenden Schule keine Freund*innen zu finden und ausgeschlossen zu werden, ist sehr groß (▶ Kap. 5 in diesem Band).

Grundsätzlich sind laut Rohrer und Meyer für einen erfolgreichen Übergang u. a. folgende Faktoren entscheidend:

- »Enge Begleitung der Übergänge;
- möglichst frühe Begleitung in der Berufsfindung und viel Zeit für diesen Prozess;
- Berücksichtigung des Entwicklungsstandes und des Tempos der Klientelen;
- hohe Expertise und Fachwissen im Bereich des Autismus-Spektrum und Kenntnisse der autismusspezifischen Unterstützungsbedürfnisse sowie Besonderheiten der Klientelen« (2022, 240).

Laut Dalferth ist beim Übergang von der Schule in ein Hochschulstudium vor allem wichtig, die »tatsächlichen Anforderungen im zukünftigen beruflichen Alltag« (2016, 63) in den Blick zu nehmen, da autistische Studierende den Studiengang eher anhand ihrer Interessen auswählen und ihnen die damit einhergehenden beruflichen Anforderungen oft nicht bewusst sind. Zudem kann es sehr hilfreich sein, autistische Personen bei örtlichen und räumlichen Gegebenheiten zu unterstützen (Wegetraining), entsprechende Angehörige der Hochschule über den Unterstützungsbedarf zu informieren und ggf. eine Studienassistenz zu beantragen. Eine Beratung durch ein regionales Autismuszentrum kann hier sehr hilfreich sein, da diese oft gut vernetzt sind und Kontakte zu Studienberatungsstellen herstellen können (ebd., 63 f.).

Im nächsten Abschnitt sollen deshalb einige Besonderheiten, die im Kontext von *Autismus und Studium* im Vorfeld und bei Entscheidungsprozessen vergegenwärtigt werden müssen, aufgezeigt werden. So kann ein Hochschulalltag aufgrund eines hohen Menschenaufkommens, starker visueller sowie akustischer Reize etc. als sehr belastend und erschöpfend erlebt werden. Hier ist besonders wichtig, dass entsprechende Möglichkeiten vorhanden sind, um sich zurückziehen zu können. Das sollte bei der Auswahl der Hochschule in jedem Fall mitbedacht werden. Ebenso die mit einem Studium einhergehende Selbstorganisation sowie die – verglichen mit der Schulzeit – häufig weniger transparenten, komplexeren Strukturen. Dies erfordert eine höhere Flexibilität, einen stressarmen Umgang mit oft unvorhersehbaren Veränderungen und eine gewisse Anpassungsbereitschaft. Gleichwohl sind viele Autist*innen auf Unterstützung angewiesen, um diese Herausforderungen bewältigen und Barrieren, sowohl beim Übergang an die Hochschule als auch während des Studiums an sich, verringern zu können (Dalferth 2016, 64).

2.3 Unterstützungsmöglichkeiten und Angebote an der Schnittstelle Schule – Studium

Voraussetzung eines Studiums ist der Erwerb der (fachgebundenen) Hochschulreife. Durch den Antrag auf einen Nachteilsausgleich beim zuständigen Prüfungsamt können – bei gleichem Notenniveau und gleichen Inhalten – Teilnahmemodalitäten an Lehrveranstaltungen und Prüfungsformen modifiziert werden; bspw. kann eine Klausur in einem separaten Raum ohne Lärm-, Licht- und Geruchsbelästigung geschrieben oder in eine Hausarbeit umgewandelt werden (Bundesverband autismus Deutschland e. V. 2015; außerdem ▶ Kap. 8 in diesem Band). Über die Eingliederungshilfe können u. a. technische Hilfsmittel oder auch eine Studienassistenz als Leistung zur Teilhabe am Arbeitsleben (§ 49 Abs. 3 Nr. 7 SGB IX) gewährt werden (Bundesagentur für Arbeit 2023; Bundesverband autismus Deutschland e. V. 2015). Im Rahmen der Eingliederungshilfe können Menschen mit Behinderung außerdem studienbegleitende Mehrbedarfe beantragen (Frese 2017, 20). Unter anderem kann das folgende Leistungen umfassen: Ambulante Autismustherapie als Hilfe zur Hochschulausbildung § 54 Abs. 1 Satz 1 Nr. 2 SGB XII i. V. m. § 13 EinglHV, ›Hochschulhilfen‹ für erhöhte Fahrtkosten, persönliche Studien- und Kommunikationsassistenzen, studienbezogene technische Hilfsmittel etc. (ebd.).

Wenn Personen im Autismus-Spektrum zum Zeitpunkt des Schulabschlusses noch nicht wissen, welchen beruflichen Weg sie einschlagen möchten, bzw. sie sich noch nicht darüber im Klaren sind, ob sie ein Studium aufnehmen wollen, stehen ihnen die nachfolgenden Möglichkeiten zur Verfügung:

- Um sich einen Überblick darüber verschaffen zu können, welches Studienfach oder welche Hochschule in Frage kommt, können Informationsveranstaltungen der Hochschulen, ›Studium generale‹, Informationsportale (www.studienwahl.de; www.studieren.de; www.hochschulkompass.de), die Studienberatung der Agentur für Arbeit, Studienberatungen an Hochschulen, nach Möglichkeit der Besuch von Probe-Vorlesungen und auch örtliche Beratungsangebote von Autismuszentren genutzt werden. Wird ein Studium in einer anderen Stadt in Betracht gezogen, sollte sich bereits im Voraus mit den strukturellen Gegebenheiten der Hochschule, den Wohnmöglichkeiten (ggf. Ambulant betreutes Wohnen, autismusfreundliche Studierendenwohnheime), dem örtlichen Autismuszentrum und den Trägern der Eingliederungshilfe bezüglich Studienassistenz oder autismusspezifischer Hilfen vertraut gemacht werden. Ist ein Präsenzstudium keine Option, kann auch ein Fernstudium (www.autismus-kultur.de/autismus-fernstudium/) eine Möglichkeit darstellen.
- Haben junge Menschen im Autismus-Spektrum nach der Schule noch keine konkrete Vorstellung, wie ihre berufliche Zukunft aussehen soll, bzw. fühlen sich noch nicht bereit für ein Hochschulstudium, können nachfolgende Orientierungsmöglichkeiten hilfreich sein. Um sich beruflich orientieren zu kön-

nen, können z. B. verschiedene Praktika, ein Bundesfreiwilligendienst (BuFDi) oder ein Freiwilliges Soziales Jahr (FSJ)/Freiwilliges Ökologisches Jahr (FÖJ) absolviert werden. Es besteht aber auch die Möglichkeit eines ›Beruflichen Assessments‹[1] von Interessen, Fähigkeiten und Fertigkeiten oder einer Berufsvorbereitenden Bildungsmaßnahme, die ggf. in einem ›autismusgerechten Berufsbildungswerk‹ (www.bagbbw.de/berufsbildungswerke/schwerpunkt-autismus) absolviert werden können. Im Rahmen von Einzel- oder Gruppensettings, die in der Regel in Autismuszentren angeboten werden, können autismusspezifische Coachings in Anspruch genommen werden. Alle genannten Maßnahmen oder Möglichkeiten sind grundsätzlich auch in Kombination mit einer Assistenzleistung möglich und die Beantragung sollte sehr zeitnah erfolgen (in Anlehnung an die Leitlinien und Handlungsempfehlungen ›Autismus und Studium‹ des Bundesverbands autismus Deutschland e. V. 2015, 3 f.).

Im Folgenden werden (ohne Anspruch auf Vollständigkeit!) einige z. T. bundesweit agierende Anlaufstellen aufgeführt, welche junge Menschen beim Übergang in das Studium beraten und unterstützen:

- Das Deutsche Studierendenwerk (DSW) hat für Studieninteressierte und Studierende eine umfangreiche Broschüre zum Thema ›Studium und Behinderung‹ herausgebracht, die auch ein Kapitel zum Thema ›Starthilfe‹ beinhaltet (https://www.studierendenwerke.de/fileadmin/api/files/37_handbuch_studium_und_behinderung_7_auflage.pdf).
- Der Bundesverband autismus Deutschland e. V. hat Leitlinien und Handlungsempfehlungen zum Thema ›Autismus und Studium‹ verfasst, die sich u. a. auch mit dem Übergang von der Schule in ein Studium befassen (https://www.autismus.de/fileadmin/RECHT_UND_GESELLSCHAFT/Broschuere_Studium_Online_Rohfassung16_10_2015.pdf).
- Die autistische Ärztin Christine Preißmann entwickelte einen Online-Kurs (Teil 4): ›Autismus und Studium – Unterstützung für autistische Studenten‹, der über ihre Webseite käuflich zu erwerben ist (www.preissmann.com).
- Beim Integrationsfachdienst Mittelfranken ist das Projekt IBERA angesiedelt (▶ Kap. 3 in diesem Band), das eine individuelle Integrationsberatung für Menschen im Autismus-Spektrum mit Hochschulreife anbietet (www.ifd-mittelfranken.de/media/pages/datenbank/ifd-flyer-ibera/3a4846f776-1685099840/flyer-ibera.pdf).
- Eine weitere Anlaufstelle für autistische Personen, die studieren wollen, ist das Kompetenzzentrum Behinderung, akademische Bildung, Beruf (kombabb) in Bonn (▶ Kap. 4 in diesem Band). Das bestehende Angebot wurde um den Arbeitsschwerpunkt ›Autismus-Spektrum‹ erweitert (www.kombabb-internetportal-nrw.de/). Auch die Paulinenpflege Autismus bietet spezielle Angebote für Personen im Autismus-Spektrum an, die sich für ein Studium interessieren oder bereits studieren (www.paulinenpflege.de/autismus/angebote/studium/).

---

[1] Im Rahmen eines Assessments können grundlegende berufliche Fertigkeiten erprobt werden (BBW Abensberg o. J.).

- Die *Autinom – Leben mit Autismus GmbH* (Standorte in Duisburg und Essen) hat sich mit dem Angebot ›Autinom Studieren‹ auf (Fach-)Hochschulstudent*innen spezialisiert und hilft Studierenden im Autismus-Spektrum, ihr Studium erfolgreich zu absolvieren (https://autinom.de/studieren/).

Folgende Hochschulen (ohne Anspruch auf Vollständigkeit!) bieten Beratungsangebote während des Studiums und/oder Selbsthilfegruppen für autistische oder neurodivergente Studierende an:

- Erfahrungsaustausch an der HAW Hamburg (www.haw-hamburg.de/peer-to-peer/unsere-angebote/).
- Selbsthilfegruppe für autistische und neurodivergente Studierende an der Martin-Luther-Universität Halle-Wittenberg (www.inklusion.uni-halle.de).
- Peer-Group für Autismus an der Ludwig-Maximilians-Universität München (www.lmu.de/de/workspace-fuer-studierende/support-angebote/studieren-mit-beeintraechtigung/beratung-und-austausch/index.html).
- Peer-Mentoring-Programm für Studierende mit ASS an der Hochschule Ravensburg-Weingarten (www.rwu.de/sites/default/files/2021-01/Informationen%20Peer-Mentoring-Programm_2.pdf).
- Asperger Studenten an der Hochschule Aalen (https://www.hs-aalen.de/de/users/132/seiten/asperger-studenten).
- Asperger-Autismus und Studium – ein paar nützliche Tipps (https://www.autismus-bremen.de/wp-content/uploads/2018/06/Asperger-Autismus-und-Studium.pdf).
- Gesprächsgruppe für Student*innen aus dem Autismus-Spektrum an der FH Münster (https://www.fh-muenster.de/studium/studienberatung/handicap/aktuelle-veranstaltungen.php)
- Gesprächsgruppe für Studierende aus dem Autismus-Spektrum an der Universität Bremen (https://www.uni-bremen.de/studium/rund-ums-studium/studieren-mit-beeintraechtigung/studentische-gruppenangebote/gespraechsgruppe-fuer-studierende-aus-dem-autismusspektrum-zb-asperger).
- Erzählcafé für Studierende und Beschäftigte mit sichtbaren und nicht-sichtbaren Beeinträchtigungen (u. a. Autismus-Spektrum) an der Ruhr-Universität Bochum (https://www2.wiwi.rub.de/veranstaltungshinweise-inklusive-hochschule/).
- Studieren mit Autismus-Spektrums-Störung an der TU Braunschweig (https://www.tu-braunschweig.de/index.php?eID=dumpFile&t=f&f=91754&token=046a313c0f27bca02eda29ee9667bb379d551d0b).
- Neurodiversität und Studium an der Universität Trier (an Uni Würzburg, autismus Deutschland (https://www.uni-trier.de/studium/zielgruppen/uni-trier-barrierefrei/neurodoversitaet-und-studium).

Erwähnenswert ist darüber hinaus noch das Angebot der *Unterstützten Hochschulausbildung*, das sich allerdings in Deutschland noch nicht etabliert hat und vorwiegend in den USA praktiziert wird (Theunissen 2014, 53). Hierbei geht es darum, es u. a. Menschen im Autismus-Spektrum[2] zu ermöglichen, Seminare an Hochschulen zu besuchen. Nach einem Bewerbungsgespräch und einem vierwöchigen Erkundungsprozess erfolgt eine ein- bis zweijährige Studienzeit, die bei Bedarf von einem*r Jobcoach begleitet wird. Daran schließen sich ein Jahrespraktikum und im besten Falle ein Beschäftigungsverhältnis auf dem allgemeinen Arbeitsmarkt an (Theunissen & Sagrauske 2019, 173).

Abschließend ist noch anzumerken, dass die Situation von autistischen Studierenden, deren Behinderung nicht sofort wahrnehmbar ist, da das Autismus-Spektrum zu den unsichtbaren Behinderungen gehört, spezifischer zu betrachten ist. In der Regel fühlen sich viele Autist*innen von den angebotenen Beratungsmöglichkeiten nicht angesprochen, wissen nicht um ihren Anspruch auf Nachteilsausgleiche und machen ihre Diagnose nicht öffentlich (DSW 2013, 9 f.).

»Nur bei 6% der betroffenen Studierenden ist die Beeinträchtigung sofort wahrnehmbar. Knapp zwei Drittel der Behinderungen an [den] Hochschulen bleiben dagegen unbemerkt, wenn Studierende nicht selbst darauf verweisen« (ebd., 9).

In diesem Zusammenhang ist es besonders wichtig, im Blick zu behalten, dass sich das einerseits auf das Studium auswirken und andererseits für alle Beteiligten ebenso wie für die Studierenden sehr herausfordernd sein kann.

2.4   Fazit

Zweifellos ist die Beschäftigungssituation von autistischen Menschen trotz ihrer meist hohen formalen Qualifikationen in Deutschland prekär (z. B. Müller 2015; Proft et al. 2016; Tolou et al. 2022). Einerseits ist der Weg ins Arbeits- und Berufsleben oft langwierig und durch Umwege gekennzeichnet (Kohl et al. 2017, 20 f.) und andererseits sind autismusspezifische Unterstützungsmöglichkeiten nicht ausreichend ausgebaut (Eckert & Störch Mehring 2013, 29). Erschwerend kommt hinzu, dass der Übergangsprozess in Deutschland hinsichtlich solcher Angebote unübersichtlich ist und bestehende Angebote oftmals ungeeignet sind (Reich 2018, 50). Zusammenfassend kann somit sowohl im Kontext des Übergangs als auch von Erwerbsarbeit generell davon ausgegangen werden, dass sich Negativereignisse, die autistische Personen in diesem Zusammenhang machen oder gemacht haben, prägend auf ihre weitere berufliche Zukunft auswirken können. Damit einhergehend können sie mit sozialem Rückzug reagieren, was zu sehr kritischen Situationen bis hin zu psychischen Krisen führen kann (Osterkorn 2013, 16). Deshalb ist eine frühzeitige und intensive Vorbereitung entscheidend für einen gelingenden und positiv erlebten Übergang von der Schule an die Hochschule. Ebenso scheint eine sehr spät gestellte Autismus-Diagnose mit einem »Scheitern an

---

2 Hier geht es vor allem um High-School-Absolvent*innen bzw. Erwachsene mit »*developmental disabilities* (inkl. Autismus)« (Theunissen, 2014, 53).

zentralen Statuspassagen des Lebenslaufs wie die Berufseinmündung« (Gehres 2015, 143) in Zusammenhang zu stehen. Wird die Erlebensperspektive autistischer Menschen in den Blick genommen, ist ein gelungener Übergang entscheidend für die weiterführende Berufseinmündung und eine erfolgreiche berufliche Zukunft. Anhand der unveröffentlichten Interviewaussagen aus meiner noch nicht abgeschlossenen Dissertationsschrift zum Erleben des Übergangs ins Berufsleben kann festgehalten werden, dass sich aufgrund fehlender und unzureichender Unterstützungs- und Beratungsmöglichkeiten die Bewältigung dieser Schnittstelle als besonders herausfordernd und langwierig gestaltet. So kann davon gesprochen werden, dass oftmals gar kein Endpunkt des Übergangsprozesses auszumachen (Reißig 2016, 12) und dieser durch Abbrüche, ständige Wechsel sowie stationäre Klinikaufenthalte gekennzeichnet ist. Im englischsprachigen Raum existieren zahlreiche Studien und Publikationen zur Wirksamkeit von vocational transition programs, transition services, employment supports usw. (z. B. Kaya et al. 2016; Westbrook et al. 2015; Strickland et al. 2013; Taylor et al. 2012). Forschungsarbeiten, die sich mit dem Erleben des Übergangs an sich beschäftigen, oder Studien, die autistische Menschen als Expert*innen in eigener Sache einbeziehen (Osterkorn 2013, 19) und an Forschungsprozessen vollumfänglich und gleichberechtigt partizipieren lassen, sind hingegen kaum ausfindig zu machen. Hinsichtlich dessen gibt es einen immensen Nachholbedarf, um die nachschulische Situation auch mit Blick auf die prekäre Arbeitsmarktsituation autistischer Menschen zu verbessern.

2.5 Literatur

Alverson, C. Y., Lindstrom, L. E. & Hirano, K. A. (2019). High School to College: Transition Experiences of Young Adults With Autism. In *Focus on Autism and Other Developmental Disabilities*, 34(1), 52–64, https://doi.org/10.1177/1088357615611880

BBW St. Franziskus Abensberg (o. J.). *Arbeitserprobung*. Online verfügbar unter: https://www.bbw-abensberg.de/arbeitserprobung, Zugriff am 01.09.2023.

Bundesverband autismus Deutschland e.V. (2015). *Autismus und Studium – Leitlinien und Handlungsempfehlungen*, verfasst von der »AG Asperger« des Bundesverbandes autismus Deutschland e.V. Online verfügbar unter: https://www.autismus.de/fileadmin/RECHT_UND_GESELLSCHAFT/Broschuere_Studium_Online_Rohfassung16_10_2015.pdf, Zugriff am 01.09.2023.

Cage, E. & Howes, J. (2020). Dropping out and moving on: A qualitative study of autistic people's experiences of university. In *Autism*, 24(7), 1664–1675, https://doi.org/10.1177/1362361320918750

Dalferth, M. (2016). Chancengleich studieren. Beispiel: Studierende aus dem autistischen Spektrum. In *Blätter der Wohlfahrtspflege*, 2, 62–62. DOI: 10.5771/0340-8574-2016-2-62

Deutsches Studentenwerk (DSW) (2013). *Studium und Behinderung – Informationen für Studierende und Studieninteressierte mit Behinderungen und chronischen Krankheiten*. 7. Auflage. Berlin: Köllen Druck + Verlag GmbH.

Eckert, A. & Störch Mehring, S. (2013). Autismus-Spektrum-Störungen (ASS) in der Adoleszenz: Übergänge und Herausforderungen. In *Schweizerische Zeitschrift für Heilpädagogik*, 19(3), 24–32.

Frank, F., Jablotschkin, M., Arthen, T., Riedel, A., Fangmeier, T., Hölzel, L. P. & Tebartz van Elst, L. (2018). Education and employment status of adults with autism spectrum disorders in Germany – a cross-sectional-survey. In *BMC Psychiatry, 18*(75), 1–10. https://doi.org/10.1186/s12888-018-1645-7

Frese, C. (2017). *Rechte von Menschen mit Autismus. Ratgeber zu den Rechtsansprüchen von Menschen mit Autismus und ihren Angehörigen*. 2. Auflage. autismus Deutschland e.V. Bundesverband zur Förderung von Menschen mit Autismus (Hrsg.). Stade: Hansa-Druckerei Stelzer.

Friebertshäuser, B. (2008). Statuspassage von der Schule ins Studium. In W. Helsper & J. Böhme (Hrsg.), *Handbuch Schulforschung*. 2., durchgesehene u. erw. Auflage, S. 611–627. Wiesbaden: VS Verlag für Sozialwissenschaften.

Gehres, W. (2015). Der Doppelcharakter biografischer Krisen. Zentrale Konzepte und heuristische Implikationen. In *Sozialer Sinn, 16*(2), S. 143–166.

Hof, C. (2020). Biografietheoretische Grundlagen reflexiver Übergangsforschung – eine Spurensuche. In A. Walther, B. Stauber, M. Rieger-Ladich & A. Wanka (Hrsg.), *Reflexive Übergangsforschung. Theoretische Grundlagen und methodologische Herausforderungen*, S. 103–120. Opladen, Berlin, Toronto: Barbara Budrich.

Kaya, C., Chan, F., Rumrill, P., Hartman, E., Wehman, P., Iwanaga, K., Pai, C-H. & Avellone, L. (2016). Vocational rehabilitation services and competitive employment for transition-age youth with autism spectrum disorders. In *Journal of Vocational Rehabilitation, 45*(1), S. 73–83. DOI: 10.3233/JVR-160812

Kohl, E., Seng, H. & Gatti, T. (2017). Typisch untypisch. Berufsbiografien von Asperger-Autisten. Individuelle Wege und vergleichbare Erfahrungen. Stuttgart: Kohlhammer.

Lambe, S., Russell, A., Butler, C., Fletcher, S., Ashwin, C. & Brosnan, M. (2019). Autism and the transition to university from the student perspective. In *Autism, 23*(6), S. 1531–1541. https://doi.org/10.1177/1362361318803935

Lei, J., Calley, S., Brosnan, M., Ashwin, C. & Russell A. (2020). Evaluation of a Transition to University Programme for Students with Autism Spectrum Disorder. In *Journal of Autism and Developmental Disorders*, 50, S. 2397–2411. https://doi.org/10.1007/s10803-018-3776-6

Metzner, F., Wichmann, M. L.-Y. & Mays, D. (2020). Educational transition outcomes of children and adolescents with clinically relevant emotional or behavioural disorders: results of a systematic review. In *British Journal of Special Education*. DOI: 10.1111/1467-8578.12310

Müller, K. (2015). *Autismus und Arbeit: Inklusion von Menschen im autistischen Spektrum in das Arbeitsleben: Wissenschaftliche Arbeiten zum Autismus-Spektrum, Band 4*. Hannover: Verlag Rad und Soziales.

Osterkorn, M. (2013). *Nachschulische Situation von Menschen mit Autismus in Oberösterreich im Lichte von Inklusion. Zeitschrift für Inklusion 03*. Online verfügbar unter: http://www.inklusion-online.net/, Zugriff am 01.09.2023.

Proft, J., Gawronski, A., Krämer, K., Schoofs, T., Kockler, H. & Vogeley, K. (2016). Autismus im Beruf. Eine qualitative Analyse berufsbezogener Erfahrungen und Wünsche von Menschen mit Autismus-Spektrum-Störungen. In *Zeitschrift für Psychiatrie, Psychologie und Psychotherapie, 64*(4), 277–285.

Reich, Katrin (2018). *Berufliche Perspektiven von Autisten. Ein Balanceakt zwischen Anpassung und Abgrenzung*. Hamburg: Verlag Dr. Kovač.

Reißig, B. (2016). Übergänge von der Schule in den Beruf. Forschungsbefunde und Herausforderungen. In W. Kühnel & D. Zifonun (Hrsg.), *Übergangpraxis*. Weinheim, Basel: Beltz Verlag, S. 12–28.

Riedel, A., Schröck, C., Ebert, D., Fangmeier, T., Bubl, E. & van Elst, T. (2016). Überdurchschnittlich ausgebildete Arbeitslose – Bildung, Beschäftigungsverhältnisse und Komorbiditäten bei Erwachsenen mit hochfunktionalem Autismus in Deutschland. In *Psychiatrische Praxis, 43*(01), S. 38–44. Stuttgart: Georg Thieme Verlag.

Rohrer, D. & Meyer, H. (2022). Berufliche Eingliederung – wie kann sie gelingen? In A. Eckert (Hrsg.), *Autismus in Kindheit und Jugend. Grundlagen, Praxis und Perspektiven der Begleitung und Förderung in der Schweiz*. 2. unveränd. Auflage, S. 237–244. Biel: Weber Verlag AG.

Schuwerk, T., Kunerl, E., Schilbach, L. & Witzmann, M. (2019). *Bayrische Autismus-Umfrage 2018. Ergebnisbericht.* Online verfügbar unter: https://opus4.kobv.de/opus4-hm/frontdoor/deliver/index/docId/281/file/Schuwerk_2019.pdf, Zugriff am 18.08.2023.

Siedenbiedel, C. (2017). Übergänge im Lebenslauf mit Behinderungen. Wege zum Hochschulzugang aus der Schule. In F. Welti & A. Herfert (Hrsg.), *Übergänge im Lebenslauf von Menschen mit Behinderungen. Hochschulzugang und Berufszugang mit Behinderung,* S. 60–87. Kassel: kassel university press GmbH. http://dx.medra.org/10.19211/KUP97837376002679

Statistisches Bundesamt (2023). *Bildungsstand: Verteilung der Bevölkerung in Deutschland nach höchstem Schulabschluss im Jahr 2022 [Graph].* Online verfügbar unter: https://de.statista.com/statistik/daten/studie/1988/umfrage/bildungsabschluesse-in-deutschland/, Zugriff am 05.09.2023.

Strickland, D. C., Coles, C. D. & Southern, L. B. (2013). JobTIPS: A Transition to Employment Program for Individuals with Autism Spectrum Disorders. In *Journal of Autism and Developmental Disorders, 43,* S. 2472–2483. DOI 10.1007/s10803-013-1800-4

Taylor, J. L., McPheeters, M. L., Sathe, N. A., Dove, D., Veenstra-VanderWeele, J. & Warren, Z. (2012). A Systematic Review of Vocational Interventions for Young Adults With Autism Spectrum Disorders. In *Pediatrics, 130*(3), S. 531–538. https://doi.org/10.1542/peds.2012-0682

Theunissen, G. (2014). *Umgang mit Autismus in den USA. Schulische Praxis, Empowerment und gesellschaftliche Inklusion. Das Beispiel Kalifornien.* Stuttgart: Kohlhammer.

Theunissen, G. & Sagrauske, M. (2019). *Pädagogik bei Autismus. Eine Einführung.* Stuttgart: Kohlhammer.

Tolou, M., Bachmann, C. J., Höfer, J., Küpper, C., Stroth, S., Wolff, N., Poustka, L., Roessner, V., Kamp-Becker, I., Hoffmann, F. & Roepke, F. (2022). How Do Adults with Autism Spectrum Disorder Participate in the Labor Market? A German Multi-center Survey. In *Journal of Autism and Developental Disorders, 52,* S. 1066–1076. https://doi.org/10.1007/s10803-021-05008-6

Wanka, A., Rieger-Ladich, M., Stauber, B. & Walther, A. (2020). Doing Transitions: Perspektiven und Ziele einer reflexiven Übergangsforschung. In A. Walther, B. Stauber, M. Rieger-Ladich & A. Wanka (Hrsg.), *Reflexive Übergangsforschung. Theoretische Grundlagen und methodologische Herausforderungen,* S. 11–36. Opladen, Berlin, Toronto: Barbara Budrich.

Welti, F. & Ramm, D. (2017). Rechtliche Rahmenbedingungen für die Übergänge behinderter Menschen, insbesondere zur Hochschule. In F. Welti und A. Herfert (Hrsg.), *Übergänge im Lebenslauf von Menschen mit Behinderungen. Hochschulzugang und Berufszugang mit Behinderung,* S. 21–40. Kassel: kassel university press GmbH. http://dx.medra.org/10.19211/KUP97837376002679

Westbrook, J. D., Fong, C. J., Nye C., Williams, A., Wendt, O. & Cortopassi, T. (2015). Transition Services for Youth With Autism: A Systematic Review. In *Research on Social Work Practice, Vol. 25*(1), S.10–20. https://doi.org/10.1177/1049731514524836

Weßler-Poßberg D. & Vomberg, E. (2007). Diskontinuität in der Erwerbsbiografie. In E. Vomberg (Hrsg.), *Chancen »bunter Lebensläufe« für KMU und soziale Einrichtungen: Diskontinuität als Potenzial erkennen – nutzen – fördern.* Bielefeld: W. Bertelsmann Verlag, S. 29–75. https://doi.org/10.3278/6001847w

Zeedyk, S. M., Bolourian, Y. & Blacher, J. (2019). University life with ASD: Faculty knowledge and student needs. In *Autism, 23*(3), 726–736. https://doi.org/10.1177/1362361318774148

3 Das Aktion-Mensch-Projekt IBERA: Individuelle Integrationsberatung für Menschen im Autismus-Spektrum mit Hochschulreife

Matthias Kraupner

> »Und dann habe ich alle ›Aaas‹ und ›Mmhs‹ meines Dozenten überschlagen und musste feststellen, dass ich 20 Minuten der 1,5 Stunden nur Aaas und Mmhs zuhöre. Dann war meine Konzentration völlig dahin« (Frau W.).

In unserem Projekt »Individuelle Integrationsberatung für Menschen im Autismus-Spektrum mit Hochschulreife« (IBERA) sind Menschen im Autismus-Spektrum mit (bevorstehender) Hochschulreife die Zielgruppe; eine Diagnose ist für die Teilnahme jedoch nicht erforderlich. Das Projekt IBERA wird seit Oktober 2019 von Aktion Mensch gefördert und ermöglicht eine berufliche (Studien-)Orientierung und die psychosoziale Begleitung während des Studiums. In der Vorbereitung des Studiums durch das IBERA-Projekt soll zusätzlich ein individuelles Unterstützungsnetzwerk aufgebaut werden, um möglichst viele Hilfen für die Studierenden zu erhalten. Des Weiteren bieten wir autismusspezifisches Einzel- bzw. Gruppencoaching an. Andere autismusspezifische Studienbegleitungen in Deutschland erbringen Fachleistungsstunden über Hilfen zur Erziehung nach den §§ 27 und 41 SGBVIII oder über die Eingliederungshilfe für seelisch behinderte Jugendliche und junge Erwachsene nach § 5a.

Menschen im Autismus-Spektrum fallen besonders die Selbsteinschätzung und das Nachempfinden der emotionalen Situation anderer Menschen schwer. Die behinderungsbedingten Merkmale in der sozialen Kommunikation und Interaktion sowie die fehlende Flexibilität im Verhalten beeinträchtigen zudem die eigene Organisation sowie Selbstständigkeit. Des Weiteren fällt es einer Großzahl schwer, Reize auszublenden und richtig einzuordnen, wie das Zitat zu Beginn des Textes zeigt. Ungeachtet dessen beginnen Menschen im Autismus-Spektrum mit Hochschulreife oft ein Studium, um dann festzustellen, dass sie dieses neue Setting vor große Herausforderungen stellt. Sie reichen – um nur einige Beispiele zu nennen – von der formalen Organisation des Studiums (Wohnung, Finanzierung, Stundenplanerstellung, Studienassistenzen, Nachteilsausgleiche, Organisation von Ruheräumen) über die sozialen Anforderungen durch verpflichtende Gruppenarbeiten, Videokonferenzen bis hin zu den ständig wechselnden Ansprechpersonen und die Absprache mit Mitstudierenden über Social-Media-Portale. Die Folge sind z.T. Probleme im Studienverlauf und vermehrte Studienabbrüche.

Im Folgenden werden vier beispielhafte Ausgangslagen von IBERA-Teilnehmenden vorgestellt, die die Bandbreite des Projektes veranschaulichen sollen:

Laurenz ist Asperger-Autist und 18 Jahre alt. Er macht nächstes Jahr das Abitur. Früher wurde er von einem Schulbegleiter unterstützt, inzwischen kommt er gut allein zurecht. Er spielt Gitarre und hat einen großen Freundeskreis. Seiner Mutter macht der Schulabschluss Sorgen. Nicht weil seine Noten zu schlecht sind, sondern weil sie sich die Frage stellt, was nach der Schule auf ihren Sohn zukommt. Veränderungen konnte Laurenz noch nie gut verkraften. Ein Umzug der Familie hatte für ihn die Folge, dass er ein Schuljahr wiederholen musste. Seine Mutter ist sich unsicher, ob nicht eine Ausbildung oder ein duales Studium die bessere Alternative zu einem regulären Universitätsbesuch wäre.

Rolf ist 35 Jahre alt und hat die Diagnose Asperger-Autismus im letzten Jahr erhalten. Nach wiederholtem Abbruch verschiedenster Studiengänge weiß er nicht, was er wirklich leisten kann und welcher Beruf oder welches Studium für ihn geeignet ist. Derzeit trägt er Zeitungen aus und finanziert sich damit seinen Lebensunterhalt.

Rebekka, 22 Jahre alt, studiert bereits seit zwei Jahren und nimmt sich nun ein Urlaubssemester, um ihr Studium besser zu verkraften. Die Prüfungen haben ihr sehr zugesetzt, weil darin nicht auf ihre Bedürfnisse eingegangen wurde. Außer einer Zeitverlängerung benötigt sie einen kleinen Prüfungsraum mit wenigen Studierenden. Eine gesicherte Autismus-Diagnose hat sie noch nicht, denn die Wartezeit dafür beträgt ca. fünf Jahre. Dann ist jedoch ihr Studium vorbei.

Die 20-jährige Theresa kam zum IBERA-Projekt, als sie sich gerade auf ihr Online-Abitur vorbereitete und mit der Studienberatung begann. Sie musste das Gymnasium aus psychischen Gründen verlassen, ist nun bezüglich ihrer Studienwahl sehr unsicher und befürchtet, dass ihr der Berufseinstieg später nicht gelingen wird.

Trotz der unterschiedlichen Lebenssituationen könnte jedes dieser fiktiven Fallbeispiele durch das Projekt IBERA unterstützt werden, weil die beschriebenen Personen Teil der Zielgruppe »Menschen im Autismus-Spektrum mit (baldiger) Hochschulreife« sind. Da, wie in einem Fallbeispiel bereits erwähnt wurde, die Wartezeit auf eine Diagnose bis zu ca. fünf Jahre beträgt und viele Betroffene diesen Schritt nicht wagen, ist der Zugang zum Projekt ohne Diagnose und damit sehr niedrigschwellig möglich.

Die Schätzung einer amerikanischen Studie geht davon aus, dass sich 0,7–1,9 % aller Studierenden im Autismus-Spektrum bewegen (Shah et. al 2016). Wie viele der Studierenden im Autismus-Spektrum an einer Hochschule oder an der Universität in Nürnberg eingeschrieben waren, ist nicht erfasst.

Als Fachberater für Autismus bin ich seit 2013 mit Menschen aus dem Autismus-Spektrum im Bereich der beruflichen Rehabilitation tätig. Als Mitglied des IBERA-Teams möchte ich die Entstehung der Konzeptidee folgendermaßen beschreiben:

> »Die Integrationsberater des Integrationsfachdienstes begleiten seit Jahren autistische Menschen in der beruflichen Vermittlung und am späteren Arbeitsplatz. Ihnen ist dabei aufgefallen, dass Menschen im Autismus-Spektrum zwar die Hochschulreife erreichen, jedoch der Einstieg in das Studium und erst recht der in den ersten Arbeitsmarkt sehr große Hürden aufweist. Der Fachdienst wurde wiederholt bezüglich einer Studienorientierung angefragt, da es bislang deutschlandweit kaum ein Angebot oder einen durchführenden Träger hierfür gab. Das enorme Missverhältnis zwischen dem schulischen Abschluss und den sozialen Kompetenzen bei Menschen im Autismus-Spektrum mit (Fach-)Abitur stellt jedoch ein gewaltiges Problem für diesen Personenkreis auf dem ersten Arbeitsmarkt dar. Aufgrund dieser Erfahrungen wurde die Idee des Projektes IBERA geboren.«

Das seit Projektstart im Oktober 2019 geltende Projektziel, mindestens 60 Klient*innen aus der Zielgruppe zu unterstützen, wurde bereits im Jahr 2023 erreicht. Aufgrund dieses Erfolgs wurde das Projekt im Oktober 2024 von Aktion Mensch um weitere zwei Jahre verlängert.

Je nach individuellem Unterstützungsbedarf umfasst IBERA verschiedene Elemente, z. B.:

- individuelle, psychosoziale Beratung und Integrationsberatung zur Berufs- und Studienorientierung,
- Erarbeiten einer möglichst realistischen beruflichen Perspektive,
- Informationen zur Studien- und Berufsorientierung, u. a. durch begleitete Praktika,
- bedarfsorientierte Begleitung und Unterstützung während des gesamten Studiums,
- Hilfe bei der Beantragung von Nachteilsausgleichen und Studienassistenzen,
- Stärkung der Sozialkompetenz und weiterer arbeitsweltbezogener Kompetenzen,
- Möglichkeit zur Teilnahme an einer Peer-Group zum Erfahrungsaustausch,
- Unterstützung beim Aufbau eines individuellen Netzwerks, das sowohl beim Übergang ins Studium als auch danach im Arbeitsleben hilfreich sein kann.

Zu den Möglichkeiten des Projektes möchte ich des Weiteren anmerken:

> »Es gibt den berühmten Spruch ›Wenn du eine Person im Autismus-Spektrum kennst, dann kennst du eine Person im Autismus-Spektrum‹. Uns ist es sehr wichtig, individuell auf die Bedarfe unserer Teilnehmenden einzugehen. So konnten wir bspw. einer unserer Studierenden spontan ein Lerncoaching und zusätzlich ruhige, stressreduzierte Lernräume zu festen Zeiten ohne weitere Ablenkungen anbieten.«

Der Einstieg in das IBERA-Projekt ist laufend möglich und kann sowohl vor der Aufnahme eines Studiums als auch währenddessen erfolgen. Bereits vor Studienbeginn und sogar schon während der Schulzeit können wir ein individuelles Fähigkeitsprofil erstellen und ggf. bei der Einschreibung oder Ausbildungssuche unterstützen. Nach der Einschreibung erfolgt die Begleitung während der gesamten Studienzeit. Wir verfügen über ein großes Netzwerk sowohl mit Arbeitgebern als auch mit Beratungsstellen, können bei der Aufnahme eines sozialversicherungspflichtigen Anstellungsverhältnisses unterstützen und dieses anschließend begleiten.

Selbst wenn Menschen im Autismus-Spektrum ein Studium erfolgreich absolvieren, ist jedoch nicht sicher, dass sie mit diesem Abschluss auf dem ersten Arbeitsmarkt Fuß fassen können. Die schmerzhafte Erkenntnis, dass die erlernten Inhalte oft nur wenig mit der späteren Tätigkeit im Beruf zu tun haben, trifft vor allem diese Personengruppe. So genügt es zur Ausübung einer Rechtsanwaltstätigkeit nicht, Gesetze auswendig zu kennen, stattdessen sind deren Anwendung sowie der Umgang mit Menschen und einhergehenden Rollenkonflikten in diesem Beruf von immenser Bedeutung. Auch ein abgeschlossenes Informatikstudium ist kein Garant dafür, dass die Zusammenarbeit erfolgreich verläuft, besonders wenn die Meinung der Führungskräfte oder der Teammitglieder nur selten geteilt und diese Tatsache unmissverständlich dargelegt wird. Um spätere Schwierigkeiten zu minimieren, ist die Bedeutung der Praxis nicht zu unterschätzen. Besonders Menschen im Autismus-Spektrum fällt es schwer, sich den tatsächlichen Arbeitsalltag und ihren Arbeitsplatz vorzustellen. Das kann ein Grund dafür sein, die Praxiserfahrung möglichst vorzuziehen und auszuprobieren, ob nicht nur das Studium, sondern auch der spätere Arbeitsplatz gemeistert werden kann. Eine intensive, niedrigschwellige Studien- und Berufsorientierung kann dabei helfen, den späteren Einstieg in den Arbeitsmarkt zu erleichtern.

Im Folgenden werden anhand von Fallbeispielen die bearbeiteten Problemstellungen und die Unterstützung durch das IBERA-Projekt dargestellt.

> »Theresa kam mitten in ihren Vorbereitungen für ihr Onlineabitur und zu Beginn ihrer Studienorientierung zum IBERA-Projekt. Das Gymnasium musste sie aus psychischen Gründen verlassen. Sie selbst sieht sich beruflich im medialen und politischen Bereich, da sie einen sehr analytischen Blick auf die Gesellschaft hat und bereits erste Erfahrungen mit Grafikdesign sammeln konnte. Ein erster Studienorientierungstest bestätigt das Interesse und die Fähigkeiten für Medienwissenschaften, Soziologie, Kulturwissenschaften und Politikwissenschaften. Um eine spätere Integration in den Arbeitsmarkt zu erleichtern, wurde ausführlich über die Beschaffenheit von Arbeitsplätzen nach dem Studium gesprochen. Es fiel ihr schwer, sich vorzustellen, wie sich z. B. ein Politikwissenschaftsstudium aufbaut und wie sich darüber hinaus die Berufspraxis im Arbeitsalltag gestaltet. Sie war sich unsicher, ob ihre Fähigkeiten im Bereich Grafikdesign für ein Studium mit diesem Schwerpunkt genügen.
>
> Theresa wollte nach ihrem Abitur zunächst ein Praktikum absolvieren und sich Zeit nehmen, den richtigen Studiengang zu finden. Sie wurde bei ihren Bewerbungen unterstützt und erstellte eine Homepage über sich sowie einen Kurzfilm über ihre ehrenamtliche Tätigkeit im Grafikdesign. Schließlich erhält sie ein vergütetes Praktikum im Grafikdesignbereich in einem in der Branche anerkanntem Unternehmen. Das Praktikum verlief so gut, dass danach eine Teilzeitanstellung folgte, in der sie auch bei der Erstellung von Texten beteiligt war. Durch einen Test zur Studienorientierung wurde sie auf den Medienbereich aufmerksam. Dieser Bereich bot ihr die Möglichkeit, die Erstellung von Grafiken, Texten und anderen Medien zu vertiefen. Dies führte zur Entscheidung für ein Studium im Bereich Medien, welches sie mit ihrem Nebenjob finanzierte. Während ihres Studiums hat sie nun die Möglichkeit, regelmäßig psychosoziale Beratung und die Teilnahme an einer Peer-Group anzunehmen. Außerdem wird sie z. B. bei der Antragstellung bezüglich eines Nachteilsausgleiches unterstützt.«

Die Erfahrungen aus dem IBERA-Projekt zeigen, dass sich – bedingt durch die behinderungsspezifischen Bedürfnisse – die strukturellen Rahmenbedingungen besonders in den Vordergrund der Studienwahl und -organisation schieben. Für einige Menschen aus diesem Personenkreis sind möglichst wenige Präsenzzeiten entscheidender für die Studienwahl als der Studiengang selbst. Um Verwirrung zu vermeiden, kommen manchmal nur Studiengänge mit einer einzigen Onlineplattform in Frage. Für andere wiederum ist die Möglichkeit, möglichst wenig Inhalte in Gruppen zu bearbeiten, ein entscheidendes Kriterium. Wieder andere sind darauf angewiesen, eine mündliche Prüfung in eine schriftliche umzuwandeln oder umgekehrt.

Im Folgenden schildert ein Teilnehmer des IBERA-Projektes seine Erfahrungen im Studium und ordnet diese in die aktuellen wissenschaftlichen Erkenntnisse zum Thema Autismus ein:

> »Die Menschen verstehen mich derart schlecht, sie verstehen nicht einmal meine Beschwerde, dass sie mich nicht verstehen.« (Søren Kierkegaard, dänischer Philosoph)

Ich habe bisher kein Zitat gefunden, das meine Lebenserfahrung besser verkörperte – mit einer Ausnahme:

> »Wir wissen nichts voneinander – und wenn du sagst, dass du leidest, weiß ich nicht mehr als von der Hölle, wenn es heißt, dass sie heiß ist.« (Prezident, deutscher Sprechgesangskünstler)

Mit diesem philosophisch-künstlerischen Sprachspiel möchte ich ausdrücken, dass die spezifischen Probleme, an denen meine Studienversuche gescheitert sind, nicht in erster Linie praktischer, sondern kommunikativer Natur sind. Dieses Postulat bildet das Fundament dieses Essays. Auf den folgenden Seiten werde ich meine persönliche Erfahrung mit empirischen Forschungsergebnissen synthetisieren und darauf aufbauend Verbesserungsmöglichkeiten für Angebote an der Schnittstelle zwischen dem autistischen Individuum, den Universitäten und den Beratungsstellen skizzieren.

Hierfür ist es unumgänglich, kurz meine persönliche Historie zu erörtern. Ich habe mein Abitur mit 0,9 abgelegt. Bis heute kann ich das nicht als Leistung betrachten, ich habe schlicht und ergreifend die Anweisungen, die man mir gegeben hat, umgesetzt. Mein Glück war, dass diese Anweisungen eindeutig waren: hier Buch, dann Klausur, viel Spaß.

An der Universität war es dann vorbei mit der Eindeutigkeit. Das begann bereits bei der Studienplatzvergabe: Ein Hauptgrund dafür, dass ich mich für Psychologie eingeschrieben habe, war die Tatsache, dass das entsprechende Vergabeverfahren aufgrund der zentralen Studienplatzvergabe relativ stringent war. Ich musste lediglich einen Account anlegen und ein Formular ausfüllen, statt diesen Prozess für jede Universität aufs Neue zu iterieren.

Als ich es dann an die FU Berlin geschafft, eine WG gegründet und in autodidaktischer Regie die intrikaten Details von Hausratsversicherung, DSL- und Mietvertrag durchdrungen hatte, war ich ganz heiß darauf, Statistik- und Anatomiekurse zu belegen und wissenschaftlich zu arbeiten. Stattdessen fand ich mich in einem verwaltungsrechtlichen Spießrutenlauf wieder, der mich derart überforderte, dass sich mir die Überzeugung aufnötigte, »dem System« immer drei Schritte hinterher zu sein. ECTS-Punkte, Klausuranmeldungsfristen, Modulvergabestartzeitpunkte, Immatrikulationsbescheinigungen, dazu die existenzielle Unmöglichkeit, neben einem Vollzeitstudium ein Sozialleben aufrecht erhalten zu müssen und zu allem Überfluss auch noch zu arbeiten – ich konnte mich des Eindrucks nicht erwehren, dass ich trotz Abitur mit Auszeichnung anscheinend zu blöd zum Studieren war.

Hier liegt nun der anekdotische Kern meines Postulats. Als ich nämlich versuchte, meine Probleme zu erklären, begegnete mir der gleiche kuriose Satz, der mich seit meiner Kindheit begleitet: »Das kann ich mir nicht vorstellen«. Mir wurde vermittelt, dass meine Probleme für einen Menschen meiner kognitiven Intelligenz keine Probleme sein können. Mittlerweile weiß ich, dass diese Aussagen auf neurologischen Differenzen fußen. Für autistische Menschen sind Emotionen weniger bis gar nicht entscheidungsrelevant (White et. al 2011). Sie fließen somit auch nicht in mein kommunikatives Skript ein, wenn ich darzulegen versuche, dass ich zwar Matrizen rechnen kann, aber die Website meiner Uni nicht verstehe und ein zehnminütiges Telefongespräch mit der Krankenkasse mich den Rest des Tages außer Gefecht setzt.

Für allistische (= nicht-autistische) Menschen allerdings sind diese emotionalen »Kriterien« des gemeinsamen Sprachspiels (Shah 2016) (bspw. ein brüchiger Sprachfluss, ein fluktuierender Tonfall und eine Rötung der Wangen) von elementarer Bedeutung, um die Authentizität des Gegenübers zu bewerten. Gesprochene Sprache wird, anders als von autistischen Gehirnen, stets im Kontext dieser nichtverbalen, emotionalen »Kriterien« interpretiert. Wenn diese fehlen, kollabiert das Sprachspiel (Wittgenstein 2003). Studien zeigen, warum dies so häufig passiert:

> »[T]rotz visuellem Feedback und der eindeutigen Anweisung, eine Emotion an Andere zu kommunizieren, zeigen autistische Individuen emotionale Ausdrücke, die schwierig zu interpretieren sind, was eine atypische interne Repräsentation emotionaler Zustände nahelegt« (Brewer et al. 2016, S. 269).

Um dies an einem Beispiel aus der Beratungsarbeit zu illustrieren: Wenn ich meinen Integrationsberater frage, wie es ihm geht und wie seine Gefühlslage zu einer bestimmten Thematik ist, kann er mir diese Frage binnen Sekunden beantworten. Wenn man mir die Frage stellt, wie es mir geht, wenn man mich fragt, wie sich etwas für mich anfühlt (Wittgenstein 2003), muss ich darüber aktiv nachdenken – manchmal ein paar Tage lang, manchmal aber auch Monate. Mein eigener emotionaler Zustand ist etwas, wozu ich lediglich post hoc und über den Umweg kognitiver Reflexion einen Zugang habe; wie also sollte ich von allistischen Menschen als authentisch empfundene emotionale Signale in Echtzeit senden, wenn ich meine Emotionen nicht einmal in Echtzeit eindeutig identifizieren kann?

Nun könnte ich versuchen, diese emotionalen Signale systematisch zu kopieren, doch ich sehe keinerlei rationalen Grund, mir die Tortur einer solchen gestelzten Performance anzutun, wenn man mir auch einfach mal zuhören könnte. Just hierin liegt auch der für mich persönlich größte Vorteil autismusspezifischer Beratungsangebote: Man hat zum ersten Mal unter der Annahme, dass das, was ich sage, auch tatsächlich stimmt, mit mir gearbeitet. Dieser Zugang zu intersubjektiver Reflexion und vor allem Planung war und ist ein für beide Seiten überaus lehrreiches Unterfangen.

Ich verorte das Kernproblem darin, dass das universitäre System de facto von autistischen Menschen im Kontext von Beratungsangeboten, Nachteilsausgleichen und Studienorganisation verlangt, das Doppel-Empathie-Problem (Milton et al. 2020) in Eigenleistung zu lösen. In Absenz jeglicher Information darüber, was unser individuelles Gegenüber über Autismus weiß, müssen wir stets damit rechnen, basierend auf einem atypischen Ersteindruck negativ bewertet zu werden. Diese gelebte Erfahrung der meisten autistischen Menschen ist empirisch messbar: Studien zeigen, dass neurotypische Menschen innerhalb von Sekunden eine Skepsis gegenüber autistischem Kommunikations- und Sozialverhalten entwickeln. Dieser Bias verschwindet nur, wenn audiovisuelle Eindrücke – die angesprochenen »Kriterien« – außen vor gelassen werden und der Eindruck sich rein auf Basis des inhaltlich Gesagten bildet (Sasson 2017). In Settings allerdings, in denen Personen mit den gleichen neuronalen Architekturen interagieren, zeigen auch autistische Menschen eine hohe soziale Verträglichkeit (Sasson 2017).

Zusammengenommen bedeutet dies, dass Autismus als ein distinkter Modus der sozialen Interaktion und Kommunikation zu verstehen ist, nicht als pathologisierte Divergenz von einer neurotypischen »Normalität«. Diesen Fakt an die Universitäten heranzutragen und dies im Kontext neuer wissenschaftlicher Erkenntnisse immer wieder zu iterieren, ist eine Grundvoraussetzung für den systemischen Wandel, der notwendig ist, um das gesamte Bildungssystem inklusiver zu gestalten.

Diese Aufgabe jedoch kann nicht allein den einzelnen autistischen Studierenden aufgebürdet werden. Die Beratungsstellen müssten an dieser Stelle weniger als Dienstleister und mehr als Dolmetscher fungieren. Dabei ist die Übersetzungsarbeit in beide Richtungen zu leisten: Sie übersetzen allgemeine wissenschaftliche Erkenntnisse in spezifische pädagogische Empfehlungen für Universitäten und sie übersetzen die Anforderungen des universitären Systems in die für das jeweilige Individuum verständliche Sprache. Die notwendigen Kapazitäten hierfür müssen auf institutioneller Ebene geschaffen werden, sei es durch Bündelung vorhandener oder Erschließung neuer Ressourcen, denn die empirische Forschung bewegt sich zu schnell, als dass ein einzelner Mensch oder eine einzelne Beratungsstelle damit Schritt halten könnte.

Nach den Schilderungen eines Teilnehmers des IBERA-Projektes möchte ich mit folgenden Worten von Raul Krauthausen abschließen: »Inklusion ist kein Ziel, sondern ein Prozess. Ein Prozess der Annahme und Bewältigung von menschlicher Vielfalt« (Krauthausen 2021, o. S.). Es gilt, diesen Prozess der Bewältigung und Annahme auf institutioneller sowie individueller Ebene zu unterstützen und Initiativen wie das IBERA-Projekt und andere auf eine feste Grundlage zu stellen. Eine landesweite Autismusstrategie sollte in allen gesellschaftlichen Bereichen zwischen der autistischen und neurotypischen Welt übersetzen. Erst dadurch kann die menschliche Vielfalt in diesem Bereich wahrgenommen, angenommen und bewältigt werden.

3.1 Literatur

Brewer, R., Biotti, F., Catmur, C., Press, C., Happé, F., Cook, R. & Bird, G. (2016). Can Neurotypical Individuals Read Autistic Facial Expressions? Atypical Production of Emotional Facial Expressions in Autism Spectrum Disorders. *Autism Research 9*, S. 262–271. doi: 10.1002/aur.1508

Crompton, C. J., Sharp, M., Axbey, H., Fletcher-Watson, S., Flynn, E. G. & Ropar, D. (2020). Neurotype-Matching, but not Being Autistic, Influences Self and Observer Ratings of Interpersonal Rapport. Front. *Psychol. 11,* 586171. doi: 10.3389/fpsyg.2020.586171

Ekdahl, D. (2023). The double empathy problem and the problem of empathy: neurodiversifying phenomenology. *Disability & Society,* S. 6. doi: 10.1080/09687599.2023.2220180

Krauthausen, R. (2021). *Inklusion ist kein Ziel in Zahlen.* Raul Krauthausen. Online verfügbar unter: https://www.raul.de/unfassbares/inklusion-ist-kein-ziel-in-zahlen/, Zugriff am 28.12.2023.

Milton, D. E. M., Heasman, B. & Sheppard, E. (2020). *»Double Empathy« in Encyclopedia of Autism Spectrum Disorders,* edited by Fred Volkmar. Springer, New York, USA, 1–9. doi: 10.1007/978-1-4614-6435-8_102273-2

Sasson, N. J., Faso, D. J., Nugent, J., Lovell, S., Kennedy, D. P. & Grossman, R. B. (2017). Neurotypical Peers are Less Willing to Interact with Those with Autism based on Thin-Slice Judgements. *Sci. Rep. 7,* S. 1–10. doi: 10.1038/srep40700

Shah, P., Catmur, C. & Bird, G. (2016). Emotional decision-making in autism spectrum disorder: the roles of interoception and alexithymia. *Molecular Autism 7,* S. 43. doi: 10.1186/s13229-016-0104-x

White, S. W., Ollendick, T. H. & Bray, B. C. (2011). College students on the autism spectrum: Prevalence and associated problems. *Autism, 15(6),* S. 683–701. Online verfügbar unter: https://doi.org/10.1177/1362361310393363, Zugriff am 28.12.2023.

Wittgenstein, L. (2003). *Philosophische Untersuchungen.* 9. Auflage, Berlin: Suhrkamp.

4 Übergang Schule – Studium im Autismus-Spektrum: Unterstützungsmöglichkeiten am Beispiel des kombabb-Kompetenzzentrums NRW

Stephanie Feinen & Johanna Krolak

4.1 Einleitung

Mit dem Inkrafttreten des Übereinkommens über die Rechte von Menschen mit Behinderungen (UN-Behindertenrechtskonvention, UN-BRK) im Jahr 2009 in Deutschland gibt es zunehmende Bestrebungen, u. a. die gleichberechtigten Bildungschancen von Betroffenen voranzubringen. Dies bedeutet zugleich, Strukturen so anzupassen, dass Betroffenen eine gleichberechtigte Teilhabe an allen Lebensbereichen ermöglicht wird, und stellt im deutschen Bildungssystem weiterhin eine zentral zu bewältigende Aufgabe dar.

Junge Menschen, die mit Behinderung/chronischer Erkrankung die Durchführung eines Studiums anstreben, weisen dabei verschiedene Formen und Grade an Beeinträchtigungen auf, welche sich meist erschwerend auf ihre(n) Studienalltag und -durchführung auswirken. Damit es nicht zu einer Benachteiligung kommt, bedarf es stetiger individueller Anpassungen. Dabei gilt es aber zu beachten, dass die Einführung eines pauschalen Maßnahmenkatalogs keineswegs die Diversität der Behinderungsformen widerspiegeln bzw. auffangen würde. Daher müssen verstärkt die Individualität der Studierenden mit Behinderung/chronischer Erkrankung sowie deren Unterstützungsbedarf in den Fokus gerückt werden. Letzterer kann ausgeglichen werden, bspw. durch (individuelle) Nachteilsausgleiche, (technische) Hilfsmittel sowie Studienbegleitung bzw. -assistenzen.

Der folgende Beitrag nimmt vordergründig Studieninteressierte sowie Studierende im Autismus-Spektrum in den Blick und verfolgt dabei das Ziel, auf Barrieren sowie Unterstützungsmöglichkeiten aufmerksam zu machen und dafür zu sensibilisieren. Dabei werden die besonderen Herausforderungen vor dem Hintergrund der Gestaltung eines erfolgreichen und ressourcenorientierten Übergangs in das Studium aufgezeigt. Zugleich werden im Rahmen dieses Beitrags theoretische Überlegungen mit der Fachexpertise des kombabb-Kompetenzzentrums NRW sowie dessen Erfahrungen (ergänzt durch eine eigens durchgeführte Hochschulbefragung in NRW) miteinander verbunden.

4.2 kombabb als Anlaufstelle für Studieninteressierte im Autismus-Spektrum

Beim *kombabb-Kompetenzzentrum NRW* handelt es sich um eine *hochschulunabhängige* Informations- und Beratungsstelle, speziell zum Thema »Studieren mit (nicht-)sichtbarer Behinderung/chronischer Erkrankung« zum Schwerpunkt Übergang Schule – Studium. Dabei steht kombabb für *Kompetenzzentrum Behinderung, akademische Bildung bzw. Studium und Beruf.*

Im Rahmen der Beratungstätigkeit (basierend auf dem Prinzip des *Peer-Counseling*[3]) und u. a. regelmäßig stattfindenden Informationsveranstaltungen finden sowohl betroffene Studieninteressierte als auch Studierende *Beratung* und *Unterstützung*. Vorherrschende Themen sind hierbei bspw. »Bewerbung und Zulassung zum Studium«, »Nachteilsausgleiche im Bewerbungsverfahren[4] und Studium«, »Studienassistenz und -begleitung« sowie »Umgang bzw. Outing (mit) der eigenen nicht-sichtbaren Behinderung/chronischen Erkrankung«. Das Angebot richtet sich dabei auch an Familienangehörige (z. B. Eltern) und an alle, denen das Thema »Studium und Behinderung« im Beruf (z. B. Lehrer*innen, Mitarbeiter*innen der Autismus-Therapie-Zentren) begegnet. Das kombabb-Kompetenzzentrum NRW mit Sitz in Bonn und der Zuständigkeit für ganz Nordrhein-Westfalen wurde 2008 gegründet. Gefördert wird kombabb vom Ministerium für Arbeit, Gesundheit und Soziales NRW (MAGS)[5], es ist Teil des Aktionsplans »NRW inklusiv« und besitzt seinen eigenen Trägerverein *Kompetenzzentrum Behinderung, akademische Bildung, Beruf (kombabb) e. V.*

Bei kombabb handelt es sich deutschlandweit um ein einmaliges Angebot. Die Einzigartigkeit basiert dabei auf der Hochschulunabhängigkeit sowie auf der Spezialisierung des Angebots zum Thema »Studieren mit (nicht-)sichtbarer Behinderung«.

Die Arbeit des kombabb-Kompetenzzentrums NRW wird in Projektlaufzeiten gefördert. Dabei gibt es in jedem Zeitraum neben den bestehenden Tätigkeiten einen zusätzlichen inhaltlichen Schwerpunkt. In der Laufzeit 2019 bis 2022 lag dieser auf Studieren mit einer Autismus-Spektrum-Diagnose. Darauf sowie auf der langjährigen Beratungspraxis aufbauend können die Mitarbeiter*innen der Beratungsstelle auf eine große Expertise und Bandbreite an Erfahrungswerten zurückgreifen.

---

3 Peer-Counseling bedeutet übersetzt: *Betroffene beraten Betroffene.* Hierbei handelt es sich um eine emanzipatorische Beratungsmethode, die sich stets an den Bedürfnissen und Erfordernissen der Ratsuchenden unter Einbeziehung ihrer psychosozialen Situation orientiert. Dabei geht es um die Entwicklung von Lösungswegen, die den persönlichen Kompetenzen der*s Klient*in angemessen sind und nicht zur Überforderung oder Fremdbestimmung führen (Reinarz & Ochel 2024).

4 Es gibt bereits in der Bewerbungsphase zum Studium sog. »Sonderanträge«, die im Bewerbungs- und Zulassungsverfahren behinderungsbedingte Nachteile möglichst ausgleichen sollen. Hierzu gehören der *Härtefallantrag* sowie die *Anträge auf Verbesserung der Abitur-Durchschnittsnote und der Wartezeit.*

5 Mit dem Förderkennzeichen 34.04.01–64–5714.

4.3 Die Situation von Studierenden mit (nicht-) sichtbarer Behinderung/chronischer Erkrankung im Studium in Deutschland

Die Datenlage zur Situation von Menschen im Autismus-Spektrum ist in Deutschland sehr schlecht (autismus Deutschland e. V. 2024). Laut dem Deutschen Bundesverband für Logopädie e. V. (2024) ist knapp *1 Prozent der Bevölkerung* Autist*innen.

Zur Situation von Studierenden mit Beeinträchtigungen führte das Deutsche Zentrum für Hochschul- und Wissenschaftsforschung im Sommersemester 2021 in Zusammenarbeit mit dem Bundesministerium für Bildung und Forschung und dem Deutschen Studierendenwerk *die Studierendenbefragung in Deutschland* durch. An der Online-Befragung mit 180.000 Studierenden (an 250 Hochschulen) waren auch knapp 30.000 Teilnehmende mit einer *studienerschwerenden* Beeinträchtigung vertreten. Ziel der Studie war es, u. a. ein fundiertes Verständnis zur Situation der Betroffenen zu erhalten. Integriert wurden dabei die bis dahin drei unabhängig voneinander durchgeführten Langzeiterhebungen: die *Sozialerhebung*, den *Studierendensurvey* sowie die Befragung *best – Studieren mit einer gesundheitlichen Beeinträchtigung*[6] (▶ Kap. 6 in diesem Band). Die Ergebnisse der Studie wurden im Dezember 2023 veröffentlicht.

Die Situation von autistischen Studierenden wird dabei lediglich in einer Randkategorie, nämlich unter *Andere Beeinträchtigungsarten*,[7] mit weiteren Behinderungsformen (u. a. Tumorerkrankungen, AD(H)S und Migräne) zusammengefasst. Daher ergibt sich auch hier *kein* detailliertes Bild zur Situation von autistischen Studierenden (DZHW 2023, S. 14).

Infolgedessen wird daher auf die Gesamtsituation von Studierenden mit einer studienerschwerenden Beeinträchtigung zurückgegriffen, in der auch die Zielgruppe der Betroffenen im Autismus-Spektrum enthalten ist. Laut der Ergebnisse mit Schwerpunkt auf *Studieren mit gesundheitlicher Beeinträchtigung*, auch best3 genannt, haben rund *16 % eine studienerschwerende Beeinträchtigung*[8]. Dieser Prozentsatz splittet sich bei den Befragten wie folgt auf: 65 % sind von einer psychischen Erkrankung, 13 % von einer chronischen Erkrankung sowie 7 % von einer gleich schweren Mehrfachbehinderung betroffen. Mit 14 % ist auch die Kategorie der *Anderen Beeinträchtigungsarten* vertreten. Bei 56 % der betroffenen Studierenden ist die Behinderung *auf Dauer nicht-sichtbar*, bei 41 % *erst nach einiger Zeit durch Dritte wahrnehmbar* und lediglich bei 3 % der Proband*innen besteht eine *Sichtbarkeit auf den ersten Blick*. Der Zugang zum Studium gestaltet sich bei 97 % der Studierenden

---

6 Zu dieser gibt es zwei Vorgängerstudien: die best1- (2011) und best2-Studie (2016) (»best« steht dabei für **beeinträchtigt studieren**).
7 Der genaue prozentuale Anteil der autistischen Studierenden in dieser Kategorie geht aus dem Endbericht nicht hervor.
8 Im Vergleich zu den Vorgängerstudien handelt es sich hierbei um einen *stetigen Anstieg* (*best1-Studie* aus dem Jahr 2011, hier lag der Anteil bei 8 %, in der *best2-Studie* aus dem Jahr 2016 bei 11 %) (DSW 2012 & 2018).

mit studienerschwerender Beeinträchtigung über die Hochschulzulassungsberechtigung. 92% der betroffen Studienteilnehmenden geben an, Schwierigkeiten in mindestens einem der folgenden Bereiche zu haben: *Studienorganisation*, *Lehre* und *Lernen* sowie *Leistungsnachweise*. Bei einer weiteren Konkretisierung fällt auf, dass am häufigsten Probleme hinsichtlich des *Leistungspensums bzw. mit der vorliegenden Studienordnung* (66%), den *Selbstlernphasen* (49,5%) und der *Prüfungsdichte* (44,3%) benannt werden. Dabei werden diese mit 95,6% überdurchschnittlich oft von Befragten aus der Kategorie *Andere Beeinträchtigungsarten* angegeben. Im Hinblick auf *Informations- und Beratungsbedarf* geben 96% der Studierenden mit studienerschwerender Beeinträchtigung an, zu *finanzierungs-, studienbezogenen oder persönlichen Themen* Beratungsbedarf zu haben (DZHW 2023, S. 5 ff.).

4.4 Übergang Schule – Studium: Eine sensible Phase für junge Menschen im Autismus-Spektrum

Der Wechsel aus einem meist durchstrukturierten Schulalltag hinein in einen in der Regel selbstorganisierten Studienalltag stellt insbesondere für Autist*innen eine besondere Herausforderung dar.

4.4.1 Zentrale Aspekte im Übergang Schule – Studium

Ein Studium zu beginnen, ist eine einschneidende Entscheidung im Leben eines jeden jungen Menschen, doch gerade als Studieninteressierte*r im Autismus-Spektrum muss das gut geplant werden. So sollte bereits im Vorhinein reflektiert werden, wie und wo studiert werden soll, insbesondere aber auch, ob ein Studium überhaupt der richtige Weg zum gewünschten Beruf ist. Hiermit gehen diverse zukunftsweisende Fragestellungen einher, die gerade für autistische Studieninteressierte eine hohe Relevanz haben können. Hierzu gehören: Wie und in welchem Umfang kann ein eventuell behinderungsbedingter Unterstützungsbedarf (z.B. durch eine Studienbegleitung, Übernahme von Fahrtkosten zur Hochschule und zurück oder Nachteilsausgleiche im Studium) kompensiert werden (▶ Kap. 4.5.2)? Welche Hochschule passt am besten zu der betroffenen Person (klein, strukturiert oder groß, anonym, mit voraussichtlich wenigen sozialen Beziehungen)? Wie gestaltet sich das bis dahin aufgebaute ärztliche und therapeutische Netzwerk am Wohnort? – Soll dieses im Studium aufrechterhalten bleiben oder wird (je nach Studiengang, z.T. auch zwangsweise) ein Wechsel an einen räumlich entfernteren Studienort angestrebt, bei dem dieses Netzwerk z.T. neu aufgebaut werden muss?

Mit diesen (exemplarischen) Fragen, die von wesentlicher Bedeutung sind, sollten sich autistische Studieninteressierte möglichst früh, spätestens aber mit Beendigung der gymnasialen Oberstufe bzw. dem Erhalt der Hochschulzugangsberechtigung, auseinandersetzen.

Ergänzend hierzu gilt zu beachten, dass der Übergang Schule – Studium zugleich auch das Heraustreten aus einem geschützten Kontext (mit u. a. routinierten Strukturen, einem beständigen Klassenverband, etablierten Arbeitsweisen sowie gleichbleibenden Ansprechpartner*innen) hinein in ein selbstorganisiertes (mitunter zunächst anonymes) Studierendenleben (u. a. mit eigenständiger Studien(ort)auswahl, komplexen Strukturen, wechselnden Hochschulakteur*innen) bedeutet. Aber auch die gewohnte Umgebung, bspw. die eigene Wohnsituation im Kontext der Familie, kann dabei ins Wanken geraten, da ein Studium mit dem Auszug aus dem Elternhaus verbunden sein kann.

Für autistische Studieninteressierte wirkt das Hochschulleben daher auf den ersten Blick sicherlich erst einmal chaotisch: Viele Vorhersehbarkeiten und Routinen gehen dabei verloren und neue studienbezogene Abläufe müssen erfasst sowie aufgebaut werden. Erschwerend kommt hinzu, dass autistische Studienanfänger*innen dabei mit sehr vielen neuen Reizen in einem zunächst ungewohnten Hochschulkontext konfrontiert sind, was zu einem stark erhöhten Stresserleben und letztlich zu einer Reizüberflutung führen kann.

4.4.2 Wie kann der Übergang gut gelingen?

Im Kontext der Übergangsphase Schule – Studium sollte es daher Studienanwärter*innen im Autismus-Spektrum vordergründig darum gehen, möglichst viele Informationen bezüglich des anstehenden Studiums einzuholen. Auf diese Weise kann bestenfalls der künftige und zugleich unbekannte Hochschulalltag den Schrecken verlieren. Dabei können verschiedene Ressourcen in Form des bereits bestehenden sozialen sowie therapeutischen Netzwerks und hochschulinterne sowie externe Beratungsinstitutionen eingebunden werden. Das dabei verfolgte Ziel ist es, den Studienalltag bereits im Vorfeld transparenter und verständlicher zu machen. Auf diese Weise können frühzeitig Handlungsmöglichkeiten entwickelt werden.

In NRW gibt es als zentrale (Erst-)Anlaufstelle im Übergang Schule – Studium für autistische Studieninteressierte die hochschulunabhängige Beratungsstelle, das *kombabb-Kompetenzzentrum NRW* (▶ Kap. 4.2).

Bei der Konkretisierung bezüglich des (Wunsch-)Hochschulortes und des Studienfaches können darüber hinaus auch Beratungsangebote direkt vor Ort an der Hochschule aufgesucht werden: z. B. die*der Beauftragte*n für die Belange von Studierenden mit Behinderung/chronischer Erkrankung sowie die zentralen Studien-, Fachstudien-, psychosozialen- und psychologischen Beratungsstellen. Letztere können auch bei den örtlichen Studierendenwerken angesiedelt sein. Besonders für autistische Studieninteressierte empfiehlt es sich, jene Hochschulorte, die sich bereits in der engeren Auswahl befinden, vorab aufzusuchen (z. B. in den Ferien). Auf diese Weise können sie deren Strukturen und die o. g. Ansprechpartner*innen persönlich – und in Ruhe – kennenlernen. Diverse Hochschulen bieten außerdem spezielle Angebote, z. B. die Wochen der Studienorientierung oder (fachspezifische) Schnuppertage, für Studienanwärter*innen an.

Ergänzend zu den bisher genannten Aspekten existieren auch drei weitere Handlungsempfehlungen für junge Menschen im Autismus-Spektrum seitens des *Bundesverbands autismus Deutschland e.V.* (2015, S. 4ff.), die sich in der Studieneintrittsphase ebenfalls unterstützend auswirken können. Sie betreffen die *Soziale Nachreife*, den *Aufbau neuer Strukturen, Vernetzung und Ressourcen* sowie einen *Autismus-Pass*: Zu den Maßnahmen der *Sozialen Nachreife* zählen z. B. soziale Kompetenztrainings in Form von autismusspezifischen Einzel- oder Gruppentherapieangeboten, die Teilnahme an Selbsthilfegruppen sowie Assistenz zur Stärkung der eigenen personalen, sozialen und lebenspraktischen Kompetenzen. Der *Aufbau neuer Strukturen, Vernetzung und Ressourcen* bezieht sich dagegen auf die Entwicklung eines individuellen Hilfenetzwerks, bestehend aus dem sozialen Umfeld, fachlicher Unterstützung und Studienbegleitung (▶ Kap. 4.5.2). Hierbei wird zugleich empfohlen, auch auf die Unterstützung der bereits bestehenden *sozialen Ressourcen* (z. B. Familienmitglieder, Autismuszentren, Therapeut*innen sowie Freundeskreise) zurückzugreifen und diese stetig zu erweitern. Dies kann durch die o. g. Beratungsangebote sowie künftige Akteur*innen der Hochschule (z. B. Dozent*innen, Tutor*innen), aber auch in Form von Studienbegleitung geschehen. Als weitere Handlungsempfehlung wird die Erstellung und Mitführung eines sog. *Autismus-Passes* aufgezeigt. Dieser sollte möglichst umfangreiche Informationen zur eigenen Behinderung beinhalten, z. B. individuelle Besonderheiten, Angaben zum Unterstützungsbedarf, Notfallnummern sowie eine Auflistung von Unterstützungsmaßnahmen in Krisensituationen. Ein solcher Pass kann auf freiwilliger Basis Hochschulakteur*innen, (ausgewählten) Kommiliton*innen etc. zur Verfügung gestellt werden.

4.5 Studieren im Autismus-Spektrum

Nachdem die Übergangsphase Schule – Studium geschafft ist und die Immatrikulation für den Wunsch-Studiengang durchgeführt wurde, beginnt die *Phase des Studierens*. Dazu gehören u. a. das Einfinden in neue (Lern-)Strukturen, eigenständiges Erstellen von Semesterstundenplänen, Auffinden von Räumen in großen Hochschulgebäuden, Zurechtfinden in Seminaren mit lauter Geräuschkulisse, selbstständige Erarbeitung und Strukturierung des Lernstoffes in Ergänzung zu Seminaren sowie Vorlesungen.

4.5.1 Was bedeutet das für den Studienalltag?

Für autistische Studierende stellt sich die Auseinandersetzung mit den zuvor genannten studienbezogenen Prozessen meist als große Herausforderung dar. Dies können u. a. folgende autismusspezifische Besonderheiten sein: die Filterschwäche, die es verhindert, irrelevante Reize in diversen Studienkontexten (z. B. Seminaren oder Mensa) auszublenden; die Überempfindlichkeit im Umgang mit Reizen; das Ausbleiben der Fähigkeit, Wichtiges von Unwichtigem zu unterscheiden; Probleme in der Kommunikation mit Hochschulakteur*innen (z. B. wortwörtliches Verstehen von Gesagtem).

Im Zuge dessen benötigen betroffene Studierende im Hochschulalltag strukturierte und unterstützende Rahmenbedingungen. Dazu zählen u. a. klare Strukturen und eindeutige Arbeitsanweisungen; verlässliche und gleichbleibende Abläufe im Studienalltag; direkte Kommunikation (z. B. ohne Floskeln); unterschiedliche Möglichkeiten der Kontaktaufnahme mit lehrenden Dozent*innen (z. B. persönlich, telefonisch oder per E-Mail); feste, sich nicht ständig ändernde Bezugspersonen; niedrigschwellige Beratungsangebote; eine reizarme Arbeitsumgebung (z. B. gedimmte und abgeschottete Räume, kleine Seminargruppen) sowie Rückzugsorte am Hochschulort (z. B. Ruheräume).

4.5.2 Unterstützungsmöglichkeiten im Studium

Neben den genannten Bedingungen, die für Studierende im Autismus-Spektrum zur Herstellung von Chancengleichheit im Studium dringend benötigt werden, besteht auch (weiterhin) die Möglichkeit, die aufgeführten Beratungsangebote (▶ Kap.4.4.2) unterstützend und begleitend in Anspruch zu nehmen.

Zusätzlich kann eine *Studienbegleitung bzw. Studienassistenz* für die Vor- und Nachbereitung sowie zur Begleitung während des Studienalltags beantragt werden. Dabei handelt es sich um eine Form der persönlichen sowie personellen Hilfe im Studium. Diese kann z. B. unterstützend bei der Strukturierung des Lernstoffs und Studienalltags, bei der Anfertigung von Mitschriften in Vorlesungen und Seminaren, bei der Kontaktaufnahme zu Kommiliton*innen und Dozent*innen, bei der Planung der Fachbelegung sowie der Erstellung eines Semesterwochenstundenplans sein. Zugleich unterstützt sie auch die Entwicklung von Handlungsstrategien sowie die Erarbeitung von wiederkehrenden Strukturen und Routinen im Studienalltag. Die dahinterstehenden zuständigen Kostenträger sind in der Regel die überörtlichen Sozialhilfeträger[9] oder die Jugendämter (bis einschließlich dem 27. Lebensjahr)[10].

Neben Studienassistenzen können über die überörtlichen Sozialhilfeträger auch *technische Hilfsmittel* (bspw. spezielle Kopfhörer zur Minderung akustischer Reize) oder *Fahrtkosten vom Wohnort zur Hochschule und zurück* beantragt werden, sofern der öffentliche Nahverkehr behinderungsbedingt nachweislich nicht genutzt werden kann.[11]

Des Weiteren ist es auch möglich, direkt an der Hochschule sog. *Nachteilsausgleiche* zu beantragen. Sie gelten als *das* wesentliche Instrument zur Herstellung von Chancengleichheit in diversen Bereichen des Lebens. Im Studienkontext werden

---

9 Gemäß der *Teilhabe an Bildung* (definiert als: »Hilfen zur schulischen oder hochschulischen Ausbildung oder Weiterbildung für einen Beruf« gemäß § 112 SGB IX) basierend auf den *BAGüS-Hochschulempfehlungen* (2020).
10 Gemäß der *Eingliederungshilfe für seelisch behinderte Kinder und Jugendliche* (§35a SGB VIII).
11 Gemäß der *Teilhabe an Bildung* (s. o.) und der Leistungen zur Mobilität (§ 83 SGB IX).

sie laut des Deutschen Studierendenwerks (2024a, o. S.) wie folgt definiert: »[…] Nachteilsausgleiche sind keine ›Vergünstigungen‹. Sie kompensieren individuell und situationsbezogen beeinträchtigungsbedingte Benachteiligungen. Dafür müssen sie erforderlich und angemessen sein […].«[12] Im Zuge dessen können über Nachteilsausgleiche die Studien- und Prüfungsbedingungen individuell angepasst werden. Beispiele für diese Form der Unterstützung können sein: Zeitverlängerungen bei schriftlichen Prüfungen; ein eigenes reizarmes Prüfungszimmer; die Anwesenheit der Studienbegleitung als vertraute Person; die sog. »Prüfungsmodifikation« (z. B. Umwandlung von Gruppen- in Einzelarbeit); die Entzerrung des Studiums sowie ein gleichbleibender bzw. fest zugeordneter Sitzplatz.[13]

Weitere Unterstützungsangebote seitens der Hochschule können auch in Form von Gesprächskreisen speziell für autistische Studierende oder behinderungsübergreifende Peer-Mentoring-Projekte bestehen. Eine fachliche Unterstützung dagegen findet an einigen Hochschulstandorten durch Tutor*innen statt.

Um jedoch diese Angebote im Studium in Anspruch zu nehmen, ist ein offener Umgang mit Autismus seitens der*des Betroffenen, zumindest situationsbezogen, erforderlich. Die dahinterstehende Frage, wie am besten mit der eigenen nichtsichtbaren Behinderung im Studium umzugehen ist, muss stets individuell geklärt werden: Es gibt hierbei kein richtig oder falsch. Allerdings wird durch einen offenen Umgang das eigene Verhalten, welches manchmal behinderungsbedingt von der gesellschaftlichen Norm abweicht, für Dritte nachvollziehbarer. Auf diese Weise ist es möglich, sich selbst auch einem gewissen (gesellschaftlichen) Druck zu entziehen. Zudem können die benötigten Rahmenbedingungen (z. B. individuelle Nachteilsausgleiche; klare (Kommunikations-)Strukturen sowie eine reizarme Arbeitsumgebung) nur dann umgesetzt werden, wenn die Hochschule über den Bedarf der*des Studierenden informiert ist.

4.6 Ein Blick in die Praxis

Um ein ganzheitlicheres Bild bezüglich der Studierenden im Autismus-Spektrum ableiten zu können, wurde ergänzend zu den vorangegangenen Erörterungen die Situation der Zielgruppe in der Praxis anhand einer Online-Befragung mit Vertreter*innen einzelner Hochschulen in NRW eruiert. Im Folgenden werden die

---

12 Der Anspruch von Studierenden mit Behinderung/chronischer Erkrankung auf individuelle Nachteilsausgleiche ist laut dem *Deutschen Studierendenwerk* (2024b) gesetzlich verankert über das Grundgesetz, Hochschulrahmengesetz, die Landeshochschulgesetze, die Prüfungsordnungen und die UN-Behindertenrechtskonvention.
13 Es empfiehlt sich in jedem Fall *vor der Beantragung* von Nachteilsausgleichen, Kontakt zum*r Beauftragten für Studierende mit Behinderung/chronischer Erkrankung der jeweiligen Hochschule aufzunehmen und deren*dessen Unterstützung im Antragsverfahren in Anspruch zu nehmen.

Ergebnisse in Ergänzung zu den langjährigen Erfahrungen des kombabb-Kompetenzzentrums NRW vorgestellt.

4.6.1 Umfrage an Hochschulen in NRW

Im Sommersemester 2023[14] wurde im Zuge dieses Beitrags eine Online-Befragung (in Form eines Fragebogens mit offenen und geschlossenen Fragen) mit Hochschulakteur*innen in NRW durchgeführt. Zu den Proband*innen gehörten dabei Expert*innen aus dem Hochschulkontext, z.B. Beauftragte für die Belange von Studierenden mit Behinderung/chronischer Erkrankung, Inklusionsberater*innen sowie Mitarbeiter*innen aus den Studienberatungen. Dabei wurden die Befragten gezielt unter dem Aspekt ihrer Beratungstätigkeit und ihrem direkten Kontakt zu autistischen Personen im Hochschulsystem ausgewählt. Im Zuge dessen stellen deren Einschätzungen ein realistisches und praxisorientiertes Bild dar. Die Auswertung der Erfahrungswerte basiert auf *14 beantworteten Fragebögen (= N)*. Die Ergebnisse der Befragung erheben *nicht* den Anspruch auf Repräsentativität. Stattdessen geht es hierbei vielmehr darum, einen tieferen Einblick in die Praxis zu erhalten.

4.6.2 Darstellung wesentlicher Ergebnisse

Bezüglich der *Situation von Studierenden im Autismus-Spektrum* geben 43% der Teilnehmenden eine steigende Tendenz der Zielgruppe im Hochschulkontext an. Dagegen sehen 21% der Proband*innen keine zahlenmäßigen Unterschiede. Eine sinkende Tendenz wurde von Niemandem wahrgenommen.

Des Weiteren haben sich im Rahmen der Umfrage im Hinblick auf die *Auswirkungen von Autismus auf den Studienalltag* folgende Kategorien herauskristallisiert:

- Am häufigsten (mit 33%) wurde hierbei die Kategorie der *Probleme mit der Selbstorganisation und Strukturierung des Studienalltags und der Aufgabenbearbeitung* genannt. Im Zuge dessen entsteht seitens der Betroffenen eine Unsicherheit bezüglich der studienbezogenen Anforderungen. Dies geht mit Gefühlen der Überforderung in bspw. unübersichtlichen Situationen einher. Es entsteht Angst davor, in unbekannten Kontexten nicht mehr interagieren zu können (z.B. durch Blockaden).
- In der am zweithäufigsten genannten Kategorie (mit 31%) bestehen *Schwierigkeiten in der Kommunikation sowie in der sozialen Interaktion*. Hierzu zählen u.a. ein erschwertes Kooperieren und Kommunizieren mit anderen Hochschulakteur*innen (z.B. beim Lernen in Gruppenarbeiten), was sich auch in der Einhaltung von Abgabefristen sowie in der eigenständigen Inanspruchnahme von Unterstützungs- und Beratungsangeboten widerspiegelt.

---

14 Durchgeführt von den Mitarbeiter*innen des kombabb-Kompetenzzentrums NRW.

- Bezugnehmend auf die *Umgebung im Hochschulkontext* sehen die Befragten wesentliche autismusspezifische Auswirkungen in der Reizüberflutung und dem Auffinden ständig wechselnder Räumlichkeiten (diese Kategorie wurde von 15 % der Teilnehmenden benannt). Basierend auf dieser Problematik ist bei autistischen Studierenden ein passives bzw. überfordertes Verhalten in großen Menschenmengen (z. B. im öffentlichen Nahverkehr, bei Vorlesungen, überfüllten Fluren, Mensen, Cafeterien sowie Bibliotheken) festzustellen.
- Des Weiteren ergeben sich laut den Proband*innen grundsätzlich *weitere Folgeerscheinungen* bei den Betroffenen. Hierzu zählen aufgrund des stark erhöhten Stresserlebens (insbesondere in sozialen Situationen etc.) ein schnelleres Ermüden bzw. Nachlassen der Konzentration, Erschöpfungszustände, Selbstzweifel sowie Zukunftsängste. Infolgedessen kann es auch im Hinblick auf die Durchführung von Transferleistungen in Prüfungszusammenhängen (u. a. aufgrund des wortwörtlichen Verstehens) zu Problemen kommen. Dabei kann das Erlernte nicht adäquat abgerufen werden, was letztlich zu einer schlechteren Benotung führt.

Im Kontext der zentralen Themen, mit denen autistische Studierende das jeweilige Beratungsangebot aufsuchen, wurden hauptsächlich folgende benannt: Studienzugang, Nachteilsausgleichsregelungen, Studienassistenz (u. a. als Orientierungshilfe), Studienverlauf und -organisation, Studienfinanzierung und die Nutzung (angepasster) Arbeits- oder Ruheräume.

In der *Phase des Übergangs Schule – Studium* zeigen autistische Studieninteressierte laut der Umfrage einen *besonderen Unterstützungsbedarf* im Hinblick auf die Wahl des richtigen Studienfachs und -ortes (z. B. Größe der Hochschule, Infrastruktur), die selbstständige Strukturierung des Studienalltags (z. B. Erstellung des Studienplans, Einhaltung von Terminen und Abgabefristen etc.), das Selektieren von Informationen, die Antragsstellung (z B. bei Kostenträgern) von Unterstützungsleistungen (z. B. bei Studienassistenz oder Nachteilsausgleichen) sowie die anfängliche Orientierung auf dem Campus. Diesem Bedarf sollte laut den Befragungsteilnehmenden unter Hinzunahme von *personellen und informativen Ressourcen* entsprochen werden. Hierzu gehören individuelle Begleitung bei der Einschreibung und der Planung des ersten Semesters; gezielte Angebote (z. B. Workshops) für den Übergang bezüglich der Etablierung von Kontinuität in Arbeitsweisen sowie der Selbstorganisation; Sensibilisierungsangebote bezüglich des eigenen realistischen Studienanspruchs (um eine Selbstüberschätzung zu vermeiden); niedrigschwellige, persönliche (und psychosoziale) Beratungsangebote (mit möglichst konstanten Ansprechpartner*innen) sowie studienbezogene Angebote im Kontext der Selbsthilfe.

79 % der befragten Proband*innen geben außerdem an, beim Thema *Nachteilsausgleiche im Studium* bereits Erfahrungen gesammelt zu haben, und benennen folgende Modifikationen im Prüfungskontext als besonders effektiv:

- *Anpassungen bezüglich der Reizminderung*, z. B. separate reizarme Arbeits- und Prüfungsräume sowie die Nutzung technischer Hilfsmittel (u. a. spezielle Kopfhörer), wurden von 43 % der Befragten genannt.

- 28,5 % der Befragungsteilnehmenden bewerten Nachteilsausgleiche in Form von Schreibzeitverlängerungen bei schriftlichen Prüfungen (mit Inkludierung zusätzlicher Pausen) sowie bei Ausarbeitungen als effizient. Aber auch Fristverlängerungen bei der (Prüfungs-)Anmeldung sowie die Möglichkeit der Aufhebung automatischer Anmeldeverfahren werden in dieser Kategorie benannt.
- Weitere 28,5 % der Befragten sehen im Rahmen der Nachteilsausgleichregelungen auch die Notwendigkeit von Formen gegeben, bei denen während der Prüfung individuelle Verständnisfragen und personelle Begleitung erlaubt sind. In Ergänzung hierzu müssen die Prüfungsfragen zugleich klar strukturiert formuliert sein und es muss die Möglichkeit bestehen, Vorträge oder Präsentationen lediglich vor Dozent*innen (z. B. in Einzel- statt-Gruppenarbeiten) oder im Online-Format erbringen zu können.

Es wird deutlich, dass die im Vorfeld dargestellten Aspekte mit denen der Praxis nah beieinanderliegen bzw. einander ergänzen.

4.6.3 Ergänzende Erfahrungswerte von kombabb

Die in 4.6.2 dargestellten Ergebnisse spiegeln auch die Erfahrungswerte der Beratungstätigkeit des kombabb-Kompetenzzentrums NRW wider. Insbesondere die Angaben zur steigenden Tendenz, zu den Themen, mit denen Betroffene das Beratungsangebot aufsuchen, und zu dem besonderen Unterstützungsbedarf im Übergang Schule – Studium decken sich mit denen von kombabb. In Ergänzung hierzu lässt sich festhalten, dass im Rahmen der Beratungstätigkeit auch sehr oft das Thema *Umgang bzw. Outing mit der eigenen nicht-sichtbaren Beeinträchtigung* (einhergehend mit der Angst vor Stigmatisierung) seitens der autistischen Studieninteressierten aufgegriffen wird. Dieses psychosoziale Thema wird vermutlich aufgrund der Hochschulunabhängigkeit der Beratungsstelle vermehrt angesprochen. Zugleich spielt der Zeitpunkt der Diagnosestellung hierbei eine wesentliche Rolle, da bei kombabb auch häufig Klient*innen Unterstützung suchen, die erst im späten Jugend- bzw. jungen Erwachsenenalter erfahren haben, von Autismus betroffen zu sein.

Findet eine Kontaktaufnahme seitens der*des Betroffenen eigenständig statt, so erfolgt dies meist niedrigschwellig per E-Mail. Darüber hinaus werden Beratungstermine bevorzugt im Online-Format wahrgenommen, um so (aus Sicht der*des Ratsuchenden) vermutlich die Situation der persönlichen Begegnung umgehen und zugleich im gewohnten Umfeld verbleiben zu können. Jedoch gestalten sich dafür nach Erfahrungswerten des kombabb-Kompetenzzentrums NRW die Beratungsprozesse meist langwieriger und intensiver. Denn hat ein*e autistische Studieninteressierte*r erst einmal Vertrauen zur*m Berater*in gefasst, findet eine Öffnung statt und es zeigen sich ganz individuelle Themen. Zudem besteht ein erhöhter Unterstützungsbedarf seitens der Zielgruppe beim Stellen von Anträgen bei Kostenträgern (z. B. zur Beantragung von Studienbegleitung). Einfache Nachfragen bezüglich des Antrags können dabei zu einem hohen Maß an Verunsicherung bei der*dem Klient*in führen; daher bedarf es einer intensiven Begleitung und Unterstützung.

Darüber hinaus fällt auf, dass bei Ratsuchenden im Autismus-Spektrum verstärkt Familienangehörige Kontakt zur Beratungsstelle aufnehmen. Auch im Zuge der Beratungsgespräche findet bei Studieninteressierten im Autismus-Spektrum im Vergleich zu anderen Behinderungsformen eine weitere Besonderheit statt: Häufig nehmen die Eltern, insbesondere die Mütter, als Co-Ratsuchende teil. Dabei erscheint es oftmals innerhalb des Familiengefüges als eine Routine, dass bspw. die Mutter die Vorstellung der Situation ihres Kindes übernimmt. Vermutlich geht dies auf die gemeinsame Geschichte der Familie zurück: Denn Eltern von autistischen Kindern, so scheint es, haben oftmals die Verantwortung übernommen, deren (vermeintliche) Bedürfnisse auszudrücken, sie umzusetzen und Aufgaben z.B. im Kontext der sozialen Interaktion zu übernehmen. Dabei gestaltet sich die Eltern-Kind-Beziehung als besonders eng. Doch der Übergang Schule – Studium stellt auch in diesem Zusammenhang eine besondere und zukunftsweisende Lebensphase dar: Mit dem Heraustreten aus der Schule müssen Betroffene meist auch lernen, Entscheidungen bezüglich der eigenen Zukunft zu treffen. Dieser Prozess stellt nicht nur für autistische Studienanwärter*innen, sondern auch für die Eltern z. T. eine enorme Herausforderung verbunden mit großer Unsicherheit auf beiden Seiten dar.

4.7 Fazit und Ausblick

Abschließend lässt sich festhalten, dass anhand der aktuellen Studienlage nicht ausreichend differenzierte Informationen über die Situation von Studierenden im Autismus-Spektrum in Deutschland vorliegen.

Auf theoretischer Ebene gilt es zusammenzufassen: Es gibt nicht *das* Autismus-Spektrum, sondern jede*r Betroffene*r ist individuell mit unterschiedlichen starken Besonderheiten und Stärken konfrontiert. Das kann meist zur Benachteiligung im Studium führen, da oftmals insbesondere der Studienbeginn eine große Herausforderung darstellt. Allerdings sollten sich hierdurch junge Autist*innen keineswegs abgeschreckt fühlen, im Gegenteil: Es gibt diverse Unterstützungsmöglichkeiten, um den passenden Weg ins Studium zu finden bzw. dieses erfolgreich zu bewältigen. Besonders positiv wirken sich hierbei eine gute und frühzeitige Planung sowie Vorbereitung im Übergang Schule – Studium aus, um so etwaige Eventualitäten möglichst frühzeitig aus dem Weg räumen zu können. Daher ist es für Betroffene von wesentlicher Bedeutung, bereits im Übergangsprozess das Hochschulleben und somit das neue Unbekannte möglichst genau kennenzulernen. Auf diese Weise kann im Idealfall frühzeitig die Struktur der Hochschule (sowie die hiermit anfänglich einhergehende Anonymität) erfasst werden. Im Zuge dessen können frühzeitig Strategien mit dem Ziel entwickelt werden, Handlungsoptionen zu schaffen, die sich unterstützend auf die Studiendurchführung auswirken.

Beim Blick in die Zukunft werden in Folge der steigenden Tendenz autistischer Studierender (laut der durchgeführten Umfrage) die folgenden vier (Haupt-) Handlungsfelder deutlich: Im ersten Handlungsfeld muss die Situationslage von autistischen Studierenden, z. B. durch angepasste Studiendesigns, besser erfasst werden. De facto ist noch zu wenig über diese Zielgruppe im deutschen Hochschulsystem bekannt. Zusätzlich müssen niedrigschwellige und konstante Beratungsangebote speziell für Betroffene im Übergang Schule – Studium sowie im Hochschulkontext ausgebaut und deren Transparenz gestärkt werden. Das dritte Handlungsfeld umfasst den Abbau von Barrieren im Studienleben. Hierzu zählen sowohl bauliche (z. B. die Errichtung bzw. Erweiterung reizarmer Ruhe-, Seminar- oder Arbeitsräume) als auch prüfungsbedingte (in Form von Nachteilsausgleichen, abgestimmt auf die individuellen Auswirkungen von Autismus) Anpassungen. Das letzte Handlungsfeld umfasst die Sensibilisierung aller beteiligten Akteur*innen im Übergang Schule – Studium, im Hochschulsystem sowie die der Kostenträger (für Leistungen zur Teilhabe an Bildung) bezüglich der speziellen Belange von Studierenden im Autismus-Spektrum.

Neben diesen vier Handlungsfeldern, die z. T. im Hochschulkontext verankert sind, gilt es, das Angebot von *autismusspezifischen* und zugleich *hochschulunabhängigen* (bezüglich »Outing«) Beratungsangeboten im Übergang auszubauen bzw. zu stärken. Der Fokus muss dabei auf einer niedrigschwelligen, intensiven (beraterischen) Begleitung liegen, die bereits vor Beendigung der Schulzeit innerhalb des gewohnten Systems beginnt. Hierdurch kann ein fließender Übergang ins Studium stattfinden, der erfahrungsgemäß dem besonderen Unterstützungsbedarf autistischer Ratsuchender entspricht. Während dieser Phase sollten aber auch die Eltern von Studieninteressierten im Autismus-Spektrum in den Blick genommen werden. Denn wie bereits aufgezeigt, findet auch für sie das Einfinden in eine neue Rolle statt, was eng mit dem Prozess des schrittweisen Loslassens verbunden ist. Daher sollten auch Angebote für sie in Form von Austauschforen oder Gesprächskreisen in den Fokus rücken.

4.8 Literatur

autismus Deutschland e. V. (2015). *Autismus und Studium – Leitlinien und Handlungsempfehlungen.* N. N. Online verfügbar unter: https://www.autismus.de/fileadmin/RECHT_UND_GESELLSCHAFT/Broschuere_Studium_Online_Rohfassung16_10_2015.pdf, Zugriff am 23. 02. 2024.
autismus Deutschland e. V. (2024). *Was ist Autismus?* Hamburg. Online verfügbar unter: https://www.autismus.de/was-ist-autismus.html, Zugriff am 23. 02. 2024.
Deutscher Bundesverband für Logopädie e. V. (2024). *Autismus-Spektrum-Störung (ASS).* Frechen. Online verfügbar unter: https://www.dbl-ev.de/behinderungen/autismus-spektrumstoerung, Zugriff am 23. 02. 2024.

Deutsches Studierendenwerk (DSW, 2024a). *Nachteilsausgleiche im Studium und in Prüfungen.* Berlin. Online verfügbar unter: https://www.studierendenwerke.de/themen/studieren-mit-behinderung/studium-und-pruefungen/nachteilsausgleiche-1, Zugriff am 23.02.2024.

Deutsches Studierendenwerk (DSW, 2024b). *Nachteilsausgleiche: Gesetzliche Verankerung.* Berlin. Online verfügbar unter: https://www.studierendenwerke.de/themen/studieren-mit-behinderung/studium-und-pruefungen/nachteilsausgleiche-gesetzliche-verankerung, Zugriff am 23.02.2024.

Deutsches Studierendenwerk (Hrsg.) (DSW, 2018). *beeinträchtigt studieren – best2 Datenerhebung zur Situation Studierender mit Behinderung und chronischer Krankheit 2016/17.* Berlin: Köllen Druck und Verlag GmbH.

Deutsches Studierendenwerk (Hrsg.) (DSW, 2012). *beeinträchtigt studieren Datenerhebung zur Situation Studierender mit Behinderung und chronischer Krankheit 2011.* Berlin: Köllen Druck und Verlag GmbH.

Deutsches Zentrum für Hochschul- und Wissenschaftsforschung (DZHW, 2023). *Die Studierendenbefragung in Deutschland: best3 – Studieren mit einer gesundheitlichen Beeinträchtigung.* Hannover. Online verfügbar unter: https://www.studierendenwerke.de/fileadmin/user_upload/Publikationen/beeintraechtigt_studieren_2021.pdf, Zugriff am 23.02.2024.

Reinarz, Tobias & Ochel, Friedhelm (Zentrum selbstbestimmt Leben Köln) (2024). *Definitionen für Peer Counseling.* Online verfügbar unter: https://peer-counseling.org/2015/09/14/definitionen-fuer-peer-counseling/, Zugriff am 23.02.2024.

5 Wie erleben Autist*innen den Übergang von der Schule ins Studium? Ergebnisse eines exemplarischen, systematischen Reviews

Eileen Jensch, Christian Lindmeier & Carina Schipp

5.1 Einleitung

Obwohl es im Verlauf des Lebens viele Übergänge gibt, stellt der Übergang in ein Ausbildungs- und Berufsleben für viele junge Menschen ein besonderes Ereignis dar (Reißig & Gaupp 2018). Die Berufswahl hat einen bedeutsamen Einfluss auf die Biografie eines Menschen, welcher sich auch in anderen Lebensbereichen niederschlägt. Gesellschaftlich betrachtet ist es eine zentrale Anforderung an jeden jungen Menschen, in eine berufliche Ausbildung einzutreten. Dies beinhaltet nicht nur statuszuweisende, sondern auch sozialintegrierende Funktionen für das weitere Leben sowie weitere vielfältige Anforderungen, welche auf die Jugendlichen in der Phase der Adoleszenz zukommen. Dazu zählen Schritte in die ökonomische, soziale und individuelle Selbstständigkeit.

Innerhalb von Wissenschaft und Forschung setzen sich diverse Fachdisziplinen mit unterschiedlichen Aspekten dieses Übergangs auseinander. Auch wird er bspw. vor dem Hintergrund von Migration, Geschlechtszugehörigkeit, Behinderung oder Benachteiligung betrachtet und fachlich diskutiert. Autist*innen vollziehen nach erfolgter medizinischer Diagnose als Menschen mit Behinderung gemäß § 2 SGB IX den Übergang Schule – Beruf (Lindmeier & Schipp 2025). Bislang wurde jedoch kaum untersucht, *wie* sie diesen Übergang *erleben*. Dieser Frage wurde in einem systematischen (Literatur-)Review nachgegangen.

Durch dieses Review sollte herausgefunden werden, welche konkreten Erkenntnisse zum Erleben des Übergangs in das Studium vorliegen und welche relevanten Forschungsdesiderate bzw. -perspektiven bestehen. In qualitativ-empirischen Untersuchungen, die das Erleben von autistischen Personen im Übergang von Schule – Beruf fokussieren, geht es um die subjektiven Perspektiven der Expert*innen aus eigener Erfahrung; dabei ist zu berücksichtigen, dass diese Erfahrungen nicht nur biografisch, sondern auch wegen der individuell unterschiedlichen Ausprägungen des Autismus individuell unterschiedlich sein können.

5.2 Methodisches Vorgehen

Vor der Durchführung des systematischen Literatur-Reviews wurden Kriterien zur Suche festgelegt, welche für Transparenz sorgen sollen. Nachfolgende Kriterien wurden für die einzuschließenden Studien festgelegt:

- Art der Studie/Studientyp
- Erscheinungszeitraum
- Sprache der Veröffentlichung
- Vorkommen der Schlüsselwörter/Inhalt
- Auswahl der Datenbank

Anhand dieser Kriterien wurde zunächst eine Recherche in der Datenbank »peDOCS« durchgeführt, die vor allem deutschsprachige Publikationen umfasst. Die Suche wurde auf qualitative Studien ausgerichtet, da es bei diesen darum geht, nach dem »Warum« zu fragen (Kirchmaier 2020, 3). Nach der Suche mit 20 verschiedenen Suchstrings konnten keine für die Fragestellung relevanten Ergebnisse gefunden werden. Dieser Befund weist auf eine bestehende Wissens- und Forschungslücke im deutschsprachigen Raum hin. Anschließend wurde die Recherche auf den angelsächsischen Raum ausgeweitet, wobei der Übergang an eine Universität oder ein College genauer in den Blick genommen werden sollte. Die Literatursuche wurde in zwei Datenbanken durchgeführt, wobei sich die genutzten Suchstrings aus den folgenden Schlüsselwörtern zusammensetzen: »autism (spectrum)«, »experience«, »transition to work«, »postsecondary education«, »vocational transition« und »university«.

5.3 Ergebnisse

In den Datenbanken »Sage Journals« und »Fachportal Pädagogik« konnten mit insgesamt über 30 Suchstrings neun relevante englischsprachige Studien zum Übergang von der Schule in das Studium recherchiert werden, welche für die Fragestellung relevant sind. Alle eingeschlossenen Studien sind in den Jahren 2017 bis 2023 erschienen, was darauf hinweist, dass es erst seit einigen Jahren eine intensivere Auseinandersetzung mit der Thematik zu geben scheint. Sie stammen einerseits aus den USA und andererseits aus Großbritannien und Nordirland. Innerhalb der Studien sind unterschiedliche Fokuspunkte zu finden; häufig wurden in den Studien, in denen autistische Personen befragt wurden, auch Befragungen von neurotypischen Personen vorgenommen (Lei et al. 2019; Waldman et al. 2023). Als zusätzliche Informant*innen fungierten bspw. Eltern (Sosnowy et al. 2018) oder Dozierende (Zeedyk et al. 2019). Bei der Interpretation der Ergebnisse wurde dennoch ein besonderes Augenmerk auf die Aussagen der Personen im Autismus-

Spektrum gelegt und nur, wenn der inhaltliche Zusammenhang es erforderte, wurde ein Vergleich mit der anderen, neurotypischen Gruppe der Befragten vollzogen.

Die neun ausgewählten Studien setzen sich mit dem Übergang von der allgemeinbildenden Schule an eine Universität bzw. ein College auseinander. In diesem Zusammenhang ist zu beachten, dass es in den meisten englischsprachigen Ländern häufig der Fall ist, dass Studierende auf dem Campus der Universität leben.

Bei der Auswertung der Studien werden diese nach ihren inhaltlichen Schwerpunkten in zwei Cluster aufgeteilt. Die Studien von Sosnowy et al. 2018, Lizotte 2018, Lambe et al. 2019, Zeedyk et al. 2019, Cage et al. 2020 und Alverson et al. 2019 befassen sich mit den Erfahrungen und dem Erleben von Personen im Autismus-Spektrum während des Übergangs an eine Universität. Der Fokus der Studien von Lei et al. 2020, Scott et al. 2021 und Waldman et al. 2023 liegt hingegen noch einmal konkreter auf der mentalen Gesundheit der Studierenden im Autismus-Spektrum während des Übergangs. Bei den drei zuletzt genannten Studien ist also zu berücksichtigen, dass sie auf einer problemorientierten Ausgangslage beruhen. Oft werden Komorbiditäten verdeutlicht und es wird von einer psycho(patho)logischen Sichtweise ausgegangen.

Im Folgenden werden die zentralen Ergebnisse der Studien systematisch dargestellt. In den sechs Studien (Cluster 1), die das (subjektive) Erleben des Übergangs bei autistischen Personen analysieren, gibt es verschiedene Faktoren, die gehäuft auftauchen und das Erleben der Personen im Autismus-Spektrum beeinflussen. Ein erster überschneidender Punkt, welcher sich auf das Erleben des Übergangs auszuwirken scheint und in fast allen Studien zur Sprache kommt, ist das Erleben einer »neuen sozialen Welt« und der damit einhergehenden sozialen Interaktion und Kommunikation. Es wird bspw. als Herausforderung beschrieben, Freundschaften zu knüpfen, an Anwesenheitsveranstaltungen teilzunehmen oder ein soziales Netzwerk aufzubauen und zu pflegen (Lambe et al. 2019, 1534; Cage et al. 2020, 1669). Für das Erleben scheinen diese Faktoren eine große Rolle zu spielen, wenngleich auch deutlich wird, dass es in diesem Rahmen eine große Varianz unter den Befragten gibt. Auch wenn viele der Befragten die anstehende Eingliederung in ein »neues soziales System« als Herausforderung sehen, so spielt gleichzeitig auch die Perspektive eine Rolle, dass dies die Chancen bietet, Peer-Beziehungen zu vertiefen (Scott et al. 2021, 7) und neue Freundschaften zu knüpfen (Sosnowy et al. 2018, 349). Innerhalb dieses Clusters finden sich zudem Aussagen, dass mit einer möglichen Überforderung in sozialen Situationen, wie bspw. der Erstsemesterwoche (Cage et al. 2020, 1669; Lambe et al. 2019, 1536) und der generell möglichen Überforderung in der »neuen sozialen Welt« auch die Angst vor Isolation einhergeht (Sosnowy et al. 2018, 34; Cage et al. 2020, 1669). Im Gegensatz dazu sprechen andere befragte Personen aus dem Autismus-Spektrum davon, dass gar kein Interesse daran bestehe, neue soziale Kontakte zu knüpfen (Alverson et al. 2019, 57 ff.). Innerhalb dieser Variabilität wird deutlich, dass sich der Aspekt der sozialen Welt und der sozialen Kommunikation in sehr unterschiedlicher Weise manifestiert und trotzdem eine wichtige Rolle zu spielen scheint.

Eine weitere angesprochene Thematik im Cluster ist der sog. »Kulturschock«, den die Befragten erleben (Cage et al. 2020, 1680). Dieser entsteht durch das neue

Leben am Campus der Universität und steht im Zusammenhang mit neuen Routinen, welche geschaffen werden müssen. Hierzu gehören das eigene Zeitmanagement (Freizeit und Arbeitszeit) und die Bewältigung der sensorischen Herausforderungen, welche durch die Universität hervorgerufen werden können (Lizotte 2018, 182; Cage et al. 2020, 1670). Es wird von den Befragten positiv gewürdigt, wenn die Möglichkeit besteht, individuelle Anpassungen vorzunehmen. Durch individuelle Pausen kann den sensorischen Herausforderungen entgegengewirkt und Routinen können besser durchgeführt werden (Sosnowy et al. 2017, 36).

Der letzte Aspekt bezieht sich auf die Selbstoffenbarung und Selbstwahrnehmung als Person mit der Autismus-Spektrum-Diagnose. Einige der Studien zeigen auf, dass die Befragten unsicher darüber sind, ob sie die Diagnose öffentlich machen sollen (Lizotte 2018, 187). Auf der einen Seite vergrößert sich häufig das Verständnis gegenüber den Studierenden, sobald sie ihre Diagnose mitteilen. Gleichzeitig setzten sie sich damit jedoch dem Risiko aus, dass eine Stigmatisierung aufgrund eben dieser Diagnose erfolgt (Lizotte 2018, 187; Scott et al. 2021, 5 ff.). Wird eine bestehende Diagnose öffentlich gemacht, so werden individuelle Anpassungen häufiger genehmigt. Auch wenn das den Übergang in das Universitätsleben zunächst erleichtert, müssen die Studierenden einerseits sich selbst hierzu erklären und andererseits die möglichen Auswirkungen ihrer Diagnose erläutern. Einige der Befragten wollen dies unter keinen Umständen tun, da sie nicht den Stereotypisierungen des Autismus-Spektrums ausgesetzt sein wollen. In diesem Zusammenhang spielt die Unsichtbarkeit der Diagnose eine große Rolle. Sie kann dazu führen, dass weniger Verständnis aufgebracht wird, und das kann wiederum andere Hindernisse oder Barrieren mit sich bringen (Zeedyk et al. 2019, 729).

Das zweite Cluster beschreibt andere mit dem Übergang zusammenhängende Faktoren und beachtet dabei vor allem die mentale Gesundheit der autistischen Personen. Die Studie von Lei et al. (2020) sollte herausfinden, ob autistische Personen innerhalb des Übergangs größere Herausforderungen bestreiten müssen aufgrund von sozialen Ängsten oder psychischen Erkrankungen (Lei et al. 2020, 1140). Die Ergebnisse zeigen, dass autistische Studierende ein höheres »Level« an sozialen Ängsten aufweisen, in größerem Maße über die sozialen Aspekte des universitären Lebens besorgt sind und mehr »Leid« erfahren innerhalb der täglichen Aufgaben und Begegnungen, welche durch die Universität zustande kommen. Daraus sollte laut Studie gelernt werden, dass autistische Personen besser und individueller unterstützt werden (Lei et al. 2020, 1143 ff.). Auch die Studie von Scott et al. (2021) ging der Frage nach, wie autistische Studierende besser unterstützt werden können hinsichtlich des Übergangs an die Universität. Als entscheidend für das Erleben und die Eingewöhnung in die Universität werden Freundschaften und Beziehungen mit universitärem Personal genannt (Scott et al. 2021, 4). Positive Beziehungen und Freundschaften ermöglichen es, über mentale Gesundheit zu sprechen und sich, wenn nötig, Hilfe zu suchen. Auch hier wird die Bandbreite der Selbstaussagen deutlich, da es sowohl positive Aussagen gibt, jedoch die soziale Interaktion auch Stress oder sensorischen Overload hervorrufen kann (Scott et al. 2021, 5). Flexibilität und Proaktivität von Seiten des universitären Personals werden als große Ressource im Erleben für den Übergang gesehen; genauso wie die Betrachtung der autistischen Personen als Individuen, unabhängig von einem »Stereotyp einer Person im Autismus-Spektrum« (Scott et al. 2021, 6). Letztendlich tritt auch bei dieser Studie eine Forderung nach niedrigschwelligen Angeboten hervor, um so Handlungsräume entstehen zu lassen. Die Zusammenarbeit von verschiedenen Professionen und die Erarbeitung eines Netzwerkes könnten es autistischen Personen ermöglichen, konkrete Hilfestellung zu suchen und diese, vor allem im Hinblick auf mentale Gesundheit, auch zu erhalten (Scott et al. 2021, 7).

In der letzten Studie des Cluster 2 von Waldman et al. wurden anhand eines »Worry-Interviews« die Sorgen von autistischen Personen hinsichtlich des Übergangs identifiziert. Folgende Sorgen waren bei befragten Personen im Autismus-Spektrum am häufigsten vertreten: Veränderung, Freundschaft, Einsamkeit, Schule und sensorische Probleme (Waldman et al. 2023, 671 ff.). Es ist eindeutig, dass sich diese Faktoren sehr stark auf das Erleben des Übergangs von der Schule an eine Universität auswirken können. Die Sorgen der befragten neurotypischen Studierenden differieren deutlich zu denen der autistischen Personen. So wurden bei den neurotypischen Personen am häufigsten Sorgen um Versagen, Geld, Arbeit und Gesundheit genannt. Des Weiteren konnte herausgefunden werden, dass die angegebenen Ängste der autistischen Personen als wesentlich drastischer eingestuft wurden als die der neurotypischen Personen (Waldman et al. 2023, 673).

Abschließend sollen einige positive Faktoren, welche von den autistischen Personen verdeutlicht wurden, genannt werden. So ist hervorzuheben, dass viele der Befragten aussagen, dass Transparenz und das Wissen um den Aufbau und Ablauf des universitären Systems die Chance erhöhen, den »Kulturschock« zu verringern (Cage et al. 2020, 1670). Weiter haben wohlwollende Beziehungen zwischen Dozierenden und Studierenden einen positiven Einfluss auf das Erleben des Übergangs. Durch gegenseitiges Verständnis können häufiger individuelle Anpassungen vorgenommen werden. Wenn vorhandene Machtstrukturen ausgenutzt oder die Diagnose nicht verstanden wird, kann dies umgekehrte bzw. negative Folgen mit sich bringen (Cage et al. 2020, 1670 ff.).

Des Weiteren werden Ressourcen und Barrieren genannt, die mit der Universität in Zusammenhang stehen. Diese sind in Verbindung mit den Personen zu sehen, welche innerhalb dieser Institution tätig sind. Das Wissen über das Autismus-Spektrum seitens der Dozierenden wird als positiver Faktor und daher auch als (mögliche) Ressource benannt. Sobald diese Fachwissen haben, ist es leichter für die Befragten, sich geeignete Hilfe zu holen, und es wird ihnen mehr Verständnis entgegengebracht (Zeedyk et al. 2019, 730; Scott et al. 2021, 6). Außerdem wird eine proaktive Unterstützung von Seiten der »Professionellen« als positiv hervorgehoben (Scott et al. 2021, 6). Diese Proaktivität wird in den meisten Fällen mit einer Flexibilität in Verbindung gebracht, welche es ermöglicht, jedes Individuum nach seinen persönlichen Bedürfnissen bestmöglich zu unterstützen. Eine Anlaufstelle, die Service- und Hilfeleistungen bündelt und in welcher unterschiedliche Professionen zusammenarbeiten, um eine ganzheitliche, individuelle Unterstützung leisten zu können, wird in diesem Zusammenhang als Vorschlag benannt (Cage et al. 2020, 1671).

5.4 Diskussion der Ergebnisse

Zusammenfassend wird deutlich, dass es vielfältige Faktoren gibt, welche sich auf das Erleben des Übergangs bei autistischen Personen auswirken. Auch wenn es überschneidende Auffassungen gibt, muss doch angenommen werden, dass das Erleben ein subjektiver Prozess ist.

Es ist ersichtlich geworden, dass sich die Aspekte der neuen sozialen Welt und der sozialen Kommunikation an der Universität/Hochschule in sehr unterschiedlicher Weise manifestieren und eine wichtige Rolle spielen. Es wird sowohl als Chance als auch als Herausforderung gesehen, herauszufinden, inwiefern sinnvolle Unterstützung geleistet werden kann, um so das Ankommen in der neuen sozialen Welt, wenn von den Personen gewünscht, zu erleichtern und passende Angebote zu schaffen. Umgekehrt sollte innerhalb der Institution Universität dafür gesorgt werden, dass es ein größeres Wissen über das Autismus-Spektrum gibt. Dies ermöglicht nicht nur angemessene individuelle Anpassungen, sondern gleichzeitig könnte das Potenzial zur Stigmatisierung verringert werden. Als sinnvoll erachtet wird vor allem das Vorhandensein einer Anlaufstelle, welche verschiedene Unterstützungs- und Hilfeleistungen anbietet, und in welcher unterschiedliche Professionen zusammenarbeiten. Ihre Implementierung könnte die Möglichkeit auf eine flexible, individuelle und ganzheitliche Hilfestellung vergrößern und im besten Fall sollte diese niedrigschwellig angesetzt werden. Die Chancen und Potenziale, welche in einer wertschätzenden Zusammenarbeit gesehen werden, sollten ausgebaut und aufrechterhalten werden.

Die relevanten Faktoren, welche durch die Befragung von Personen im Autismus-Spektrum herausgefunden wurden, sind nicht nur für folgende Forschungen (auch im deutschsprachigen Raum) zu beachten, sondern vor allem auch bei der Erarbeitung von zukünftigen Programmen zur Implementierung von Unterstützungsleistungen.

5.5 Fazit

In Bezug auf die Limitationen der vorliegenden Ergebnisse ist zunächst zu beachten, dass es sich um eine exemplarische Literaturrecherche handelt. Deshalb ist zu betonen, dass kein Anspruch auf Vollständigkeit besteht und der aktuelle Forschungsstand nicht vollumfänglich erhoben werden konnte. Die Literaturrecherche wurde in einem zeitlich begrenzten Rahmen als Einzelleistung im Zusammenhang einer universitären Abschlussarbeit durchgeführt. In zukünftigen Auseinandersetzungen mit der Thematik sind weitere Datenbanken mit weiteren oder anderen Suchstrings zu durchforsten, um so sicherzustellen, dass keine relevanten Ergebnisse übersehen wurden.

Darstellung und Interpretation der Ergebnisse zeigen eine Reihe interessanter Ansatzpunkte für mögliche weitere Forschungen. Für den deutschsprachigen Raum ist unverzichtbar, dass in Zukunft die Befragung von autistischen Personen zum Erleben des Überganges von der Schule an eine Universität begonnen wird, um so die Forschungslücke zu schließen. Dabei sollten bestehende Netzwerke wie z. B. Autismus-Zentren oder auch Integrationsfachdienste sowie Vertreter*-innennetzwerke einbezogen werden, die über aktuelle Forschungsstände zu informieren sind. Gefundene Ergebnisse können einerseits die Aufklärungsarbeit zum Autismus-Spektrum vorantreiben sowie andererseits autistischen Personen ermöglichen, an Universitäten eine volle, wirksame und gleichberechtigte Teilhabe zu realisieren.

5.6 Literatur

Alverson, C. Y., Lindstrom, L. E. & Hirano, K. A. (2019). High School to College: Transition Experiences of Young Adults With Autism. *Focus on Autism and Other Developmental Disabilities, 34*(1), 52–64. https://doi.org/10.1177/1088357615611880

Booth, A., Papaioannou, D. & Sutton, A. (2012). *Systematic Approaches to a Successful Literature Review*. Second Edition. London: Sage Publications Ltd.

Cage, E. & Howes, J. (2020). Dropping out and moving on: A qualitative study of autistic people's experiences of university. *Autism, 24*(7), 1664–1675. https://doi.org/10.1177/1362361320918750

Hedley, D., Cai, R., Uljarevic, M., Wilmot, M., Spoor, J. R., Richdale, A. & Dissanayake, C. (2018). Transition to work: Perspectives from the autism spectrum. *Autism, 22*(5), 528–541. https://doi.org/10.1177/1362361316687697

Lambe, S., Russell, A., Butler, C., Fletcher, S., Ashwin, C. & Brosnan, M. (2019). Autism and the transition to university from the student perspective. *Autism, 23*(6), 1531–1541. https://doi.org/10.1177/1362361318803935

Lei, J., Ashwin, C., Brosnan, M. & Russell, A. (2020). Differences in anxieties and social networks in a group-matched sample of autistic and typically developing students transitioning to university. *Autism, 24*(5), 1138–1151. https://doi.org/10.1177/1362361319894830.

Lindmeier, C. & Schipp, C. (2025). Berufliche Teilhabe von Personen im Autismus-Spektrum. In R. Stein & H. W. Krahnert (Hrsg.), *Aus der Schule in Beruf und Arbeit. Teilhabeperspektiven bei sonderpädagogischem Förderbedarf*. Stuttgart: Kohlhammer, S. 177–187.

Lizotte, M. (2018). I Am a College Graduate: Postsecondary Experience as Described by Adults with Autism Spectrum Disorders. *International Journal of Education and Practices, 6*(4). S.179–191. https://doi.org/10.18488/journal.61.2018.64.179.191

Reißig, B. & Gaupp, N. (2018). Übergänge Jugendlicher von Schule in Ausbildung aus soziologischer Perspektive. In A. Lange, H. Reiter, S. Schutter & C. Steiner (Hrsg.), *Handbuch Kindheits- und Jugendsoziologie* (S. 191–202.) Wiesbaden: Springer VS.

Scott, M. & Sedgewick, F. (2021). ›I have more control over my life‹: A qualitative exploration of challenges, opportunities, and support needs among autistic university students. *Autism & Developmental Language Impairments, 6*. https://doi.org/10.1177/23969415211010419

Sosnowy, C., Silverman, C. & Shattuck, P. (2018). Parents' and young adults' perspectives on transition outcomes for young adults with autism. *Autism, 22*(1), 29–39. https://doi.org/10.1177/1362361317699585

Waldman, J., McPaul, A. & Jahoda, A. (2023). A comparison of the content and nature of worries of autistic and neurotypical young people as they transition from school. *Autism*, 27(3), 667–678. https://doi.org/10.1177/13623613221111313

Zeedyk, S. M., Bolourian, Y. & Blacher, J. (2019). University life with ASD: Faculty knowledge and student needs. *Autism*, 23(3), 726–736. https://doi.org/10.1177/1362361318774148

II Barrieren und Herausforderungen in Studium und Hochschule identifizieren und bewältigen

6 Wie inklusiv sind deutsche Hochschulen? Strukturelle Rahmenbedingungen und Entwicklungspotenziale (nicht nur) für autistische Studierende

Bettina Lindmeier, Christian Lindmeier & Dorothee Meyer

6.1 Einleitung

Das Thema *Inklusive Hochschule* wird seit einigen Jahren aus verschiedenen Blickwinkeln theoretisch und empirisch bearbeitet, wenngleich ein aktuelles Handbuch zu Hochschuldidaktik (Kordts-Freudinger et al. 2021) das Thema Inklusion bzw. inklusive Hochschule als Titelstichwort nicht einmal erwähnt. Es sind mehrere Monographien und Sammelbände erschienen (z.B. Rothenberg 2012; Klein et al. 2016; Dannenbeck et al. 2016; Schneider-Reisinger & Oberlechner 2020); das Deutsche Studierendenwerk berichtet in der Befragung best3 (*be*einträchtigt *st*udieren, Steinkühler et al. 2023), nach den Befragungen best1 (DSW 2012) und best2 (DSW 2018), zum dritten Mal über das Studieren mit Behinderungen und Beeinträchtigungen, und in der BMBF-Förderlinie zu inklusionsbezogenem Wissen für pädagogische Fachkräfte (2017–2020) gab es mehrere Projekte zum Bildungsort Universität (Becker et al. 2022). Viele Universitäten haben die Charta der Vielfalt unterschrieben und einige von ihnen begeben sich bewusst auf den Weg, mit der empirisch nachgewiesenen Heterogenität der Studierenden anders als problemorientiert umzugehen. Einige Untersuchungen, bspw. eine Befragung von Bertelsmann (Che-Consult & Bertelsmann 2012), untersuchen das Erleben und Verhalten Studierender allgemein, indem sie u.a. psychometrische und soziodemographische Daten erheben. Ihr – etwas plakativ in Form von Typenbildungen dargestelltes – Ergebnis weist darauf hin, dass die Passung von universitären Anforderungen und Erwartungen sowie Bedarfen der Studierenden weit auseinanderklafft.

Für das besondere Augenmerk auf die Situation behinderter Studierender war allerdings wie in anderen pädagogischen Feldern die Forderung der UN-Behindertenrechtskonvention (UN-BRK) ausschlaggebend, barrierefreies lebenslanges Lernen zu ermöglichen, wodurch die Gruppe der Studierenden mit Beeinträchtigungen in den Blick geriet (UN-BRK Art. 24, Abs. 5). Die Bildungsagenda 2030 bekräftigt und erweitert dieses Recht, indem sie für das Sustainable Development Goal No. 4 der Vereinten Nationen inklusive und chancengerechte, qualitativ hochwertige Bildung und lebenslanges Lernen für alle einfordert (Deutsche UNESCO-Kommission 2017).

Dieser Fokus scheint gerechtfertigt, nachdem in der best2-Studie 11 % (best2) und in der 22. Sozialerhebung (Kroher et al. 2023) sowie in der auf derselben Datenbasis beruhenden Erhebung best3 (Steinkühler et al., 2023) 16 % der Studierenden von teils umfänglichen studienrelevanten Erschwernissen durch Behinderung oder chronische Erkrankungen berichten. Da die Passungsschwierigkeiten individuell und gruppenspezifisch sehr unterschiedlich sind, müssen auch die angemessenen Vorkehrungen, auf die diese Studierenden ein individuelles Anrecht haben (UN-BRK Art. 24, Abs. 5), unterschiedlich sein. Entsprechend konzentriert sich der vorliegende Beitrag auf gruppenspezifische Bedarfe Studierender im Autismus-Spektrum.

Zunächst wird dargelegt, warum Universitäten als exklusiver Raum anzusehen sind, der Ausschluss- und Fremdheitserfahrungen produziert, auch wenn Studierende die fachlichen Anforderungen bewältigen. Im Anschluss wird ein Modell der Teilhabe vorgestellt, das Teilhabe als Beziehungsgeflecht von Möglichkeiten und Bedingungen der Person und ihrer Umwelt analysiert. Das Universal Design for Learning wird als Methode einer besseren Gestaltung des Lernangebots eingeführt. Abschließend erfolgt eine Analyse der Situation autistischer Studierender, soweit dies angesichts der Datenlage möglich ist.

6.2 Die Hochschule als exklusiver Raum

Die Zugangsvoraussetzung für den Besuch einer Universität oder angewandten Hochschule ist in der Regel die allgemeine oder fachgebundene Hochschulreife. Ein Hochschulabschluss ist der höchste allgemeine Bildungsabschluss und trotz eines prozentual deutlichen Anstiegs Studierender in jeder Jahrgangskohorte, die die Schule verlassen, sind alle Hochschulen, insbesondere aber Universitäten, noch immer ein exklusiver Raum.

Alheit (2014) analysierte durch Expert*inneninterviews mit Hochschullehrenden unterschiedliche Typen eines universitären, »exklusiven Habitus« (ebd., 204)[15], den die einzelnen Lehrenden sich im Verlauf ihrer eigenen Hochschulkarriere in ihrer Fachkultur angeeignet haben und der infolgedessen durch sie vermittelt wird. Aufgrund dieses Habitus werden Studierende von Lehrenden als passend bzw.

---

15 Bourdieu und Passeron (1971) analysierten die versteckten Selektionsmechanismen des Bildungssystems. Ihrer Auffassung nach sind vermeintlich freie Entscheidungen, wie Boudons (1974) Rational-Choice-Theorie sie annimmt, häufig vorgeformt. Der maßgeblich familiär erworbene Habitus bestimmt nicht die konkrete Entscheidung, aber er formt über die Jahre vorbewusste, internalisierte Bilder von sich selbst und anderen, die durch das soziale Milieu geprägt sind, und macht damit bestimmte Entscheidungen wahrscheinlicher als andere. Er führt auch dazu, dass sich Kinder von Akademiker*innen an der Universität »zu Hause« fühlen, weil das universitäre Milieu ihrem familiären Milieu ähnelt, während Studierende aus anderen Milieus eher ein Gefühl der Fremdheit und Nichtzugehörigkeit entwickeln.

nicht passend erlebt; dies wiederum erleben manche Studierende als Fremdheit, mangelnde Zugehörigkeit oder Abgelehntwerden. Innerhalb eines grundsätzlich »exklusiven Habitus« identifiziert Alheit vier fachspezifische Typen, die sich in bestimmten Fächergruppen zeigen (ebd., 200 ff.). Er nutzt zur Charakterisierung der Fächer und ihrer Fachkulturen die Begriffspaare »angewandt – rein« und »hart – weich«, z. B. rein und hart für die Mathematik, angewandt und hart für die Ingenieurwissenschaften, rein und weich für die Geisteswissenschaften sowie angewandt und weich für die Sozialpädagogik. Anstelle von »rein« könnte auch der Begriff »abstrakt« genutzt werden; als »hart« bezeichnet Alheit Fächer, in denen das gelehrte (Fakten-)Wissen eindeutig ist, »richtig und falsch« klar unterscheidbar sind und Interpretation als Methode keine Bedeutung hat. Studierende erleben durch die Spezifika der Fächer in den Fachkulturen unterschiedliche Erwartungen an sie und entsprechend unterschiedliche Öffnungs- und Schließungsprozesse. Harte und reine Fächer wie die Mathematik kennzeichnet ein exklusiver Habitus; erwünscht sind Studierende, die den sehr hohen Anforderungen genügen. Hart und angewandt sind bspw. die ingenieurwissenschaftlichen Fächer, die ebenfalls mathematische Kenntnisse verlangen, aber einen stärker pragmatischen Habitus pflegen (und dementsprechend auch an angewandten Hochschulen studiert werden können). Sie akzeptieren Studierende mit theoretischen Schwierigkeiten eher und reagieren mit Lösungsvorschlägen auf der Sachebene, indem sie beispielsweise Brückenkurse einrichten. Weiche und reine Fächer, vornehmlich die klassischen Geisteswissenschaften, kennzeichnet ein ambivalenter Habitus, ein Fachklima voller Double Bind-Botschaften: »Ihr seid willkommen, aber ihr müsst euch ändern!« Ein inklusionsorientierter Habitus ist schließlich in weichen und angewandten Fächern wie der Sozialpädagogik anzutreffen. Hier zeigt sich Verantwortung für Studierende, die die Schwierigkeiten mancher Studierender nicht leugnet, aber die Gründe dafür nicht allein ihnen zuschreibt und lösungsorientiert bearbeitet. Durch den steigenden Forschungsdruck an Universitäten und angewandten Hochschulen kommt es allerdings in allen Fächern zu einem »Prestige-Sog« (ebd., 205); d. h., dass alle Fächer sich zunehmend als exklusiv positionieren und von Studierenden verlangen (müssen), sich passend zu machen. Diese Tendenz ist für viele Studierende schädlich, da hierdurch ihr Eindruck verstärkt werden kann, nicht erwünscht oder nicht am richtigen Ort zu sein. Dies gilt sowohl für Studierende mit Behinderung und chronischer Krankheit als auch für ausländische und migrantisch gelesene[16] Studierende, für berufserfahrene ältere Studierende, für Studierende aus nicht-akademischen Elternhäusern und in ingenieurwissenschaftlichen und der Mehrzahl der naturwissenschaftlichen Fächer noch immer für weibliche Studierende.

In Lehr-/Lernsettings an Hochschulen werden allerdings, insbesondere für autistische Studierende, weitere Barrieren wirksam: Lehr-/Lernorganisation und

---

16 Der Begriff »migrantisch gelesen« verweist darauf, dass von diesen Fremdheits- und Ausschlusserfahrungen auch Studierende betroffen sein, die in Deutschland geboren sind, hier ihren Hochschulzugang erworben haben und bilingual oder erstsprachig deutsch sind, aber aufgrund bestimmter Merkmale immer wieder als nicht zugehörig, im Sinne von »nicht einheimisch«, adressiert werden.

-material, die Anordnung von Tischen und Stühlen, die zeitliche Taktung, Dauer von Klausuren oder Abgabefristen sind teils rigide, teils unstrukturiert und schwer durchschaubar. Erwartungen und Haltungen von Lehrenden sind zudem von Unverständnis gegenüber behinderungs- und krankheitsbezogenen Erschwernissen gekennzeichnet – insbesondere dann, wenn Beeinträchtigungen und Erkrankungen nicht sichtbar sind, wie bspw. bei psychischen Erkrankungen (Kappeller & Lindmeier 2019). Diese Erkenntnisse lassen sich auch auf Studierende im Autismus-Spektrum übertragen.

Eine verbreitete Einschätzung über Autismus sagt, dass autistische Menschen besonders gute Leistungen in reinen (abstrakten) und harten Fächern erbrächten, wie Mathematik, Physik oder Informatik. Dies mag als Tendenz möglicherweise zutreffend sein, noch existiert aber nicht genügend Forschung zum Studienerfolg autistischer Studierender. Die beschriebene Einschätzung verstellt den Blick auf autistische Studierende in anderen Fächern, auf unauffällige, während des Studiums noch gar nicht diagnostizierte und weibliche Studierende im Autismus-Spektrum. Sie ist daher, obwohl sie auf den ersten Blick ein positives Bild von Autismus konstruiert, als ableistisches Vorurteil anzusehen, denn sie verengt die Sicht auf Autismus und schadet autistischen Studierenden, die nicht diesem Klischee entsprechen.

Lehr-/Lernsettings an Hochschulen bilden soziokulturelle und -materielle Szenarien, die spezifische körperliche wie mentale Voraussetzungen verlangen und entsprechend als Barrieren wirken können. Dies beginnt beim Lehr-/Lernmaterial und den Bedingungen der Lernräume, bezieht sich aber auch auf die Studienorganisation und Hochschuldidaktik. Schließlich rücken auch Erwartungen und Haltungen von z.B. Lehrenden in den Blick, die zu Unverständnis gegenüber beeinträchtigungsbedingten Erschwernissen führen können.

6.3 Teilhabe an Hochschulbildung und studentischem Leben

Im folgenden Kapitel geht es darum, wie sich die erreichte Teilhabe Studierender als Wechselverhältnis zwischen Individuum, Gesellschaft sowie Rechten und Ressourcen analysieren und auf dieser Basis auch Möglichkeiten ihrer Verbesserung identifizieren lassen. Als Instrument für Letzteres wird das Universal Design for Learning dargestellt.

6.3.1 Teilhabe

Das relationale Modell der Teilhabe wurde von Peter Bartelheimer (2007) unter Rückgriff auf Arbeiten des Armutsforschers Amartya Sen entwickelt. Es hat sich in verschiedenen Fächern etabliert (Lindmeier & Meyer 2020).

Von links nach rechts gelesen beginnt das Teilhabemodell (▶ Abb. 1) mit den *Rechten* und *Ressourcen* einer Person – bspw. dem erworbenen Hochschulzugang und der Zulassung für das gewünschte Fach, dem Recht auf einen Nachteilsausgleich oder vorhandene Beratungsangebote für beeinträchtigte Studierende. *Individuelle Umwandlungsfaktoren* im Kontext des Studiums sind z. B. die Fähigkeiten autistischer Studierender, die Anforderungen des Studienfachs und der sozialen Situationen im Studium zu verstehen, den Alltag durchzuhalten und den Weg zur Universität zurückzulegen. Aber auch der Assistenzbedarf und sonstige individuelle Erfordernisse spielen eine Rolle. Die Anforderungen des Studienfachs, die Bedingungen und die Organisation der Universität stellen die *gesellschaftlichen Umwandlungsfaktoren* dar. Dazu sind auf der Ebene der *persönlichen Ziele* die Motivation und der Wille zu studieren von Bedeutung; auf der Ebene der *gesellschaftlichen Ziele* sind bspw. die Erhöhung der Absolvent*innenzahlen oder der (hochschul-)politische Wille, die UN-Behindertenrechtskonvention umzusetzen, zu nennen. Die persönlichen Ziele können abhängig sein von den *Wahlmöglichkeiten und Handlungsspielräumen* – ist es beispielsweise wirklich das gewünschte Fach? Wie und aus welchen Gründen habe ich mich für ein Studium entschieden?

In ihrem Zusammenwirken bestimmen alle fünf Faktoren die *Verwirklichungschancen*, also die Chancen, das Studium erfolgreich umzusetzen, und damit das *Teilhabeergebnis*. Das wichtigste Teilhabeergebnis ist sicherlich der Studienabschluss, aber auch die Zufriedenheit und die Persönlichkeitsentwicklung im Studium können Teilhabeergebnisse sein.

Ein wesentlicher Ansatzpunkt, um das Teilhabeergebnis zu verbessern, kann in der Veränderung der *Gesellschaftlichen Umwandlungsfaktoren* liegen. Sie sind durch Entscheidungen auf Hochschul-, Fach- und Lehrendenebene unmittelbar gestaltbar. Ebenso nehmen sie Einfluss auf die vorhandenen Ressourcen.

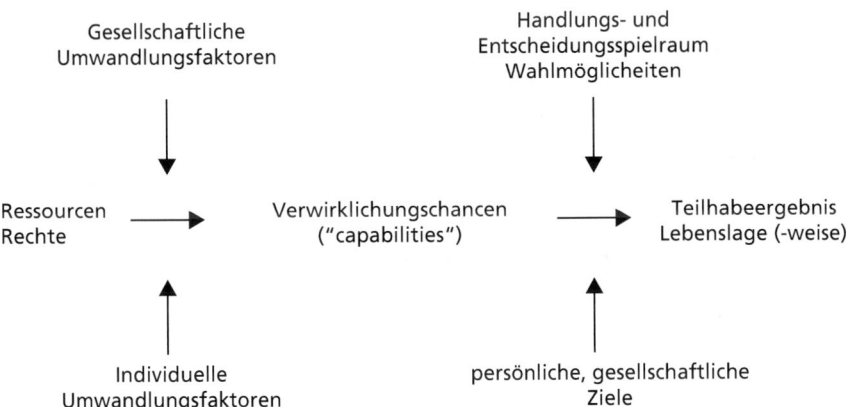

Abb. 1: Modell der Teilhabe (Bartelheimer 2007, 9)

Bartelheimer (2007) nennt zudem fünf Kriterien für die Einschätzung von Teilhabe:

1. Teilhabemöglichkeiten müssen immer an den Möglichkeiten anderer Mitglieder einer konkreten Gesellschaft gemessen werden. Wenn bestimmte Gruppen – wie Studierende im Autismus-Spektrum – in der Hochschulbildung unterrepräsentiert sind oder häufiger ihr Studium abbrechen, ist daher zu fragen, was ihre Teilhabe einschränkt.
2. »Teilhabe ist mehrdimensional« (2007, 8). Die Teilhabemöglichkeiten in verschiedenen Lebensbereichen wie Familie, Freizeit und Hochschule stehen in Wechselwirkung miteinander. Umfassende Teilhabemöglichkeiten in einem Feld können einem Menschen helfen, Beeinträchtigungen der Teilhabe in anderen Bereichen zu kompensieren oder auch zu verbessern. Hochschulen bieten gute Möglichkeiten für das Knüpfen sozialer Kontakte und stellen auch Freizeitmöglichkeiten zur Verfügung, bspw. durch ihr Sportprogramm. Daher muss eine Einschätzung der Teilhabe autistischer Studierender in Form einer Gesamtanalyse der Situation vorgenommen werden.
3. Zudem sind Einschränkungen der Teilhabe zu unterscheiden, die Einzelne sowie ganze Gruppen der Gesellschaft akzeptieren können und müssen, und andere, die nicht akzeptabel sind: Wenn jemand kein Musikinstrument spielt, kann er*sie nicht in einem Freizeitorchester spielen – ebenso wenig, wenn er*sie die Aufnahmebedingungen nicht erfüllt oder das Instrument nicht benötigt wird. Nicht akzeptabel ist dagegen, wenn Menschen aufgrund struktureller Barrieren keinen Zugang zu einem Studium erhalten, obwohl sie die formale Berechtigung dazu haben, zu studieren. Denn anders als ein Hobby (im Orchester spielen), zu dem es immer Alternativen gibt, ist das Studium wesentlich für die weitere Lebensgestaltung, für die Möglichkeit beruflicher Tätigkeit und wirtschaftlicher Existenzsicherung (Kronauer 2013, 22f.).
4. Teilhabe ist dynamisch und verändert sich im Verlauf des Lebens; sie muss daher vor dem Hintergrund von Lebenslauf und Biografie betrachtet werden. In der Situation von jungen Erwachsenen sind Studium und Berufswahl – neben anderen – besonders bedeutsame Themen; ebenso gibt es aber durch die individuelle Biografie individuell relevante Teilhabewünsche und -notwendigkeiten. Ein erfolgreich absolviertes Studium stellt eine günstige Vorbedingung für die weitere Lebensgestaltung und wirtschaftliche Existenzsicherung dar, auch wenn Menschen im Autismus-Spektrum trotz erfolgreich absolvierter Hochschulbildung überdurchschnittlich oft arbeitslos sind (Riedel et al. 2016; Kohl et al. 2017).
5. Teilhabe wird handelnd verwirklicht. Bei der Beurteilung des Grades der Teilhabe eines*r autistischen Studierenden müssen daher seine*ihre die Handlungs- und Bewältigungsmöglichkeiten und die eigene Einschätzung von Handlungsfähigkeit (Agency) bzw. von Erfahrungen der Handlungsunfähigkeit betrachtet werden.

Die konkreten Teilhabemöglichkeiten autistischer Studierender werden in vielen Beiträgen des Bandes geschildert (exemplarisch ▶ Kap. 1, ▶ Kap. 13 in diesem Band), ebenso die Möglichkeiten, durch einen Nachteilsausgleich Teilhabe zu erleichtern (▶ Kap. 8 in diesem Band). Beteiligung in Seminaren, Gruppen- und Projektarbeiten, gemeinsame Referate, mündliche Prüfungen sind nur einige Bespiele für institutionalisierte Teilhabemöglichkeiten bzw. -verpflichtungen, aus denen sehr leicht auch Beeinträchtigungen der Teilhabe für autistische Studierende im Studium resultieren können.

6.3.2 Universal Design for Learning

Der Ausschuss für die Rechte von Menschen mit Behinderungen schlägt in seinem Allgemeinen Kommentar Nr. 4 zu Art. 24 (Bildung) vor, bei der Umsetzung inklusiver Bildung den Ansatz des Universal Designs for Learning (UDL) zu nutzen (Lindmeier 2019, 94). »UDL hat nicht nur im Hinblick auf die Zugänglichkeit, sondern auch im Hinblick auf die Adaptierbarkeit eine zentrale Bedeutung für die Implementierung inklusiver Bildung (z. B. Fisseler 2015; Rützel 2015; Schlüter et al. 2016; Lindmeier 2018a)« (ebd.). Das Konzept sieht vor, auf die Heterogenität von Lernenden nicht mit der Reduktion von Inhalten zu reagieren, sondern verschiedene Formen der Darbietung, Verarbeitung und Ergebnispräsentation von Lernstoff anzubieten sowie verschiedene Maßnahmen der Motivationsförderung (siehe Kasten). Die neun Prinzipien sollen aus Platzgründen nicht systematisch auf Autismus bezogen werden. Es ist allerdings offensichtlich, dass sowohl Schulen als auch Hochschulen, die nach dem UDL arbeiten, sehr häufig keine Ausnahmen für autistische Schüler*innen und Studierende machen müssen bzw. dass diese keine Nachteilsausgleiche benötigen, weil das Lehr-/Lernarrangement insgesamt sowohl an ihre Bedarfe als auch an die Bedarfe anderer Gruppen besser angepasst ist. Für autistische Schüler*innen im naturwissenschaftlichen Unterricht ergab eine Studie von Knight et al. (2013), dass sich der Lernprozess durch visuelle Unterstützung deutlich verbesserte. Exemplarisch verweisen wir im Kontext Autismus außerdem auf das »Prinzip 6: Biete Wahlmöglichkeiten für die Unterstützung der exekutiven Funktionen«, da autistische Menschen hier häufig Schwierigkeiten haben.

Prinzipien des Universal Design for Learning (Schlüter & Melle, 2017, 41)

»I. **Biete multiple Mittel der Repräsentation von Informationen.**
  1. **Biete Wahlmöglichkeiten bei der Perzeption.**
     1.1. Biete Möglichkeiten, die Darstellung von Informationen anzupassen.
     1.2. Biete Alternativen zur auditiven Informationsvermittlung an.
     1.3. Biete Alternativen zur visuellen Informationsvermittlung an.
  2. **Biete Wahlmöglichkeiten bei der sprachlichen und symbolischen Darstellung von Informationen.**
     2.1. Biete Hilfen zur Klärung von Begriffen und Symbolen.
     2.2. Biete Hilfen zum Erkennen von Syntax und Textaufbau.
     2.3. Biete Hilfen beim Lesen von geschriebenen Texten oder von mathematischen Formeln und Symbolen.
     2.4. Biete Möglichkeiten zur Nutzung von Kenntnissen in anderen Sprachen.

2.5. Biete Möglichkeiten der nicht-sprachlichen Illustration von Schlüsselbegriffen.
3. **Biete Wahlmöglichkeiten beim Verstehen von Informationen.**
   3.1. Biete Möglichkeiten der Aktivierung oder Erarbeitung von Hintergrundinformationen an.
   3.2. Biete Hilfen zum Hervorheben wichtiger Informationen, leitender Ideen oder Beziehungen an.
   3.3. Biete Hilfen an, welche systematische Informationsverarbeitung anleiten.
   3.4. Biete Hilfen an, die das Behalten und den Transfer des Gelernten unterstützen.

II. **Biete multiple Mittel der Verarbeitung von Informationen und der Darstellung von Lernergebnissen**
   4. **Ermögliche unterschiedliche motorische Handlungen.**
      4.1. Variiere die Möglichkeiten zur Steuerung von Lernmaterialien und Erstellung von Antworten.
      4.2. Optimiereden [sic] Zugang zu Lernhilfen, Lernmedien und technischen Hilfsmitteln (angepasste Tastatur etc.).
   5. **Biete Möglichkeiten im Bereich der Beherrschung instrumenteller und darstellender Fertigkeiten.**
      5.1. Lasse verschiedene Arten der Kommunikation zu (geschriebenen oder gesprochenen Text, Zeichnungen, Filme, …).
      5.2. Ermögliche die Nutzung von Hilfen beim Erstellen einer Antwort wie konkrete Materialien und Taschenrechner in Mathematik oder Wörterbücher, Textverarbeitungsprogramme, Spracherkennungssoftware bei der Textproduktion.
      5.3. Biete Hilfen bei instrumentellen Fertigkeiten an, die reduziert werden können (Mentoren, Tutoren, Software).
   6. **Biete Wahlmöglichkeiten zur Unterstützung der exekutiven Funktionen.**
      6.1. Initiiere und unterstütze geeignete Lernzielsetzung.
      6.2. Unterstütze geplantes und strategisches Arbeiten.
      6.3. Erleichtere den geordneten Umgang mit Informationen und Ressourcen.
      6.4. Biete Möglichkeiten zur Selbstevaluation und fördere Kompetenzen durch Hilfe und formatives Feedback.

III. **Biete multiple Möglichkeiten der Förderung von Lernengagement und Lernmotivation**
   7. **Biete variable Angebote zum Wecken von Lerninteresse.**
      7.1. Eröffne möglichst viele Wahlmöglichkeiten und -räume [sic] möglichst viel Autonomie ein.
      7.2. Biete möglichst relevante, positiv bewertete und authentische Aufgaben und Aktivitäten an.
      7.3. Minimiere kognitive Ablenkung und verhindere soziale Bedrohung.

8. **Gib Gelegenheiten für unterstützte konzentrierte Anstrengung und ausdauerndes Lernen.**
   8.1. Erhöhe die Sichtbarkeit und Bedeutsamkeit der Lehr- und Lernziele.
   8.2. Variiere das Anforderungsniveau der Aufgaben und die verfügbaren Hilfen und optimiere auf diese Weise das individuelle Anforderungsniveau.
   8.3. Fördere die Kommunikation und die Zusammenarbeit unter den Lernenden.
   8.4. Biete formative Lernrückmeldung mit Bezug auf die Lernzielerreichung an.
9. **Biete Möglichkeiten und Hilfen für selbstreguliertes Lernen.**
   9.1. Entwickle und fördere motivationsförderliche Ergebniserwartungen und Kontrollüberzeugungen.
   9.2. Ermögliche individuelle Bewältigungsfähigkeiten und -strategien.
   9.3. Biete Möglichkeiten zur eigenständigen Lernerfolgsmessung und zur reflexiven Beurteilung des eigenen Lernprozesses.«

6.4 Beeinträchtigt studieren: Die Situation autistischer Studierender

Die aktuellen Zahlen beeinträchtigter Studierender wurden durch die Coronapandemie beeinflusst, da sie im Jahr 2021 erhoben wurden. Daher ist zu hoffen, dass sich die gesundheitliche Situation Studierender wieder etwas bessern wird; dennoch sind dies die Zahlen, mit denen deutsche Hochschulen derzeit umzugehen haben:

> »Knapp 24 Prozent der Studierenden in Deutschland sind gesundheitlich beeinträchtigt. Bezogen auf alle Studierenden berichten knapp 16 Prozent von mindestens einer gesundheitlichen Beeinträchtigung, die sich erschwerend auf ihr Studium auswirkt. Mit großem Abstand am weitesten verbreitet sind psychische Erkrankungen, die von 65 Prozent der Studierenden mit studienerschwerender Beeinträchtigung angegeben werden« (Kroher et al. 2023, 6).

In der Studie wird Autismus leider unter »Sonstiges« subsumiert (ebd., 43 f.). Dennoch lassen sich einige Aussagen zur Situation autistischer Studierender an deutschen Hochschulen ableiten. Detailliertere Aussagen auf der Basis internationaler Erkenntnisse machen die Beiträge von Mechthild Richter, Nathalie Quartenoud und Andrea MacLeod (in diesem Band).

6.4.1 Strukturelle Bedingungen des Studiums als Herausforderung für autistische Studierende

Die meisten autistischen jungen Erwachsenen, die sich für ein Studium entscheiden, sind hoch motiviert und den kognitiven Anforderungen eines Studiums gewachsen. Schwieriger zu bewältigen sind oft die Anforderungen an das Verstehen sozialer Situationen und an die Selbstständigkeit, bspw. beim Einholen von Informationen. Hinzu kommen in den meisten Studiengängen die Bedingungen einer Massenuniversität: Laute, grell beleuchtete und unübersichtliche Hörsäle und Mensen, unübersichtliche Studienpläne und unklar kommunizierte Leistungsanforderungen, Mobilität auf dem Campus ebenso wie die Fahrt mit den öffentlichen Verkehrsmitteln zur Universität und nach Hause sind für autistische Studierende hohe, mitunter kaum zu bewältigende Anforderungen. Mechthild Richter (in diesem Band) beschreibt detailliert sowohl die Herausforderungen in Bezug auf die Sinneswahrnehmung als auch die Unklarheiten, die bspw. hinsichtlich des erwarteten Verhaltens in Seminarsituationen, insbesondere aber bei Gruppenarbeiten, für autistische Menschen bestehen. Daher wirken wahrscheinlich bereits an dieser ersten Schwelle auf dem Weg ins Studium Ausschluss- und Selbstausschlussprozesse, indem Lehrkräfte, Eltern oder die Berufsberatung bspw. eher eine duale Ausbildung empfehlen. Dies lässt sich aufgrund der Datenlage zwar weder nachweisen noch entkräften, es ist aber unter Bezugnahme auf die Rational-Choice-Theorie (Boudon 1974) anzunehmen, die neben der Habitustheorie bzw. Reproduktionstheorie die wichtigste Entscheidungstheorie ist: Danach treffen die studieninteressierten Personen auf der Basis ihnen vorliegender Informationen eine rationale Entscheidung. Zu den Entscheidungskriterien können die beschriebenen Rahmenbedingungen eines Studiums gehören. Beispielsweise könnte jemand aufgrund dieser Rahmenbedingungen auf ein Studium verzichten oder sich dafür entscheiden, ein anderes Fach als das Gewünschte zu studieren, weil es an einer nahegelegenen Universität angeboten wird, um in Krisen beispielsweise Fahrdienste durch die Eltern erhalten zu können.

6.4.2 Beeinträchtigungen der psychischen Gesundheit autistischer Studierender

In klinisch orientierten Publikationen zu Autismus wird darauf hingewiesen, dass sog. »Komorbiditäten« bei Autismus häufig seien. Da der Begriff suggeriert, dass Autismus ebenfalls eine Erkrankung sei, nutzen wir ihn nicht. Dennoch weisen Studien und Erfahrungsberichte darauf hin, dass psychische Gesundheit für viele autistische Menschen ein wichtiges Thema ist. Dabei ist noch unklar, ob autistische Menschen leichter psychische Erkrankungen wie beispielsweise Angststörungen oder Depressionen entwickeln oder ob der Zusammenhang in anderer Weise verstanden werden kann. Untersuchungen berichten von einem deutlich erhöhten Niveau psychischer Erkrankungen insbesondere bei spät diagnostizierten Autist*innen:

»Die häufigsten in einer Beobachtungsstudie an spät diagnostizierten AS festgestellten psychiatrischen Komorbiditäten [...] umfassen depressive Störungen in 53 % sowie die auch differenzialdiagnostisch relevanten Angststörungen in 50 %, AD(H)S in 43 % sowie Zwangsstörungen in 24 % der Fälle« (Lehnhardt et al., 2013, o. S.).

In Übereinstimmung mit Purkis et al. (2016, 43) halten wir ebenso für möglich bzw. sogar für wahrscheinlicher, dass das erhöhte Angstniveau vieler autistischer Menschen als direkte Folge ihrer autistischen Wahrnehmung anzusehen ist. Auch die Zwangsstörungen könnten möglicherweise eine Fehlinterpretation des Stimming darstellen. Ähnlich könnte ein erhöhtes Depressionsniveau auch darauf zurückgeführt werden, dass autistische Menschen immer wieder die Erfahrung des »Nicht-Passens«, Nichtverstandenwerdens und der Einsamkeit in einer für neurotypische Menschen eingerichteten Welt machen; eine Erfahrung, die Depressionen auslösen kann. Möglicherweise kommt es mitunter auch zu Fehldiagnosen, insbesondere bei spät diagnostizierten jungen Frauen, bei denen es sehr häufig vorkommt, dass – möglicherweise auch an Stelle der Autismusdiagnose – verschiedene psychische Erkrankungen diagnostiziert werden. Dies wird mit dem Begriff des *Overshadowing* bezeichnet, dem Verschwinden der Autismusdiagnose im Schatten einer anderen Diagnose.

Wichtiger als die Frage, ob es sich bei Autismus und einzelnen psychischen Erkrankungen um zwei getrennte oder miteinander zusammenhängende Phänomene handelt, ist aus pädagogischer und hochschuldidaktischer Sicht anzuerkennen, dass das Leben in einer nicht für autistische Wahrnehmung und Kommunikation gemachten Welt anstrengend und herausfordernd ist. Viele autistische Menschen bewegen sich an der Grenze der Überforderung und überschreiten diese häufig. Meist handelt es sich nicht um eine intellektuelle Überforderung mit dem inhaltlichen Angebot, sondern mit der Form, in der ein Angebot gestaltet ist. Unterstützungsangebote der Umgebung sind nicht immer hilfreich, sondern verstärken den erlebten Stress mitunter sogar. Da Stress und Krisen psychische Erkrankungen begünstigen, ist es nicht verwunderlich, dass viele autistische junge Erwachsene von zusätzlichen psychischen Beeinträchtigungen und diagnostizierten psychischen Erkrankungen berichten. Auch Übergänge (▶ Kap. 2 in diesem Band) stellen Phasen erhöhter Vulnerabilität dar, auch wenn sie zugleich die Möglichkeit zu persönlichem Wachstum, zu Kompetenzerweiterung und neuen Perspektiven bieten.

Gesichert ist, dass psychisch kranke Studierende – unabhängig von einer Autismusdiagnose – ihre Diagnose häufig verschweigen (Kappeller & Lindmeier 2019): Psychische Beeinträchtigungen machen inzwischen fast zwei Drittel der studienrelevanten Beeinträchtigungen (65 %, Kroher et al. 2023, 6) aus; mehr als 10,4 % aller Studierenden sind von ihnen betroffen. Gerade psychische Beeinträchtigungen sind verbunden mit dem Erleben von umfangreichen Erschwernissen im Studium. Psychisch beeinträchtigte Studierende gaben in den Befragungen best1, best2 an, dass zeitliche (81 %, 86 %) und organisatorische Vorgaben des Studiengangs (70 %, 82 %), Lehr- und Prüfungssituationen (70 %, 75 %), Praktika und Exkursionen (18 %, 26 %) (Tab. 5.2 in DSW 2012, 149) für sie problematisch seien, und sie berichten über »Konzentrationsprobleme, Schlafstörungen/Müdigkeit, fehlende Motivation/Leistungsbereitschaft, Depressionen und Angstzustände«

(ebd., 233). Die aktuelle Befragung best3 legt eine etwas andere Systematik an; zusammengefasst berichten 83 % der Studierenden mit psychischen Erkrankungen von Problemen bei der Studienorganisation, 81 % haben Schwierigkeiten im Kontext von Lehre und Lernen und 77 % im Kontext von Prüfungen; insgesamt haben 95 % Schwierigkeiten in einem oder mehreren dieser Bereiche (Steinkühler et al. 2023, Tab. A6.14, S. 191). Auch Studienunterbrechungen sind (bei allen Studierenden mit studienrelevanten Beeinträchtigungen) sehr häufig (Abb. 4.1 in Steinkühler et al. 2023, S. 54).

Zugleich sind Studierende mit unsichtbaren Beeinträchtigungen von stärkeren Diskriminierungen betroffen als Studierende mit sichtbaren Beeinträchtigungen. Hinzu kommt, dass psychische Beeinträchtigungen nicht jeden Tag gleichermaßen ausgeprägt sind, anders als bspw. ein Hörverlust. Die Studierenden berichten davon, vielfach nicht ernst genommen zu werden und sich gegenüber dem Vorwurf der Faulheit oder Unzuverlässigkeit verteidigen zu müssen (Kappeller & Lindmeier 2019). Es stellt sich daher im Studienalltag immer wieder die Frage, wann und gegenüber wem eine Offenlegung oder Geheimhaltung der Beeinträchtigung erfolgen sollte. Nachteilsausgleiche werden häufig abgelehnt oder in einer Weise gewährt, die wenig zielführend ist (bspw. mehr Zeit für die Prüfung, wenn eine andere Prüfungsform erbeten wurde) – sie erfordern aber zuallererst die Offenlegung der Beeinträchtigung oder Erkrankung. Mehr als die Hälfte der in der 22. Sozialerhebung befragten Studierenden gibt an, trotz teils hohem Bedarf kein Beratungsangebot zu nutzen, und von diesen wiederum nennen 21,4 % als Grund, ihre Beeinträchtigung nicht offenlegen zu wollen; einige befürchten sogar Nachteile im Studium (Kroher et al. 2023, 137 f.). Um an diversitätsbewussten Hochschulen eine inklusive und chancengerechte, qualitativ hochwertige tertiäre Bildung verwirklichen zu können, sind angemessene Vorkehrungen im Sinne der UN-BRK anstelle der herkömmlichen Nachteilsausgleiche zu fordern (Gattermann-Kasper 2016; Lindmeier 2020). Das Spektrum der Rechtsvorschriften zu Nachteilsausgleichen ist zwar breit, dennoch unterscheiden sich das von der UN-BRK favorisierte Konzept der ›angemessenen Vorkehrungen‹ und das Konzept des ›Nachteilsausgleichs‹ hinsichtlich ihrer hochschulrechtlichen Reichweite deutlich:

> »Angemessene Vorkehrungen sind in Bezug auf jegliche Bedingungen zu treffen, die sich für die Durchführung des Studiums als Barriere erweisen und mit den unterschiedlichen Akteuren innerhalb der Hochschule auszuhandeln. Nachteilsausgleiche beziehen sich nur auf die in den jeweiligen Prüfungsordnungen geregelten (Studien- und) Prüfungsbedingungen, zuständig sind daher die Prüfungsorgane und zum Teil auch die Lehrenden« (Gattermann-Kasper 2016, 111 f.).

Genau genommen sieht die UN-BRK in Art. 24 (Recht auf Bildung) Abs. 2 sowohl »angemessene Vorkehrungen (reasonable accomodation)« (Abs. 2 c) als auch »individuell angepasste Unterstützungsmaßnahmen (effective individualized support)« (Abs. 2 e) vor. Deutsche Rechtsvorschriften zu Nachteilsausgleichen sind entsprechend zu transformieren, und auch der Begriff des Nachteilsausgleichs selbst sollte überwunden werden.

6.5 Fazit

Zusammenfassend lässt sich sagen, dass Hochschulen sich noch immer als exklusiver Raum verstehen, dem Studierende sich anzupassen haben, dass aber die Sensibilität für studienerschwerende Bedingungen steigt. Nicht zuletzt wirken sich der Fachkräftemangel und sinkende Studierendenzahlen positiv auf die Bereitschaft der Hochschulen aus, Studienbedingungen stärker an die Teilhabebedarfe von Studierenden anzupassen. Leider sind die teils sehr spezifischen Bedarfe autistischer Studierender nicht abbildbar, solange sie in der Kategorie »Sonstiges« verschwinden, zusammen mit »z. B. Sprechbeeinträchtigung, Tumorerkrankungen, … AD(H)S, Migräne« (Kroher et al. 2023, 43 f.; auch Steinkühler et al. 2023, 14).

Qualitative Befragungen autistischer Studierender (▶ Kap. 17 in diesem Band) und autobiographische Berichte (▶ Kap. 1, ▶ Kap. 7, ▶ Kap. 9 in diesem Band) können dazu beitragen, das Erleben und die Erfahrungen autistischer Studierender besser zu verstehen und damit eine bessere Passung von Anforderungen und Bedarfen sowie im Ergebnis eine bessere Teilhabe zu erreichen.

Eine niedrigschwellige und erfolgversprechende Lösung für die Universitäten könnte darin bestehen, ergänzend zu den bestehenden Beratungsangeboten Peer-Counseling durch gleich betroffene Studierende und (begleitete) Selbsthilfegruppen zu unterstützen und zu finanzieren. Das durch Menschen mit körperlichen Beeinträchtigungen bereits in den 1980er Jahren entwickelte Konzept des Peer-Counseling sieht vor, inhaltliches Fachwissen (in diesem Fall z. B. zu Nachteilsausgleich, zu Fachstrukturen und Studienbedingungen) zu vermitteln und zugleich eine selbstreflexive Auseinandersetzung mit der eigenen Behinderungserfahrung zu ermöglichen (van Kann 1996). Inzwischen wird international auch in Bezug auf autistische Studierende »Peer Mentoring« gefordert (Fabri et al. 2020). Ziel sollte es sein, Strategien für die Entwicklung von diversitätsbewussten Universitäten zu entwickeln, in denen die Aussage »das geht aber nicht« die Ausnahme und nicht die Regel darstellt, und in denen die spezifischen Bedarfe einzelner Gruppen besonders analysiert und berücksichtigt werden, ohne diese Gruppen ableistisch zu diskriminieren (Lindmeier 2019), indem bspw. ihre Studierfähigkeit bezweifelt wird.

6.6 Literatur

Alheit, P. (2014). Die Exklusionsmacht des universitären Habitus. Exemplarische Studien zur »neuen deutschen Universität«. In N. Ricken, H.-C. Koller & E. Keiner (Hrsg.), *Die Idee der Universität – revisited* (S. 195–208). Springer.

Bartelheimer, P. (2007). *Politik der Teilhabe. Ein soziologischer Beipackzettel.* Hrsg. von der Friedrich-Ebert-Stiftung. Online verfügbar unter: https://library.fes.de/pdf-files/do/04655.pdf, Zugriff am 05.03.2025.

Becker, J., Buchhaupt, F., Katzenbach, D., Lutz, D., Strecker, A. & Urban, M. (2022). *Qualifizierung der pädagogischen Fachkräfte für inklusive Bildung: Bd. 4. Qualifizierung für Inklusion. Berufsschule, Hochschule*, Erwachsenenbildung. Waxmann.

Boudon, R. (1974). *Education, Opportunity, and Social Inequality – Changing Prospects in Western Society.* John Wiley & Sons.

Bourdieu, P. & Passeron, J.-C. (1971). *Die Illusion der Chancengleichheit. Untersuchungen zur Soziologie des Bildungswesens am Beispiel Frankreichs.* Klett.

CHE-Consult/Bertelsmann Stiftung (2012). *Studienrelevante Diversität. Kurzbeschreibung einer Methodik und von ermittelten Studierendentypen.* Online verfügbar unter: http://www.che.de/downloads/Consult_Briefing_1_2___QUEST_Studierendentypen.pdf, Zugriff am 02.11.2023.

Dannenbeck, C., Dorrance, C., Moldenhauer, A., Oehme, A. & Platte, A. (Hrsg.) (2016). *Inklusionssensible Hochschule. Grundlagen, Ansätze und Konzepte für Hochschuldidaktik und Organisationsentwicklung.* Klinkhardt.

Deutsches Studentenwerk (DSW) (2012). *beeinträchtigt studieren. Datenerhebung zur Situation Studierender mit Behinderung und chronischer Krankheit 2011 (Durchführung: Institut für Höhere Studien).* DSW. Online verfügbar unter: https://www.studierendenwerke.de/filead min/user_upload/Downloads/Studieren_mit_Behinderung/Daten/beeintraechtigt_studie ren_2011.pdf, Zugriff am 21.07.2025.

Deutsches Studentenwerk (DSW) (2018). *beeinträchtigt studieren – best2. Datenerhebung zur Situation Studierender mit Behinderung und chronischer Krankheit 2016/17.* DSW.

Deutsche UNESCO-Kommission (2017). *Bildungsagenda 2030. Aktionsrahmen für die Umsetzung von Sustainable Development Goal No. 4.* Deutsche UNESCO-Kommission.

Fabri, M., Fenton, G., Andrews, P. & Beaton, M. (2020). Experiences of Higher Education Students on the Autism Spectrum: Stories of Low Mood and High Resilience. *International Journal of Disability, Development and Education, 69*(4), 1411–1429. https://doi.org/10.108 0/1034912X.2020.1767764

Gattermann-Kasper, M. (2016). Nachteilsausgleiche – Alles klar … oder? Kritischer Blick auf ein etabliertes Instrument im Lichte der UN-BRK. In U. Klein (Hrsg.), *Inklusive Hochschule – Neue Perspektiven für Praxis und Forschung* (S. 105–123). Weinheim: Beltz Juventa.

Kappeller, F. & Lindmeier, B. (2019). Studium im Kontext von Behinderung und Beeinträchtigung: Fallstricke und Ambivalenzen studentischer Praktiken. *Gemeinsam leben: Zeitschrift für integrative Erziehung, 27*(4), 221–236.

Klein, U. (Hrsg.) (2016). *Inklusive Hochschule – Neue Perspektiven für Praxis und Forschung.* Beltz Juventa.

Knight, V. F., Spooner, F., Browder, D. M., Smith, B. R. & Wood C. L. (2013). Using Systematic Instruction and Graphic Organizers to Teach Science Concepts to Students with Autism Spectrum Disorders and Intellectual Disability. *Focus on Autism and Other Developmental Disabilities, 28*(2), 115–126.

Kohl, E., Seng, H. & Gatti, T. (2017). *Typisch untypisch: Berufsbiografien von Asperger-Autisten. Individuelle Wege und vergleichbare Erfahrungen.* Stuttgart: Kohlhammer.

Kordts-Freudinger, R., Schaper, N., Scholkmann, A. & Szczyrba, B. (Hrsg.) (2021). *Handbuch Hochschuldidaktik.* wbv Publikation. https://doi.org/10.36198/9783838554082

Kroher, M., Beuße, M., Isleib, S., Becker, K., Ehrhardt, M.-C., Gerdes, F., Koopmann, J., Schommer, T., Schwabe, U., Steinkühler, J., Völk, D., Peter, F. & Buchholz, S. (2023). *Die Studierendenbefragung in Deutschland: 22. Sozialerhebung. Die wirtschaftliche und soziale Lage der Studierenden in Deutschland.* Bundesministerium für Bildung und Forschung. Online verfügbar unter: https://www.bmbf.de/SharedDocs/Publikationen/de/bmbf/4/31790_22_ Sozialerhebung_2021.pdf?__blob=publicationFile&v=6Z, Zugriff am 31.10.2023.

Kronauer, M. (2013). Soziologische Anmerkungen zu zwei Debatten über Inklusion und Exklusion. In M. Kil, R. Burtscher, E. J. Ditschek, M. Kronauer & K.-E. Ackermann (Hrsg.), *Zugänge zu Inklusion: Erwachsenenbildung, Behindertenpädagogik und Soziologie im Dialog (Theorie und Praxis der Erwachsenenbildung)* (S. 17–25). W. Bertelsmann Verlag. https://doi.org/10.3278/14/1114w

Lehnhardt, F.-G., Gawronski, A., Pfeiffer, K., Kockler, H., Schiller, L. & Vogeley, K. (2013). Diagnostik und Differenzialdiagnose des Asperger-Syndroms im Erwachsenenalter. *Dtsch Ärzteblatt Int, 110*(45), 755–763. DOI: 10.3238/arztebl.2013.0755

Lindmeier, C. (2019). Universelles Design für das Lernen – ein Konzept für die Inklusion in der beruflichen Bildung. In C. Lindmeier, H. Fasching, B. Lindmeier & D. Sponholz (Hrsg.), *Inklusive Berufsorientierung und berufliche Bildung – aktuelle Entwicklungen im deutschsprachigen Raum* (S. 249–264). Beltz Juventa.

Lindmeier, C. (2020). Bildungsgerechtigkeit und Inklusion – revisited. In R. Schneider-Reisinger & M. Oberlechner (Hrsg.), *Diversitätssensible PädagogInnenbildung in Forschung und Praxis. Utopien, Ansprüche und Herausforderungen* (S. 33–44). Opladen: Barbara Budrich.

Lindmeier, B. & Meyer, D. (2020). Empowerment, Selbstbestimmung, Teilhabe – Politische Begriffe und ihre Bedeutung für die inklusive politische Bildung (2020). In D. Meyer, W. Hilpert & B. Lindmeier (Hrsg.), *Grundlagen und Praxis inklusiver politischer Bildung* (S. 38–56). bpb.

McCrossin, R. (2022). Finding the True Number of Females with Autistic Spectrum Disorder by Estimating the Biases in Initial Recognition and Clinical Diagnosis. *Children, 9*(2), 272.

Purkis, J., Goodall, E. & Nigent, J. (2016). *The Guide to Good Mental Health on the Autism Spectrum.* Jessica Kingsley Publishers.

Riedel, A., Schröck, C., Ebert, D., Fangmeier, T., Bubl, E. & Tebartz van Elst, L. (2016). Überdurchschnittlich ausgebildete Arbeitslose – Bildung, Beschäftigungsverhältnisse und Komorbiditäten bei Erwachsenen mit hochfunktionalem Autismus in Deutschland. *Psychiatrische Praxis, 43*(01), 38–44.

Rothenberg, B. (2012). *Das Selbstbestimmt Leben-Prinzip und seine Bedeutung für das Hochschulstudium.* Bad Heilbrunn: Klinkhardt.

Schlüter, A. & Melle, I. (2017). Luft ist komprimierbar. Beispiele für die Umsetzung des Universal Design for Learning. *Unterricht Chemie, 162,* 36–40.

Schneider-Reisinger, R. & Oberlechner, M. (Hrsg.) (2020). *Diversitätssensible PädagogInnenbildung in Forschung und Praxis. Utopien, Ansprüche und Herausforderungen.* Opladen: Barbara Budrich.

Steinkühler, J., Beuße, M., Kroher, M., Gerdes, F., Schwabe, U., Koopmann, J., Becker, K., Völk, D., Schommer, T., Ehrhardt, M.-C., Isleib, S. & Buchholz, S. (2023). *Die Studierendenbefragung in Deutschland: best3. Studieren mit einer gesundheitlichen Beeinträchtigung.* Online verfügbar unter: https://www.studierendenwerke.de/fileadmin/user_upload/Publikationen/beeintraechtigt_studieren_2021.pdf, Zugriff am 06.01.2024.

Van Kan, P. (1996). *Peer Counseling – die Idee und das Werkzeug dazu. Ein Arbeitshandbuch.* Online verfügbar unter: https://peer-counseling.org/wp-content/uploads/2015/09/Peter_van_Kan_Peer_Counseling_Die_Idee_und_das_Werkzeug_dazu.pdf, Zugriff am 24.11.2023.

Vereinte Nationen (2006). *UN-Behindertenrechtskonvention. Übereinkommen über die Rechte von Menschen mit Behinderungen.* Online verfügbar unter: https://www.institut-fuer-menschenrechte.de/fileadmin/Redaktion/PDF/DB_Menschenrechtsschutz/CRPD/CRPD_Konvention_und_Fakultativprotokoll.pdf, Zugriff am 27.04.2022.

7 Hochleistungsmasking und Übersetzungsfehler: Über die (Un-)Sichtbarkeit von (meinem) Autismus im Studium

Julia Bunge

Was braucht es, damit autistische Menschen (gut) studieren können? Mit welchen Herausforderungen, aber auch Chancen sind sie konfrontiert und wie kann passendes, inklusives Lehren und Lernen gestaltet werden? Wie kann eine Behinderung als *unsichtbar* betitelt, Autist*innen jedoch gleichzeitig von Mitmenschen für ihr Verhalten kritisiert, belächelt und abgewertet werden?

Das Leben als autistischer Mensch in der Gesellschaft bedeutet eine eigene Art von Normalität. Eine, die gleichzeitig weit weg von der allistischer[17] Menschen erscheint und doch viele Parallelen aufweist. Im Bereich der tertiären Bildung, genauer an Universitäten und Hochschulen, gibt es zu dieser kaum wissenschaftliche Literatur (▶ Kap. 6 in diesem Band).

Sich einer Beantwortung dieser Fragen anzunähern und dabei diese Diskrepanz etwas zu verringern, versucht dieser Beitrag aus der Innenperspektive als autistische Studierende, auch im Erfahrungsaustausch mit anderen auf diversen Plattformen und in unterschiedlichen Kontexten. Mithilfe von autobiographischen und bereits bestehenden wissenschaftlichen Informationsquellen soll dazu ermutigt werden, sich dem Diskurs zu öffnen und zu betrachten, wie die Situation autistischer Studierender an deutschen Hochschulen durch den Mut zur Sichtbarkeit in einem entsprechenden Umfeld verbessert werden kann. Hierbei wird der Fokus auf Aspekte des Maskings sowie der Kommunikation und Interaktion gelegt.

7.1 Strukturelle Rahmenbedingungen und (meine) Probleme damit

Universitäten sind sehr spezifische Räume (Kappeller & Lindmeier 2019). Mögliche Barrieren beginnen bereits weit vor dem Studium und dem Erwerb der nötigen Hochschulzugangsberechtigung (▶ Kap. 6 in diesem Band). Rudy Simone schreibt dazu: »Hochschulen oder Universitäten gehören einer anderen Liga an als Grund- oder weiterführende Schulen« (2018, 131).

---

17 Als allistisch werden nicht autistische Menschen bezeichnet, die dennoch auch neurodivergent sein können, z.B. Menschen mit ADHS. *Allistisch* ist dabei ein Begriff, der von vielen Selbstvertreter*innen im deutsch- sowie englischsprachigen Diskurs verwendet wird.

Der Erfahrung vieler autistischer Studierender zufolge bleibt das universitäre Leben und Sein abstrakt, nicht greifbar – und somit nicht oder nur sehr eingeschränkt vorstellbar. An Gymnasien wird ihnen gegenüber das Studium als anzustrebender höherer Bildungsweg betont, Ausbildungen werden als weniger wertvoll betrachtet und kommuniziert. Im Austausch wurde deutlich, dass vielen Autist*innen von Eltern und anderen Bezugspersonen intellektuell ein Studium durchaus zugetraut wurde, sie aufgrund der Rahmenbedingungen jedoch zu deutlicher von außen gerahmten Bildungswegen wie schulischen und dualen Ausbildungen gedrängt wurden (ebd.).

7.1.1 Autistische Studierende sind (gar nicht so) selten

Im Hochschulkontext besteht für Studierende deutlich mehr Freiheit als in Schule oder Ausbildung, wie in der Fächerwahl und der Gestaltung des Stundenplans, damit einher geht aber auch ein größeres Potenzial für Unsicherheiten: »Was qualifiziert (mich) für ein Studium?«, ist eine Frage, die meist nicht zufriedenstellend beantwortet werden kann. Somit fehlt es an Sicherheit, diesbezüglich eine Entscheidung zu treffen (Simone 2018). Der Umstand kann mitunter dazu führen, kein Studium zu beginnen und sich für einen alternativen Bildungsweg zu entscheiden. So habe auch ich zunächst einen Bundesfreiwilligendienst in der Naturwissenschaft und eine kaufmännische Ausbildung absolviert, sogar ein paar Jahre in dem Beruf gearbeitet. Auch wenn retrospektiv klar ist, dass ich diese Zeit gebraucht habe, um in vielen Bereichen zu wachsen, war es doch nicht das, was ich eigentlich machen wollte: Studieren.

Neben den gefühlten und tatsächlichen persönlichen Voraussetzungen, um ein Studium zu absolvieren, fehlt es entscheidend an Repräsentation und Sichtbarkeit autistischer Menschen an Universitäten. Doch je mehr ich in den Austausch gehe, Kontakt suche und mich selbst *sichtbar* mache, desto öfter treffe ich Menschen, denen es ähnlich geht wie mir (Price 2022).

Bei der Organisation ihres Alltags sind Autist*innen oft auf Unterstützung angewiesen, der komplexe Aufbau und die häufig unübersichtliche, freie Struktur eines Studiums können zusätzlichen Stress verursachen. Hierzu gehören auch unsichtbare Barrieren wie global und damit unklar formulierte Aufgabenstellungen oder herausfordernde, unvorhersehbare Gruppenarbeiten (Sagrauske & Schipp 2023). Dabei geht es nicht um die erforderliche Kompetenz der Teamarbeit und Kooperation, zu der Autist*innen meist sehr gut fähig sind. Eigentlich herausfordernd sind die ungleichen Machtstrukturen im Miteinander zwischen ihnen und den – meist neurotypischen oder zumindest allistischen – Teammitgliedern.

7.1.2 Und wo ist das Problem?

Eine im Kontext von Autismus und Bildungsteilhabe recht bekannte Barriere ist die Formulierung und Transparenz von Leistungsanforderungen (Sagrauske & Schipp 2023). Eigene Erfahrungen legen nahe, dass Anforderungen im schulischen Kontext deutlich expliziter kommuniziert werden als an Universitäten und Hochschulen. Dort wird erwartet, dass Studierende in der Lage sind, sich schnell an die Umgangsformen und inhaltlichen Anforderungen des neuen Kontextes zu gewöhnen, und intuitiv wissen, was zu tun ist (Kappeller & Lindmeier 2019). Meinen Beobachtungen zufolge macht das bereits meinen nicht-autistischen Kommiliton*innen mitunter starke Probleme. Für mich sind jedoch die fehlenden expliziten Parameter für die Einschätzung von Leistung und Kompetenz, wodurch die Leistungsanforderungen kein erkennbares, übergeordnetes Muster ergeben, verwirrend und stark dysregulierend (Lipinski 2020). Die Bewältigung dieser Verwirrung kostet Kraft, die an anderen Stellen fehlt.

Universitäten funktionieren fundamental anders als die Institution Schule, und gleichzeitig genauso. Ein Beispiel ist die Notengebung: In der Schule erfolgt diese durch kontinuierliche Beurteilung mit multiplen zusätzlichen Testzeitpunkten, an der Uni ist es meist ein einziger Prüfungszeitpunkt.

Dabei ist wichtig zu erwähnen, dass es mir und auch anderen, mit denen ich mich ausgetauscht habe, nicht am Intellekt mangelt (Simone 2018), sondern dass andere Rahmenbedingungen mit mehr Vorhersehbarkeit und Sicherheit als die im Hochschulkontext aktuell vorhandenen benötigt werden.

An dieser Stelle ist es eine für viele Autist*innen typische Herausforderung, erlangte Erkenntnisse auf andere, ähnliche Situationen zu übertragen. Für ein besseres Verständnis der komplexen Gesamtthematik scheinen einige Beispiele angebracht: Aufgrund der bereits erwähnten universitären Rahmenbedingungen und hauptsächlich impliziten Anforderungen, deren Erfüllung rein auf der Intuition zu beruhen scheint, sind diese für viele Autist*innen zu unkonkret, um sich daran zu orientieren (ebd.). Wenn ich mich nun zum Semesterende mit meinem Stundenplan ausreichend vertraut fühle, um genug Sicherheit bezüglich der Leistungserwartungen und der Erwartungen auf kommunikativ-interaktioneller Ebene zu empfinden, ist das Semester bereits vorbei. Dann kommt die vorlesungsfreie Zeit, in der ganz andere Dinge gefordert werden. Vorhersehbar und dennoch plötzlich und abrupt startet das nächste Semester.

Die Seminare und Vorlesungen sind immer unterschiedlich zusammengesetzt, Räume wechseln und meine Kommiliton*innen sind meist nicht im gleichen Maße auf immer gleiche Sitzordnungen, Räume und Abläufe angewiesen. Woher kann ich also wissen, dass ich den immer wechselnden und wenig vorhersehbaren interpersonellen Anforderungen erneut gerecht werden kann? Hierfür fehlen in den meisten Veranstaltungen explizite Parameter. Wir autistischen Menschen werden also immer wieder sowohl implizit als auch explizit als *anders* betitelt (Lindmeier 2019).

Dabei bilden vereinzelte Veranstaltungen willkommene Ausnahmen, in denen Dozierende spätestens zum Semesterbeginn klar und transparent den Veranstaltungsablauf und ihre jeweiligen Anforderungen schriftlich festgehalten zur Verfügung stellen. Diese Dozierenden scheinen entsprechend bisheriger Erfahrungen auch diejenigen zu sein, bei denen Nachfragen und andere Anliegen ganz selbstverständlich bearbeitet werden.

Auch der Nachteilsausgleich ist zwar ein Rechtsanspruch, in der Praxis bleibt er für viele von uns nicht mehr als eine schöne Idee. Bedarfe und Verwaltungsabläufe sind so unterschiedlich wie komplex, dass eine entsprechende Umsetzung innerhalb der starren universitären Bedingungen und Prozesse wenig Platz hat – völlig verständlich, jedoch hart und exkludierend für Autist*innen sowie andere behinderte und chronisch kranke Studierende.

Häufig wird die Erfahrung gemacht, dass vermeintliche oder tatsächliche Andersartigkeit in der Kommunikation und Interaktion das Gegenüber »quasi automatisch« dazu verleiten, über erbrachte oder geforderte intellektuelle Leistungen hinwegzusehen (Seng 2023). Nicht selten wird auch direkt die Studierfähigkeit geouteter autistischer Menschen infrage gestellt, sobald Barrieren durch diese angesprochen werden.

Der Workload an sich ist für autistische Menschen Erfahrungen zufolge häufig eher unterfordernd, im Gegensatz zu der hierarchischen Organisation und Priorisierung von anfallenden Aufgaben. Diese können gemeinsam mit der Menge an Büchern, Texten und vielen gleichzeitig zu bedienenden Lernplattformen schnell zu heftigen Overloads und Zusammenbrüchen führen (Simone 2018).

7.2 Masking und das Ding mit der Kommunikation

Zudem herrscht eine gewisse Erwartungshaltung an die Adaptionsfähigkeit von Studierenden, die für Autist*innen eine zusätzliche Barriere darstellen kann. Im Studium sind viele Menschen phasenweise überfordert durch Anforderungen wie Hausarbeiten schreiben, Texte lesen und den Workload bewältigen. Natürlich müssen sich alle Studierenden an die Rahmenbedingungen, die ihnen im Hochschulkontext gegeben sind, anpassen und gewöhnen (Kappeller & Lindmeier 2019).

Im Austausch mit anderen Autist*innen und auch bei mir selbst wurden diese Anforderungen als Belastungsfaktoren wahrgenommen. Für die erlebte Überlastung scheinen sie jedoch eine eher untergeordnete Rolle zu spielen. Die impliziten (Verhaltens-)Regeln und andere Anforderungen der Interaktion und Kommunikation (▶ Kap. 7.1.2 in diesem Beitrag) tragen im Erleben dagegen zum überwiegenden Anteil der Teilhabebarrieren bei (Lipinski 2020).

Im Zusammenhang mit Autismus und Verhaltenserwartungen steht *Masking* für das Verstecken von autistischen Verhaltensweisen und das Aneignen oder Kopieren von allistischen Mustern. Masking variiert individuell je nach Person und geschieht meist automatisiert und damit unbewusst (Price 2022).

Masking kann beinhalten, dass die autistische Person Stimming[18] unterdrückt, auf subtile oder gesellschaftlich akzeptierte Weise »stimmt«, Blickkontakt erzwingt oder Berührungen zulässt (ebd.). Auch allistische Kommunikationsweisen wie Prosodie, Mimik und Körpersprache werden analysiert und mitunter übernommen (Eberhardt-Juchem 2023). Dies wiederum sind wichtige Handlungsgrundlagen für

---

18 *Stimming* bezeichnet selbst-stimulierende Handlungen. Im Kontext Autismus geht es dabei um Selbstregulation, sowohl bei Über- als auch bei Unterreizung.

Autist*innen als eine Art Social Script in Situationen der sozialen Interaktion. Eigene Interessen werden möglicherweise zurückgestellt. Mitunter besonders schädlich für Autist*innen ist es jedoch, ihre Überforderungsreaktionen und Meltdowns zu internalisieren und, soweit möglich, zu maskieren (Busch 2022). Neben der hohen Komorbiditätsrate an psychischen und inflammatorischen Erkrankungen, die Autismus verschleiern können, leiden maskierende Autist*innen oft unter Identitätsverlust (Price 2022).

Kommunikationsbarrieren verursachen Stress, unabhängig vom Neurotyp. Dabei kann besonders herausfordernd sein, wenn das Ausmaß erst erkannt wird, wenn sich die Anspannung bis zum Maximum aufgestaut hat und Regulation dysfunktional und unkontrolliert erfolgt (ebd.). Auch für mein Stresserleben ist unerheblich, ob die Kommunikation an der störanfälligen Übersetzung meiner Gedanken in Verbalsprache scheitert oder an Kommunikationsbarrieren im sozialen und interaktionellen Miteinander (Lipinski 2020). Für die Folgen ist es zunächst irrelevant; sie umfassen eingeschränkte Teilhabe, Stigmatisierung bis hin zu Diskriminierung, negative Erfahrungen in Bezug auf Selbstwert, Selbstwirksamkeit und Zugehörigkeitsempfinden (Lindmeier et al. 2023; Simone 2018).

7.2.1 »Lost in Translation«

Als Autistin versuche ich die ganze Zeit herauszufinden, welches System den Dingen zugrunde liegt, bspw. bei komplexen neurologischen Prozessen in Körper und Gehirn oder auch der genauen Funktionsweise einer Autohupe. Schon früh ist mir aufgefallen, dass andere Menschen nicht über diese Dinge nachdenken oder zumindest nicht in der fachlichen Tiefe, wie ich es fast durchgängig jeden Tag tue.

In der Zeit nach meiner Diagnose habe ich verstanden, dass meine Wahrnehmung und die Art, wie ich mir die Welt versuche zu erschließen, auch Vorteile haben und wie ich diese Eigenschaft als Stärke für mich nutzen kann. Ich liebe es, Menschen und ihr Verhalten zu beobachten und Muster herauszufinden.

Das kann als Teil des Maskings verwendet werden, um möglichst unauffällig durch die Welt der Neurotypischen zu navigieren. »Möglichst unauffällig« deshalb, da an meiner Art zu interagieren und zu kommunizieren immer etwas *anders* ist, nicht ganz passend scheint (Seng 2023). Eine logische Konsequenz, da ich erkannte Muster ohne Anpassung an den jeweiligen Kontext anwende. Das ist eine Erfahrung, die auch Devon Price (2022) umfassend beschreibt.

Als Autistin in dieser Gesellschaft gehören Einschränkungen und Barrieren in der Interaktion zu meinem Alltag (Lipinski 2020). Es scheint auch für andere autistische Menschen eine Art *Übersetzungsfehler* der inneren in die im Außen wahrnehmbare Sprache zu geben, verstärkt durch Barrieren in unserem Umfeld. Je größer jedoch die Diskrepanz, desto belastender ist es für die Interaktionsparteien (Busch 2022). Dies führt zu möglichen kurzfristigen bis langfristigen Folgen für autistische Menschen. Wir leiden meist unter extremer Erschöpfung bis hin zum autistischen Burnout mit einhergehenden Regressionen, die nicht selten einen dauerhaften Verlust hart antrainierter Fähigkeiten bedeuten. Dies ist noch nicht hinreichend erforscht, die Thematik hat im Diskurs der Selbstverteter*innen und auf Plattformen der Sozialen Medien jedoch mittlerweile einen etablierten Status erreicht.

Autistische Studierende sind sich, ob offiziell oder selbstdiagnostiziert, oft nicht bewusst, dass sie maskieren. Das Ausmaß des Maskierens zu erkennen, erfordert viel Energie, Zeit und Unterstützung von außen. Masking bedeutet Sicherheit vor Stigmatisierung und Diskriminierung, die im privaten und institutionellen Kontext Realität autistischer Menschen ist (Lipinski 2020). Sie können, sofern gewollt, durch Anwendung der beobachteten und erlernten Muster Anschluss zu ihren Peers finden und so zumindest die Illusion von Teilhabe bekommen. Denn wie »echt« ist die Teilhabe, wenn sie auf vorgespielten und wenig authentischen Kontakten und Verhaltensweisen beruht? Vor allem bedeutet allistisch gelesen zu werden für sie, sich nicht konstant rechtfertigen zu müssen – vor Peers und Dozierenden, Prüfungsämtern und -ausschüssen (Busch 2022).

Jedoch herrschen diesbezüglich Dynamiken, welche sowohl die für uns Autist*innen schädlichen Auswirkungen des Maskings als auch dessen erlebte Notwendigkeit massiv verstärken: das *Tauschgeschäft* von Leistung und Teilhabe in Form von vielleicht etwas mehr Toleranz gegenüber unserem *Anderssein* (Price 2022.).

7.2.2 Und warum überhaupt maskieren?

Paradox ist, dass nicht nur das Masking, sondern auch das Outing als Autist*in und Unmasking negative Konsequenzen für autistische Personen und deren physische und psychische Gesundheit haben – und für ihre berufliche Zukunft. Masking wird oft als Hauptvoraussetzung genannt, um als vollwertiger Mensch mit Fähigkeiten und Stärken angesehen zu werden. Unmasking gilt als bewusster Prozess und muss von Autist*innen aktiv erlernt werden. Dieser Prozess ist ähnlich zeit- und kraftintensiv wie das Masking selbst; wichtige Voraussetzungen sind Sicherheit und eine akzeptierende, unterstützende Umgebung (Busch 2022).

Wichtig ist anzumerken, dass nicht zu maskieren ebenso ein Privileg ist wie maskieren zu können. Nicht alle Autist*innen sind dazu in der Lage, was auch für sie mit weitreichenden Auswirkungen auf persönliche und berufliche Entwicklungsmöglichkeiten einhergeht (Price 2022,).

Ein Teil des Maskings bei vielen von uns besteht darin, auf eigentlich benötigte Hilfsmittel im universitären Alltag zu verzichten. Kommunikationsbedürfnisse autistischer Menschen mit einhergehenden Herausforderungen ließen sich im Hochschulkontext oft leicht durch Möglichkeiten wie schriftliche Einreichung von Beiträgen in Seminaren und klar formulierten Aufgabenstellungen mit transparenten Anforderungen grundlegend berücksichtigen. Auch Unterstützte Kommunikation benötigt einen Platz in für Autist*innen inklusiver Lehre, da für viele von uns Verbalsprache übermäßig Kraft kostet (Busch 2022).

7.3 Wie lassen sich die Gegensätze auflösen – oder auch nicht?

Autistische Menschen benötigen Verständnis. Ihr Leben ist geprägt von viel Abhängigkeit und ihre Teilhabe hat einen hohen Preis. Ein erster Schritt in Richtung Inklusion an der Universität kann daher sein, systemkritisch anzusetzen und das Wissen über Autismus und die Individualität auszuweiten. Dabei ist dringend darauf zu achten, schädliche Fehlinformationen und Vorurteile abzubauen und durch zeitgemäßes Wissen zu ersetzen (Lipinski 2020). Dafür benötigt es die Konsultation autistischer Studierender. Es ist notwendig, sichtbare und unsichtbare Barrieren ernstzunehmen, sie Stück für Stück abzubauen und dabei weder Herausforderungen zu leugnen noch Kompetenzen abzusprechen.

Viele autistische Menschen sind im Studium auf Nachteilsausgleiche angewiesen, deren Inhalt mit Aspekten wie Gehörschutz und Visualisierungen ungewöhnlich erscheinen mag, aber die für die jeweilige autistische Person von zentraler Relevanz für eine Chance auf gleichwertige Bildungsteilhabe sind. Auch Unterstützungsmaßnahmen wie personelle Begleitung in Form einer Studienbegleitung, Ersatzleistungen und alternative Formen der Leistungserbringung sind weder bekannt, noch sind sie für Autist*innen verfügbar – aufgrund mangelnder Transparenz und Aufklärung, mangelnder Kompetenz von explizit ausgewiesenen Beratungsinstanzen sowie fehlender Ressourcen in der Bereitstellung solcher Unterstützungssysteme. Auch finanzielle Unterstützung unter Berücksichtigung des behinderungsbedingten Mehrbedarfs, der mitunter vom gesellschaftlich vorhandenen Bild abweicht, fehlt. Mehrbedarfe werden in Antragsformularen und Hilfestellungen häufig am Beispiel der Bedarfe von Menschen mit körperlichen und Sinnesbeeinträchtigungen konkretisiert, indem Lesehilfen o. ä. benannt werden. Diese Hilfsmittel sind für eine entsprechende Teilhabe mancher Studierender unerlässlich, jedoch für viele Autist*innen irrelevant. Ich brauche bspw. Unterstützung bei der Finanzierung meines Autos (das mir den Stress öffentlicher Verkehrsmittel erspart) und von Kommunikationshilfen, die nicht der klassischen Vorstellung von *Mehrbedarfen* entsprechen – und somit nicht abgedeckt werden können.

Als autistische*r Student*in findet man sich ständig in einer Position, sich und seine Barrieren zu rechtfertigen. Man ist konfrontiert mit Aussagen und Fragen wie »Sie müssen sich schon mal anstrengen«, »Warum probieren Sie es nicht erstmal?« und »Das wäre aber unfair den anderen gegenüber« (Kappeller & Lindmeier 2019, 230). Der Erfahrung nach sind diese und weitere Dinge vielmehr ein Ausdruck der Unsicherheit und Unwissenheit des Gegenübers (Lipinski 2020). Aufgrund der in diesem Beitrag bereits beschriebenen Kommunikationsbarrieren und der Veranlagung von Autist*innen, Sprache wörtlich zu verstehen, sind solche Unterstellungen jedoch als höchst problematisch zu betrachten. Nonverbale und schriftliche Formen der Kommunikation sind meist deutlich ressourcenschonender für Autist*innen als spontane Verbalsprache (Simone 2018).

Vor allem unter Berücksichtigung des Maskings kommt es meiner Erfahrung nach in diesen Kontexten nicht selten zur übermäßigen Kraftanstrengung durch noch weiter erhöhte Anpassung und als Folge davon zu verschärften Angst- und Erschöpfungszuständen (Price 2022). So wird berichtet, nicht auf Hilfsmittel wie Gehörschutz, alternative oder unterstützende Kommunikationsmöglichkeiten oder Stimming zurückzugreifen, aus Angst, aufzufallen und mehr Diskriminierung zu erfahren. Dabei sind solche und andere Hilfsmittel essenziell für Autist*innen, um Stress, Anspannung, Angst und Überforderung im Studienalltag besser regulieren zu können und ihre Leistungsfähigkeit sogar zu erhöhen. Denn wenn man immer mit der Regulation unpassender Rahmenbedingungen beschäftigt ist, hat man keine Kapazitäten mehr für die Inhalte. Wer um das Überleben kämpft, kann nicht lernen.

Dem zugrunde scheint der gesellschaftliche Irrglaube zu liegen, die Intelligenz eines Menschen mit dessen Fähigkeiten gleichzusetzen, das Leben zu bewältigen. Dabei ist Intelligenz eine hilfreiche Eigenschaft, über die viele Autist*innen verfügen. Jedoch ist es bloß *eine* Eigenschaft, und um den Alltag mit allen Anforderungen zu bewältigen, bedarf es noch deutlich mehr.

Wir intelligenten, neurodivergenten Menschen können unglaubliche akademische Leistungen erbringen und gleichzeitig auf dauerhafte Unterstützung bei der Befriedigung der Grundbedürfnisse angewiesen sein. Dies zieht sich konstant durch die im Vorfeld zu diesem Beitrag gemachten Erfahrungen.

Autismus ist oft nicht offensichtlich, das Verhalten jedoch immer insofern auffällig, dass Menschen uns *seltsam* oder *komisch* finden (Eberhardt-Juchem 2023). Also ist Autismus durchaus sichtbar; er wird jedoch – anstatt ihn als das, was er ist, zu betiteln – als fremdartig oder merkwürdig, störend oder sogar beängstigend bewertet. Dabei ist Autismus, mein Autismus, unverstanden. Nicht unsichtbar. Und deshalb werden Kommunikation und Verhalten als anstrengend, unangenehm und übertrieben wahrgenommen, anstatt zu verstehen, zu wissen.

An dieser Stelle möchte ich zu einem Gedankenexperiment einladen: Wenn Sie als lesende Person an Autismus denken, was fällt Ihnen als Erstes ein? In den meisten Fällen wahrscheinlich bekannte und eher oberflächliche, meist stereotype Dinge wie *Stimming, Auffälligkeiten in der Interaktion und Kommunikation* und *Verhaltensauffälligkeiten* (ebd.).

Durch diese einseitige Fokussierung können die großen Anstrengungen maskierender autistischer Menschen nicht wahrgenommen werden. Ihr Autismus wird daher unzutreffenderweise häufig als »leicht« oder unauffällig eingeschätzt. Vor allem maskierende Autist*innen stimmen so subtil und unterdrücken Melt- und Shutdowns in sozialen Situationen (*Delayed After Effect*), sodass ihr Autismus und ihre großen Anstrengungen bei der Bewältigung sozialer Situationen zunächst unsichtbar scheinen. Auch *Overloads* können oft von außen nicht erkennbar sein. Dies ist eine weitere mögliche Form und Folge des Maskings, schon fast automatisch Überforderungssignale zu unterdrücken, sodass sie für die autistischen Menschen selbst nicht mehr wahrnehmbar werden.

So scheitert eine angemessene Unterstützung an einem teilweise veralteten Verständnis von Autismus, mit dem wir täglich konfrontiert werden. Das bedeutet nicht, dass die o. g. Kriterien falsch sind, aber Autismus geht so viel tiefer und ist so viel mehr. Es braucht die Verlagerung des Diskurses von der engen Sichtweise auf Autismus hin zu weniger bekannten Merkmalen, zu Individualität und zum Ernstnehmen der Erfahrungen autistischer Studierender selbst.

Autistische Menschen haben mitunter den Eindruck und Erfahrungen gemacht, dass ihnen wesentliche Qualitäten des Menschseins nur eingeschränkt zugesprochen werden, bspw. indem angezweifelt wird, dass sie Interesse an zwischenmenschlichen Kontakten hätten. Autistisches Verhalten ist Folge der Wahrnehmung und damit einhergehenden Reaktion auf die konstant empfundene hohe Intensität von Reizen und Empfindungen des Lebens. Was wäre also, wenn das so oft pathologisierte und mühsam abzutrainieren versuchte Verhalten als Bewältigungsstrategie gesehen wird, die benötigt wird, um in dieser Welt besser klarzukommen? Viele Menschen, unabhängig vom Neurotyp, haben und brauchen Dinge, um mal der Realität zu entfliehen. Für manche ist es Sport, sich mit Freund*innen zu treffen oder ein Buch zu lesen. Für Autist*innen, die mit einer massiv gesteigerten Wahrnehmung der Reizintensität konfrontiert sind, sind dann mitunter statt einem Kapitel drei Bücher am Stück nötig, um sich ähnlich stark zu regulieren. Hier, wie auch an vielen anderen Stellen, ist der Zeitfaktor entscheidend.

Autismus ist wie ein Vollzeitjob ohne Pause, einige Tage werden angenehmer sein als andere, was aber nicht bedeutet, dass sie ohne Herausforderungen ablaufen. Auch sieht Autismus individuell unterschiedlich aus, wir haben variierende Möglichkeiten. Und nur weil einige Behinderungen nicht oder nicht immer auf den ersten Blick von außen ersichtlich werden, bedeutetet es nicht, dass sie weniger einschränkend sind als sichtbare Behinderungen. Daraus resultierend bleiben Barrieren im Studium bestehen, die meisten davon scheinbar unsichtbar. Denn sobald man beginnt, sich mit der Thematik auseinanderzusetzen, wird klar, wie sichtbar Autismus im Kontext Studium wirklich ist. Wie sichtbar wir sind.

Wie von Lindmeier et al. (▶ Kap. 6 in diesem Band) bereits herausgestellt, können Beratungen und Angebote in Peer-Kontexten niedrigschwellige Möglichkeiten des Austauschs und der Vernetzung schaffen. So besteht an der Leibniz Universität Hannover seit Ende 2023 ein Stammtisch behinderter und chronisch kranker Studierender, der eigeninitiativ von einer Studierendengruppe organisiert wird – an vielen Universitäten gibt es ähnliche Projekte (▶ Kap. 2 in diesem Band). Ein wichtiger Aspekt solcher Zusammenschlüsse ist das Empowerment, dass eigene Bedarfe Sichtbarkeit und Gehör verdienen und es sich lohnt, sich für deren Berücksichtigung auch mit der Unterstützung anderer einzusetzen. Dabei ist es nach den bis zu diesem Zeitpunkt geteilten Erfahrungen besonders wichtig, Beratungs- und Vernetzungsangebote direkt an der entsprechenden Hochschule oder Universität zu haben und diese nicht erst übergeordnet und mit finanziellem Aufwand buchen zu müssen. Dies kann darin begründet sein, dass es Unterschiede in den Rahmenbedingungen und dem Umgang mit dem Thema Behinderung und unterschiedlichen Bedarfen gibt.

»Erst im Austausch mit anderen behinderten und chronisch kranken Studierenden habe ich realisiert, dass ich nicht die Einzige bin, die auf Anpassungen der Lehre angewiesen ist, um teilhaben zu können« (Erfahrungsbericht einer teilnehmenden Person des Stammtisches).

Zudem bestehen an einigen Hochschulen im deutschsprachigen Raum konkrete Ansprechpersonen für Studierende mit Behinderung und chronischen Erkrankungen. Ob der Kontakt und folglich Unterstützungsmöglichkeiten in Art und Ausmaß für Autist*innen passend sind, hängt dabei entscheidend vom Fachwissen und der persönlichen Haltung der Ansprechperson ab. So ist es für autistische Menschen meist eine eher frustrierende und nur bedingt hilfreiche Erfahrung (Simone 2018).

Aus Erfahrungen autistischer Studierender wird jedoch deutlich, dass konstante Ansprechpersonen benötigt werden. Viele berichten davon, dass ein*e oder wenige Mitstudierende*r als eine Art »Anker« im Alltag und in Überforderungssituationen oft die nötige Sicherheit bieten können. Dabei scheint besonders wichtig, sich nur selten erklären zu müssen und ein gutes, verständnisvolles Miteinander etablieren zu können. Kommiliton*innen sind dabei deutlich unauffälliger als Studienassistenzen.

Aus der persönlichen Erfahrung ist wichtig zu betonen, dass Dozent*innen noch höhere Relevanz für die Bewältigung des Studiums mit seinen gesamten Anforderungen haben; Menschen, die sowohl die individuellen Stärken und Ressourcen sehen und gleichzeitig die Notwendigkeit für Anpassungen bei der Leistungserbringung und Kommunikation sowie Interaktion berücksichtigen. Dabei handelt es sich um ein massives Machtgefälle, in dem Autist*innen von dem Verständnis und dem »Wollen« anderer abhängig sind. In Zukunft sollte darauf hingearbeitet werden, dieses abzubauen, um Eigenständigkeit und Selbstverantwortlichkeit zu ermöglichen.

Ein gutes professionelles Verhältnis mit niedrigschwelligem Kontakt zum Lehrkörper und anderen Verantwortlichen kann jedoch entscheidend zum Studienerfolg von Autist*innen beitragen, so die gemachten Erfahrungen. Daher ist es essenziell, für Möglichkeiten der Entlastung und Entschleunigung an den individuell nötigen Stellen zu sorgen, um den Zugang zu Hochschulbildung und auch Abschlüsse zu ermöglichen.

7.4 Zusammenfassung

Zusammenfassend ist festzuhalten, dass die Hochschule ein Raum des elitären und impliziten Lehrens und Lernens ist. Autist*innen, die aufgrund der geringen Transparenz und Metakommunikation an ihre Grenzen und darüber hinaus kommen, sind mit vielen Barrieren im universitären Alltag konfrontiert. Es ist offensichtlich, dass der institutionelle Rahmen der Hochschulbildung, ähnlich wie die restliche Welt, an die Bedürfnisse allistischer Personen angepasst wurde und Autist*innen oft nicht mitgedacht wurden und werden.

Deutlich wird aber auch, dass sich der Diskurs langsam, aber stetig den Bedarfen autistischer Studierender öffnet. Auch hier ist wichtig zu betonen, dass es sich dabei um Bedarfe und keinesfalls um Wünsche handelt. Natürlich haben Autist*innen

Wünsche, wie andere Menschen auch, und sie haben gute und schlechte Tage. Aber es gibt Bedingungen, die als Grundlage für ein erfolgreiches Studium unabdingbar sind. Leider fehlt es weiterhin an Repräsentation und damit Sichtbarkeit in der Diskussion für das Erleben autistischer Studierender und Studieninteressierter, welche als essenzielle Grundlage für das universitäre Vorhaben zu verstehen sind, sich stärker inklusiv aufzustellen.

Für weitergehende Überlegungen sollte auch berücksichtigt werden, dass nicht alle autistischen Menschen auch eine Diagnose haben. Die Wartezeiten für die Diagnostik Erwachsener sind teilweise extrem lang, und gerade an Universitäten finden sich überdurchschnittlich viele sehr gut maskierende Autist*innen. Manche von ihnen wissen nichts von ihrem eventuellen Autismus, würden aber von besser angepassten Studienbedingungen ebenfalls profitieren. Auch die Wahrscheinlichkeit der psychiatrischen Komorbiditäten ist mit, wie von Lindmeier, Lindmeier und Meyer (in diesem Band) herausgestellt, nicht ganz eindeutiger Prävalenz dringend näher im Diskurs zu beleuchten (auch Middleton 2023).

7.5 Ausblick – Wie kann es also gelingen?

Ich wünsche mir Rahmenbedingungen, in denen gefragt wird, unter welchen Bedingungen ich etwas kann und was es mich kostet, statt danach zu fragen, was ich nicht kann. Damit sich der Diskurs von Defiziten und punktueller Unterstützung, die vom Hinschauen und ehrlichen Interesse einzelner Personen in machtvollen Positionen abhängig ist, hin zu selbstbestimmter und umfassender Teilhabe am universitären Bildungsleben entwickeln kann.

Ich wünsche mir, als gesamter Mensch betrachtet zu werden, der so wie allistische Menschen auch individuelle Stärken und Herausforderungen hat.

Ich wünsche mir Akzeptanz für meine Teilhabebarrieren, und dass diese nicht automatisch bedeuten, dass das Gesamtkonstrukt »Studium« oder auch meine Studiengangswahl angezweifelt werden. Meist liegt es an den Rahmenbedingungen und noch öfter sind es die »kleinen« Dinge, die einen wirklichen Unterschied machen können.

Ich wünsche mir auch Aufklärung, damit wir nicht jedes Semester und bei jeder dozierenden Person sehr private Dinge preisgeben müssen, nur um auf Verständnis und die Umsetzung unseres Teilhaberechts zu hoffen.

Ich wünsche mir mehr Menschen wie die, die mich so wunderbar begleiten. Die ansprechbar sind bei Unsicherheiten und Problemen, die sich aber auch genauso über die kleinen und großen Erfolge freuen. Menschen an meiner Universität, die mich genau so sehen, wie ich bin: behindert, autistisch, und kompetent. Vor allem wünsche ich mir mehr dieser Menschen, damit auch andere Autist*innen verstehen, dass sie im akademischen Umfeld genau richtig sind.

Eigentlich sind das keine Wünsche, sondern dringende Bedarfe, um Teilhabe und Sichtbarkeit von Autist*innen in akademischen Kontexten zu erhöhen. Um damit für künftige Studieninteressent*innen die Möglichkeit eines erfolgreichen Studiums zu schaffen. Denn wir können studieren, und wir tun es. Es darf nicht mit Glück zu tun haben, ob dieses Vorhaben erfolgreich ist.

Autismus darf nicht gleichzeitig als Behinderung betrachtet und mit der Anforderung verbunden werden, dennoch genau dieselben Dinge zu leisten wie Nicht-Autist*innen. Dabei geht es nicht darum, »sich mal anzustrengen« oder »es doch mal zu probieren«. Wir sind meist zu behindert, um als *normal* akzeptiert zu werden, aber zu wenig behindert, um Barrierenabbau und wirklich hilfreiche Nachteilsausgleiche erfahren zu können. Bei autistischen Personen, die maskieren können, wird der äußere Druck oft verinnerlicht und hat mitunter weitreichende gesundheitliche und gesellschaftliche Folgen (Price 2022).

Autismus ist hoch individuell, betroffene Bereiche variieren immer leicht. Die Gehirne von Autist*innen filtern Reize und Informationen anders, sodass häufige Symptomatiken wie Licht- und Lärmempfindlichkeit entstehen und der Hang zu selbstgewählten Routinen. Viele wollen, so wie allistische Menschen auch, in dieser Gesellschaft gesehen und akzeptiert werden. Wir brauchen, dass unsere Bedarfe wahrgenommen und wir als Menschen mitgedacht werden, ohne dass unsere Lebensrealität von außen bewertet wird. Hilfreich hierfür ist das angesprochene breite Bewusstsein in der Gesellschaft, wie es Artikel 8 der UN-Behindertenrechtskonvention fordert. (Mein) Autismus ist nicht unsichtbar, und mit den in diesem Beitrag beschriebenen Faktoren lässt sich durch Sichtbarkeit auch mehr Sicherheit erreichen. Ich glaube fest daran, dass wir es gemeinsam schaffen können.

7.6 Literatur

Busch, S. (2022). *Weltbilder. Wie Normen und Stereotype Gleichberechtigung verhindern.* Paderborn: Lektora.
Eberhardt-Juchem, M. (2023). Erfassung pragmatisch-kommunikativer Fähigkeiten und des Sprachverstehens bei verbal kommunizierenden Kindern und Jugendlichen im Autismus-Spektrum. In C. Lindmeier, S. Sallat & K. Ehrenberg (Hrsg), *Sprache und Kommunikation bei Autismus* (S. 161–176). Stuttgart: Kohlhammer.
Kappeller, F. & Lindmeier, B. (2019). Studium im Kontext von Behinderung und Beeinträchtigung: Fallstricke und Ambivalenzen studentischer Praktiken. *Gemeinsam leben, 27*(4), 221–236.
Lindmeier, C. (2019). *Differenz, Inklusion, Nicht/Behinderung. Grundlagen einer diversitätsbewussten Pädagogik.* Stuttgart: Kohlhammer.
Lipinski, S. (2022). *Autismus. Das Selbsthilfebuch*, 2. Auflage. Köln: BALANCE buch & medien verlag.
Middleton, E. (2023). *Unmasked. The ultimate guide to ADHD, autism and neurodivergence.* Dublin u. a.: Penguin Life.
Price, D. (2022). *Unmasking Autism. The Power of Embracing our Hidden Neurodiversity.* New York: Harmony Books.
Richter, M. (2023). Neurodiversität als pädagogische Grundhaltung. In C. Lindmeier, M. Grummt & M. Richter (Hrsg.), *Neurodiversität und Autismus* (S. 102–112). Stuttgart: Kohlhammer.

Sagrauske, M. & Schipp, C. (2023). »Wenn man etwas von mir will, muss man das konkret sagen und ansonsten empfange ich nichts« – Sprach- und Kommunikationssituationen aus der Sicht von Erwachsenen im Autismus-Spektrum. In C. Lindmeier, S. Sallat & K. Ehrenberg (Hrsg), *Sprache und Kommunikation bei Autismus* (S. 45–60). Stuttgart: Kohlhammer.

Seng, H. (2023). Neurodiverses In-der-Welt-Sein. In. C. Lindmeier, M. Grummt & M. Richter (Hrsg.), *Neurodiversität und Autismus* (S. 75–87). Stuttgart: Kohlhammer.

Simone, R. (2018). *Aspergirls. Die Welt der Frauen und Mädchen mit Asperger*, 5. Auflage. Weinheim: Beltz.

8 Angemessene Vorkehrungen und Nachteilsausgleiche als Voraussetzungen für eine gelingende Teilhabe von Studierenden im Autismus-Spektrum an Hochschulen

Christfried Rausch

8.1 Einleitung

Für das Thema der Inklusion von Menschen mit Behinderung an Hochschulen ist das *Übereinkommen über die Rechte von Menschen mit Behinderung*, kurz UN-Behindertenrechtskonvention (UN-BRK), von zentraler Bedeutung. Die UN-BRK ist am 3. Mai 2008 in Kraft getreten. Deutschland hat die UN-BRK als einer der ersten Staaten am 30. März 2007 unterschrieben und am 24. Februar 2009 ratifiziert. Damit wurde sie in Deutschland als Bundesgesetz am 26. März 2009 in Kraft gesetzt (Beauftragter der Bundesregierung für die Belange von Menschen mit Behinderungen 2022, 4).

»Seitdem ist mit Artikel 24 Absatz 5 die Inklusion als Paradigma explizit für den Bildungsraum Hochschule verstärkt wirksam: Die Vertragsstaaten stellen sicher, dass Menschen mit Behinderungen ohne Diskriminierung und gleichberechtigt mit anderen Zugang zu allgemeiner Hochschulbildung, Berufsausbildung, Erwachsenenbildung und lebenslangem Lernen haben« (ebd., 22).

Gerade auch für Menschen im Autismus-Spektrum bewirkt die UN-BRK die Öffnung der Hochschulen. In meiner 12-jährigen Tätigkeit als Ansprechpartner für die Studierenden mit Behinderung/chronischer Erkrankung an der größten Hochschule im Land Sachsen-Anhalt habe ich Studierende aus einem breiten Spektrum an wissenschaftlichen Disziplinen beraten: von geisteswissenschaftlichen Disziplinen (Geschichte, Philosophie, Archäologie) auf der einen Seite über sozial- bzw. bildungswissenschaftliche Disziplinen (Lehramt an Förderschulen), die Rechtswissenschaft bis hin zu medizinischen Disziplinen (Zahnmedizin) und naturwissenschaftlichen Disziplinen (Bioinformatik, Informatik, Mathematik, Physik) auf der anderen Seite.

Im nachfolgenden Abschnitt werden wesentliche Faktoren dargestellt, die für eine gelingende Teilhabe von Studierenden im Autismus-Spektrum an Hochschulen notwendig sind, unabhängig von der wissenschaftlichen Disziplin. Dafür wird zunächst das Spannungsfeld skizziert, welches das Studium an einer Hochschule mit sich bringt. Hierfür werden die individuellen Auswirkungen des Autismus-Spektrums im Bereich der Kommunikation und sozialen Interaktion von Studierenden im Autismus-Spektrum aufgezeigt. Diesen werden die auf eine vermeintlich neurotypische Studierendenschaft ausgerichteten (geschriebenen und ungeschriebenen) Erwartungen und sich daran orientierenden Regeln und Ordnungen als situationsgenerierende Faktoren in ihrer Wirkung gegenübergestellt.

Daran anknüpfend werden im nächsten Abschnitt die Rechtsgrundlagen dargestellt, welche Hochschulen in Deutschland zur Barrierefreiheit verpflichten, insbesondere für den Kernbereich Studium. Mögliche, bewährte und notwendige Maßnahmen für eine gelingende Teilhabe von Studierenden im Autismus-Spektrum und damit Inklusion im Studium schließen den Abschnitt ab.

8.2 Individuelle Auswirkungen des Autismus-Spektrums gegenüber den von Hochschulen definierten Studienbedingungen: Skizze eines Spannungsfeldes

Am 09. November 2011 waren nicht-sichtbare Behinderungen Thema bei der jährlichen Fachtagung der Informations- und Beratungsstelle *Studium und Behinderung* des Deutschen Studierendenwerks (IBS[19]). Dort hat Matthias Huber[20] von der Kinder- und Jugendpsychiatrischen Poliklinik Bern (CH) Auswirkungen am Beispiel von Studierenden im Autismus-Spektrum vorgestellt. Diese sehr authentisch-anschaulichen Ausführungen sind im Internet veröffentlicht.[21] Sie sind hilfreich, um die Situation Studierender im Autismus-Spektrum im Bildungsraum Hochschule zu verstehen.

Eine sehr große Herausforderung besteht darin, dass es sich beim Autismus-Spektrum um ein nicht-sichtbares Phänomen handelt. Hinweise darauf, dass bei einem*einer Studierenden diese Form der Neurodivergenz besteht, ergeben sich zumeist durch auffällig divergentes Sprach- und Kommunikationsverhalten, was sich entsprechend auf die Interaktionen auswirkt (Huber 2011).

Studierende im Autismus-Spektrum bewegen sich im Bildungsraum Hochschule in einem grundsätzlichen Spannungsfeld, welches für alle Menschen mit Beeinträchtigungen[22] im Sinne des Behindertengleichstellungsgesetz an Hoch-

---

19 Informationen zu der für das Thema Studieren mit Behinderung/chronischer Erkrankung an Hochschulen und Universitäten in Deutschland zentralen Stelle sind auf der Internetseite der IBS bereitgestellt (https://www.studierendenwerke.de/themen/studieren-mit-behinderung/die-ibs, Zugriff am 08.12.2023).
20 Matthias Huber hat sich in seinem Vortrag sowohl als professioneller Fachmann als auch als Experte in eigener Sache vorgestellt.
21 Online verfügbar unter https://www.studierendenwerke.de/fileadmin/user_upload/files/ohne_verzeichnis/ibs_ft_nichtsichtbare_behinderungen_huber.pdf, Zugriff am 08.12.2023.
22 So definiert das Gesetz zur Gleichstellung von Menschen mit Behinderungen (Behindertengleichstellungsgesetz – BGG) in § 3: Menschen mit Behinderungen im Sinne dieses Gesetzes sind Menschen, die langfristige körperliche, seelische, geistige oder Sinnesbeeinträchtigungen haben, welche sie in Wechselwirkung mit einstellungs- und umwelt-

8.2.1 Die Säulen des Bildungs- und Lebensraums Hochschule: Wissenschaftsfreiheit, Berufsfreiheit und Gleichbehandlungsgrundsatz

Die Verfassung der Bundesrepublik Deutschland definiert seit dem Bestehen des Grundgesetzes (GG) in Artikel 5 Abs. 3 den besonderen Stellenwert der Wissenschaftsfreiheit: »Kunst und Wissenschaft, Forschung und Lehre sind frei. Die Freiheit der Lehre entbindet nicht von der Treue zur Verfassung.« Daraus folgt, dass Hochschullehrer*innen sowohl in methodischer als auch in didaktischer Perspektive und vor allem inhaltlich absolut frei darin sind, wie sie ihre Lehre gestalten. Es besteht lediglich die Einschränkung, dass die Lehre nicht verfassungsfeindlich sein darf.

Die Verfassung definiert außerdem im Grundgesetz (GG) Artikel 12 Abs. 1 Satz 1: »Alle Deutschen haben das Recht, Beruf, Arbeitsplatz und Ausbildungsstätte frei zu wählen.« Dieses Grundrecht auf Berufsfreiheit hat für Studierende selbst einen großen Einfluss im Studium. Der Freiheitsanspruch charakterisiert das Studium in allen Bereichen und wird im Hochschulrahmengesetz (HRG) § 4 Abs. 4 (sowie in den Hochschulgesetzen der Bundesländer oft wortgleich) als *Freiheit des Studiums* geregelt:

> »Die Freiheit des Studiums umfaßt, unbeschadet der Studien- und Prüfungsordnungen, insbesondere die freie Wahl von Lehrveranstaltungen, das Recht, innerhalb eines Studienganges Schwerpunkte nach eigener Wahl zu bestimmen, sowie die Erarbeitung und Äußerung wissenschaftlicher und künstlerischer Meinungen. Entscheidungen der zuständigen Hochschulorgane in Fragen des Studiums sind insoweit zulässig, als sie sich auf die Organisation und ordnungsgemäße Durchführung des Lehr- und Studienbetriebes und auf die Gewährleistung eines ordnungsgemäßen Studiums beziehen«.

Für Prüfungen ist zudem der in der Verfassung mit dem Grundgesetz Artikel 3 Abs. 1 geschützte Gleichbehandlungsgrundsatz eine tragende Säule: »Alle Menschen sind vor dem Gesetz gleich«.

Jörg Ennuschat kommt in dem von ihm 2019 im Auftrag der IBS veröffentlichten Rechtsgutachten zu Nachteilsausgleichen für Studierende mit Behinderungen mit Verweis auf einen Beschluss des Bundesverfassungsgerichts zum Artikel 3 Abs. 1 zu folgendem Schluss:

> »Der allgemeine Gleichheitssatz bildet die Grundlage für den allgemeinen prüfungsrechtlichen Grundsatz der Chancengleichheit: Das Prüfungsverfahren muss fair ausgestaltet sein und allen Kandidaten die gleiche Erfolgsmöglichkeit gewährleisten« (Ennuschat 2019, 47).

---

bedingten Barrieren an der gleichberechtigten Teilhabe an der Gesellschaft hindern können. Als langfristig gilt ein Zeitraum, der mit hoher Wahrscheinlichkeit länger als sechs Monate andauert.

Für Menschen mit Behinderung wird der allgemeine Gleichbehandlungsgrundsatz seit 1994 mit »Niemand darf wegen seiner Behinderung benachteiligt werden.« durch den speziellen Gleichheitsgrundsatz für Menschen mit Behinderungen in Form eines umfassenden Diskriminierungsverbotes spezifiziert und Artikel 3 Abs. 3 Satz 2

> »[…] verbürgt für Menschen mit Behinderungen einen besonderen Anspruch auf rechtliche und tatsächliche Gleichbehandlung. Behinderungsbezogene (mittelbare) Benachteiligungen begründen einen Anspruch auf hinlängliche Kompensation durch Maßnahmen des Nachteilsausgleichs. Für das Prüfungsrecht folgt daraus ein verfassungsunmittelbarer Anspruch auf Nachteilsausgleich« (Ennuschat 2019, 53).

Dabei wirkt GG Artikel 3 Abs. 3 Satz 2 als lex specialis zu Artikel 3 Abs. 1 und muss demnach vorrangig angewendet werden. Dieses Benachteiligungsverbot wird für Studien- und Prüfungsleistungen wirksam.

Zusammengefasst sind die drei tragenden Säulen des Bildungs- und Lebensraumes Hochschule:

- die weitreichenden Freiheiten der Lehrenden in der Gestaltung der Lehre,
- die weitreichenden Freiheiten der Studierenden bei der Durchführung ihres Studiums,
- sowie die Forderung der Gleichbehandlung bei den Bedingungen, in denen Studien- und Prüfungsleistungen zu erbringen sind, wobei der Gleichheitsgrundsatz auch bei der Bewertung der Leistungen gilt.

Wenn Behinderungen/chronische Erkrankungen als Divergenz von als typisch erwarteten Eigenschaften und Voraussetzungen betrachtet werden, lassen sich folgende Wirkungen von *Divergenz als Störpotenzial* skizzieren:

- Innerhalb des *Studiums als Bildungsraum* tritt der positive Effekt der Divergenz als Störpotenzial in den Vordergrund, da es ein Wachstumspotenzial für den Bildungsprozess aller entfalten kann.
- Im *Spannungsverhältnis mit dem angestrebten Hochschulabschluss* und dem hier vorherrschenden *Gleichheitsgrundsatz* bei bestehendem Diskriminierungsverbot tritt hingegen der negative Effekt der Divergenz als Störpotenzial in den Vordergrund, da sie
  - den Organisationsaufwand für die Leistungserbringung steigert und
  - mit Unsicherheiten bei den Prüfenden über ihren Gestaltungsspielraum bei der Umsetzung von barrierefreien Prüfungsbedingungen oder ersatzweise den Einsatz von Nachteilsausgleichen verbunden ist.

Mit anderen Worten: Hochschulen sind der berufliche Bildungsort mit einem maximalen Spannungsfeld zwischen

- einerseits den größten Freiheiten in der Lehre und im Lernen von allen Bildungsorten und

- andererseits einer (vermeintlich) starken Einschränkung bei der Gestaltung der Prüfungsbedingungen für alle Studierenden in Folge des prüfungsrechtlichen Gleichheitsgebotes.

Mit der UN-BRK Artikel 2 wird der Begriff *Universelles Design* aufgegriffen:

> »Im Sinne dieses Übereinkommens bedeutet ›universelles Design‹ ein Design von Produkten, Umfeldern, Programmen und Dienstleistungen in der Weise, dass sie von allen Menschen möglichst weitgehend ohne eine Anpassung oder ein spezielles Design genutzt werden können. ›Universelles Design‹ schließt Hilfsmittel für bestimmte Gruppen von Menschen mit Behinderungen, soweit sie benötigt werden, nicht aus«.

Im Bildungsbereich wird das *Universelle Design* als spezifisch *Universal Design for Learning (UDL)* bezeichnet. Für die Bereiche Studium und Hochschuldidaktik finden sich bei Burdinski, Linde und Kohls (2019[23]) vielversprechende hochschuldidaktische Ansätze zu einer inklusiven Weiterentwicklung der Lehr-Lern-Bedingungen einschließlich des Bereichs Prüfungen. Hierfür werden Ansätze aus den Prinzipien des UDL und dem *Constructive Alignment* (2019) in der Praxis erprobt. Ein weiteres Stichwort mit großem Potenzial ist *formatives Assessment* gegenüber dem dominierenden summativen Assessment im Hochschulbereich.[24]

8.2.2 Spezifische Verhaltensweisen von Studierenden im Autismus-Spektrum

Es gibt eine ganze Reihe von divergenten Verhaltensweisen im Sprachgebrauch, der Kommunikation und der sozialen Interaktion bei Studierenden im Autismus-Spektrum. Ausführliche Darstellungen sind in dem Sammelband *Sprache und Kommunikation bei Autismus* dargestellt (Lindmeier et al. 2023).

Aus meiner Beratungspraxis heraus hat für den Bereich Studium folgende Divergenz in Verhaltensweisen und Wahrnehmung eine große Auswirkung:

- Antwortlatenz,
- Frage-Antwort-Verhalten,
- Diskriminierung von Umweltreizen,
- nonverbale Signale,
- Regeln und Selbstorganisation,
- soziale Interaktion.

---

23 In der Zeitschrift *Die neue Hochschule* (DNH), Ausgabe 01/2019, ist der sehr informative Artikel von Burdinski, Linde und Kohls »Universal Design for Learning und Constructive Alignment: Beispiele aus der TH Köln« veröffentlicht. Darin werden die Prinzipien beider Konzepte anhand von Praxisbeispielen der TH Köln mit ihrem Potenzial »für die diversitätsorientierte und studierendenzentrierte Lehre« (ebd., 12–15), dargestellt.

24 Wenn Prüfungen stärker als Instrumente des individuellen Lernens anstatt als Instrumente der Selektion/Exklusion eingesetzt werden, kann erwartet werden, dass sich der Exklusionsdruck in Folge der Auswirkungen gesundheitlicher Beeinträchtigungen verringert.

Dabei sind die Ausprägungen individuell sehr unterschiedlich. Daraus ergeben sich spezifische Anforderungen für die Gestaltung der Lehr-Lern-Situationen und der Bedingungen, in denen Studien- und Prüfungsleistungen erbracht werden.

8.2.3 Neurotypisch ausgerichtete Anforderungen im Studium

Die schon dargestellte Besonderheit eines Hochschulstudiums als Bildungsraum mit umfassenden Freiheitsrechten hat jedoch auch einen umfassenden Anspruch an die Studierenden zur Folge, nämlich ihr Studium frei und unabhängig zu gestalten. Dies hat Folgen im Kontext der für Menschen im Autismus-Spektrum dargestellten divergenten Bereiche Verhalten, Wahrnehmung und Sprache. So hat die Forderung an Selbstorganisation im Vergleich mit allen anderen beruflichen Bildungsbereichen das höchste Ausmaß im Bereich Studium. Zudem ist eine Vielfalt an methodisch-didaktischen Ansätzen im Bildungsraum Hochschule anzutreffen: Aufgrund der Freiheit der Lehre ist jede*r Hochschullehrende frei darin, seine*ihre Lehre methodisch-didaktisch und auch sprachlich zu gestalten, solange er*sie der Verfassung treu bleibt.

Folgende Herausforderungen bringt deshalb das Studium für die Bereiche Kommunikation, Wahrnehmung und Sprache mit sich:

- Verfachsprachlichung,
- ungeschriebene Regeln und vielfältige Erwartungen,
- nonverbale Kommunikation,
- Ironie bis hin zu Sarkasmus als methodische Elemente (insbesondere außerhalb naturwissenschaftlich-mathematischer Fächer),
- Anforderung der Selbstlimitierung und damit verbunden Prioritätensetzung,
- kommunikative Situationen mit vielen verschiedenen, oft unbekannten und häufig wechselnden Personen,
- in einigen Fachdisziplinen: mehrdeutiges Vokabular.

8.2.4 Situationen im Studienablauf mit unterschiedlichen Herausforderungen

Studierende werden im Studium mit Situationen konfrontiert, die ganz unterschiedliche An- und Herausforderungen mit sich bringen. Diese Situationen sind:

- Lehrveranstaltungen in Präsenz und z. T. virtuell:
  - Seminare
  - Vorlesungen
  - Übungen
  - Praktika

- Selbststudium:
  - Literaturstudium (Bibliothek, Online) mit Recherchearbeiten, Exzerpieren etc.
  - Gruppenarbeit (bspw. gemeinsame Arbeit an einem Referat)
- zu erbringende Studienleistungen:
  - Seminare, Diskussionen, Übungen, Hausaufgaben, Vorträge/Referate, Hausarbeiten
  - Prüfungen:
    - grundsätzliche Formen (mündlich/schriftlich)
    - Prüfungsformate (Hausarbeit/Klausur/mündliche Prüfung/Einzelprüfung/Gruppenprüfung/digitale Prüfung/Fernprüfung)
- Campusleben:
  - hochschulpolitisches Engagement innerhalb der Studierendenschaft
  - informelle Angebote innerhalb und außerhalb des Bereichs der Hochschule

Weitere Aspekte sind der Hochschultyp, die Größe der Hochschule und die Breite ihres Studienangebotes. So gibt es an Volluniversitäten mit einem breiten Studienangebot bei den organisatorischen Vorgaben für das Studium mehr Freiräume und weniger Vorgaben als an kleinen Fachhochschulen und Hochschulen für Angewandte Wissenschaften. Exemplarisch dafür steht die Regelung einer Zwangsexmatrikulation, wenn eine definierte Anzahl an Studien- und Prüfungsleistungen in einer festgelegten Zeit nicht erreicht werden. Solche Regelungen finden sich in Studien- und Prüfungsordnungen an Fachhochschulen und Hochschulen für Angewandte Wissenschaften; an Universitäten sind mir solche Regelungen nicht bekannt.

8.3 Maßnahmen für die gelingende Teilhabe: Rechtsgrundlagen, Verfahrensweisen und Praxiserfahrungen

8.3.1 Rechtsgrundlagen

Wie bereits erläutert wurde, sichert die Verfassung das Grundrecht auf diskriminierungsfreie Teilhabe im Studium für Menschen mit Behinderung ab und die UN-BRK hat das Thema seit 2009 noch viel stärker in den Fokus gerückt. Mit der UN-BRK ist ein Bundesgesetz in Kraft getreten, welches die Rechte von Menschen mit Behinderung in allen Lebensbereichen detailliert absichert und dafür zentrale Begriffe definiert. Alle anderen Gesetze und Verordnungen auf Bundes-, Landes- sowie kommunaler Ebene werden seitdem auf Grundlage der UN-BRK überarbeitet. Für den Bereich des Studiums sind folgende zusätzliche Gesetze von Bedeutung:

- Bundesebene:
  - Gesetz zur Gleichstellung von Menschen mit Behinderungen (BGG Bund)
  - Allgemeines Gleichbehandlungsgesetz (AGG Bund)
  - Hochschulrahmengesetz
- Landesebene:
  - Landesverfassungen
  - Gesetze zur Gleichstellung von Menschen mit Behinderungen der einzelnen Länder
  - Hochschulgesetze der einzelnen Länder
- Hochschulebene:
  - ggf. Grundordnungen der Hochschulen
  - Immatrikulationsordnungen
  - Studien- und Prüfungsordnungen
  - Gebührenordnungen

Da der Bereich Bildung in Deutschland in den Kompetenzbereich der einzelnen Bundesländer fällt, gibt es hier z.T. sehr unterschiedliche Regelungen, was die Orientierung nicht einfacher macht. Eine detaillierte Darstellung der gesetzlichen Regelungen ist im Rahmen dieses Beitrags nicht möglich. Die genannten Gesetze und Ordnungen sind allerdings wichtige Suchbegriffe z.B. bei der Online-Recherche.

Folgende Rechtsbegriffe gelten jedoch auf Grundlage der UN-BRK für alle Hochschulen: Die UN-BRK definiert in Artikel 9 *Zugänglichkeit* detailliert, was das BGG Bund (in § 4) und die Landes BGG (z.B. BGG LSA in § 5) als *Barrierefreiheit* fassen. Dies ist ein sehr zentraler Aspekt. Artikel 9 Abs. 1 der UN-BRK legt fest:

»Um Menschen mit Behinderungen eine unabhängige Lebensführung und die volle Teilhabe in allen Lebensbereichen zu ermöglichen, treffen die Vertragsstaaten geeignete Maßnahmen mit dem Ziel, für Menschen mit Behinderungen den gleichberechtigten Zugang zur physischen Umwelt, zu Transportmitteln, Information und Kommunikation, einschließlich Informations- und Kommunikationstechnologien und -systemen, sowie zu anderen Einrichtungen und Diensten, die der Öffentlichkeit in städtischen und ländlichen Gebieten offenstehen oder für sie bereitgestellt werden, zu gewährleisten.«

Das Behindertengleichstellungsgesetz (BGG Bund) definiert in § 4 den Begriff *Barrierefreiheit* wie folgt:

»Barrierefrei sind bauliche und sonstige Anlagen, Verkehrsmittel, technische Gebrauchsgegenstände, Systeme der Informationsverarbeitung, akustische und visuelle Informationsquellen und Kommunikationseinrichtungen sowie andere gestaltete Lebensbereiche, wenn sie für Menschen mit Behinderungen in der allgemein üblichen Weise, ohne besondere Erschwernis und grundsätzlich ohne fremde Hilfe auffindbar, zugänglich und nutzbar sind. Hierbei ist die Nutzung behinderungsbedingt notwendiger Hilfsmittel zulässig.«

Die Hochschulen sind demnach in der Pflicht, alle Bereiche des Studiums einschließlich der Prüfungen barrierefrei zu gestalten. Da im individuellen Einzelfall die vorhandenen Bedingungen aufgrund der Art und Schwere der Beeinträchtigung zu Behinderungen führen kann, wird mit der UN-BRK Artikel 2 *angemessene Vorkehrungen* als weiterer Begriff eingeführt:

»[…] bedeutet ›angemessene Vorkehrungen‹ notwendige und geeignete Änderungen und Anpassungen, die keine unverhältnismäßige oder unbillige Belastung darstellen und die, wenn sie in einem bestimmten Fall erforderlich sind, vorgenommen werden, um zu gewährleisten, dass Menschen mit Behinderungen gleichberechtigt mit anderen alle Menschenrechte und Grundfreiheiten genießen oder ausüben können […].«

Hochschulen sind also sowohl in der Pflicht, Barrierefreiheit herzustellen, als auch in der Pflicht, wenn dies im individuellen Einzelfall nicht hinreichend ist, mit angemessenen Vorkehrungen[25] einzelfallspezifische Anpassungen vorzunehmen. Studierende mit einer Beeinträchtigung haben einen *einklagbaren Rechtsanspruch* auf angemessene Vorkehrungen. Eine bewährte Form der angemessenen Vorkehrungen im Bereich Studium einschließlich Prüfungen sind dabei spezifische Maßnahmen des Nachteilsausgleichs (NTA). Diese greifen immer dann, wenn eine Diskriminierung im Studium bis hin zum Ausschluss droht. Solche Diskriminierungen resultieren im Kontext mit den Auswirkungen der Beeinträchtigung z. B. aus:

- alternativlos festgelegten Bedingungen für den Studienablauf,
- alternativlosen Pflicht-Veranstaltungsformen sowie
- alternativlos festgelegten Bedingungen für zu erbringende Studien- und Prüfungsleistungen.

8.3.2 Aspekte der Barrierefreiheit im Kontext von Studierenden im Autismus-Spektrum

Für Studierende im Autismus-Spektrum stehen folgende Aspekte der Barrierefreiheit im Fokus, die hier beispielhaft[26] genannt werden.
Im Studienablauf:

- Barrierefreiheit in den baulichen Einrichtungen und allen Einrichtungen der Kommunikation und Information:
  - eindeutige Wegeleitsysteme
  - eindeutige, offen zugängliche Ge- und Verbotsregeln
  - klar strukturierte, eindeutige Sprache bei allen Informationen und in der Kommunikation (entsprechend den aktuellen gesetzlichen Regelungen, Verordnungen und Richtlinien)
- Literaturstudium:

---

25 Ausführliche Informationen zu dem rechtlichen Prüfverfahren, ob eine Vorkehrung angemessen ist, stellt das Deutsche Institut für Menschenrechte als der für Deutschland benannten unabhängigen Monitoring-Stelle zur Umsetzung der UN-BRK auf seiner Internetseite dar (Suchbegriffe »angemessene Vorkehrung« und »Unverhältnismäßige oder unbillige Belastung«: https://www.institut-fuer-menschenrechte.de/menschenrechtsschutz/datenbanken/datenbank-fuer-menschenrechte-und-behinderung/detail/crpd-2018-allgemeine-bemerkung-nr-6general-comment-no-6, Zugriff am 03.01.2024).

26 Die hier genannten Aspekte geben die Erfahrungswerte des Autors wieder und erheben keinen Anspruch auf Vollständigkeit.

- z. B. klare und eindeutige Hinweise der Lehrenden für relevante Literatur
- klare Regeln in der Bibliothek
  - eindeutige Wegeleitsysteme
  - eindeutige, offen zugängliche Ge- und Verbotsregeln
- barrierefreie IT-Anwendungen für das Bibliothekssystem
- Studienablaufgestaltung:
  - zeitliche Flexibilität:
    - um eventuell längere, gesundheitlich bedingte Ausfallzeiten kompensieren zu können
    - um Zeit für Therapiemaßnahmen zu haben
    - für ausreichend Ruhephasen zwischen Veranstaltungen mit hoher kommunikativer Anforderung
  - räumliche Perspektive:
    - z. B. durch Bereitstellung von Ruheräumen
    - ggf. separate Prüfungsräume in reizarmer Umgebung
  - Studienleistungen:
    - Universal Design for Learning (UDL):
      - Zulassen von verschiedenen Formen bei den Studienleistungen
      - Lernumgebung und -material in unterschiedlichen Formen bereitstellen
      - formatives Assessment
- Prüfungen:
  - Universal Design for Learning auch für Prüfungen
    - Vielfalt an Prüfungsformen und -formaten zulassen
  - reizarme Umgebung für Prüfungen
  - eindeutige Hinweise zur Prüfungsvorbereitung
  - Probeprüfung zulassen
- Campusleben:
  - Peer-Counseling fördern
  - Buddy-Programme einrichten
  - Selbsthilfe organisieren

Grundsätzlich sind die Aspekte der Barrierefreiheit auch die Aspekte von Nachteilsausgleichen als Form angemessener Vorkehrungen, die im individuellen Einzelfall aufgrund der spezifischen Auswirkungen der Beeinträchtigung notwendig werden. Barrierefrei gestaltete Bedingungen sind jedoch den individuell zu gestaltenden angemessenen Vorkehrungen vorzuziehen. Die Gründe dafür liegen auf der Hand, da für individuell zu gestaltende angemessene Vorkehrungen ein hoher Organisationsaufwand entsteht. So muss die beeinträchtigte Person zumeist mit einem Antrag und entsprechenden Nachweisen zur Glaubhaftmachung auf ihre Situation hinweisen und der Antrag anschließend einem Verfahren unterzogen werden[27]. Sind die Bedingungen hingegen barrierefrei gestaltet, kann die*der

---

27 Bei dem Antragsverfahren erhalten zumeist mehrere Personen Kenntnis davon, dass bei der beantragenden Person eine Beeinträchtigung vorliegt, was mit einem erhöhten Stigmatisierungspotenzial verbunden ist.

Studierende auch mit ihrer*seiner Beeinträchtigung ohne zusätzlichen Aufwand in dem barrierefreien Bereich des Studiums teilhaben.

Wenn angemessene Vorkehrungen in Form von Maßnahmen des Nachteilsausgleichs notwendig werden, sind sie auf allen Ebenen möglich und umfassen z. B. im Studienablauf:

- für Studienleistungen:
  - zeitliche Flexibilisierung (z. B. Abweichung von laut Studienordnung vorgesehenen Zeitfenstern für bestimmte Module/Modulleistungen)
  - individuelle Gewährung von Abweichungen von der Studienordnung bei vorgeschriebenen Studienleistungen
  - individuelle Bereitstellung von zusätzlich notwendigen Lernmaterialien (z. B. Skripte zu/Aufzeichnungen von Lehrveranstaltungen)
  - elektronische Zuschaltung betroffener Studierender zu Lehrveranstaltungen mit belastenden Bedingungen
- für Prüfungsleistungen:
  - Zeitverlängerungen
  - Prüfungstexte in textoptimierter Form (einfache Sprache)
  - separate Prüfungsräume
  - abweichende Prüfungsformen
- für die Selbstorganisation und Gespräche mit Lehrenden:
  - persönliche Assistenz mit Coaching-Funktion

8.4 Zusammenfassung und Ausblick

Mit der zunehmenden Umsetzung von Inklusion gemäß der UN-BRK wird es für immer mehr Menschen im Autismus-Spektrum möglich, erfolgreich zu studieren. Dafür ist es notwendig, die rechtlichen Vorgaben zur barrierefreien Gestaltung der Hochschule konsequent umzusetzen und alle Ordnungen im Lichte der UN-BRK zu überarbeiten.[28] Dafür haben sich Aktionspläne zur Umsetzung der UN-BRK mit Maßnahmeplänen bewährt. Entscheidend für den Erfolg von Teilhabe für Studierende im Autismus-Spektrum sowie alle Studierenden mit Beeinträchtigungen ist, dass die Hochschulen dafür ausreichende finanzielle Mittel in die Hand nehmen bzw. an die Hand bekommen. Die Bedarfe dafür lassen sich gut über Maßnahmen

---

28 Welti wies in seinem Hauptvortrag auf der Online-Jahrestagung der IBS 2021 darauf hin, dass die UN-BRK bei der Auslegung und Anwendung des deutschen Rechts (dazu gehören auch Ordnungen der Hochschulen) immer heranzuziehen ist (Folie 5: https://www.studierendenwerke.de/fileadmin/user_upload/Downloads/Studieren_mit_Behinderung/Veranstaltungsrueckblicke/UN-BRK_im_Hochschulbereich_umsetzen__Bausteine_fuer_ein_inklusives_Studium/welti-ibs181121_final.pdf, **Zugriff am 11.02.2024**).

im Rahmen eines Aktionsplans zur Umsetzung der UN-BRK ermitteln und darstellen.[29] Solange und soweit die Überarbeitung der Ordnungen und Regelungen in der Hochschule im individuellen Einzelfall keine hinreichende Barrierefreiheit herstellt, sind im Sinne der UN-BRK angemessene Vorkehrungen zu treffen, auch in Form von Maßnahmen des Nachteilsausgleichs. Da Hochschulen Bildungsräume mit sehr vielfältigen Bedingungen, Regelungen und Fachkulturen mit entsprechenden Erwartungshaltungen sind, ist eine professionelle, fachkundige Beratung sowohl der Studierenden im Autismus-Spektrum als auch der für die Lehre verantwortlichen Personen notwendig. Eine zentrale Bedeutung kommt dafür unabhängigen Senatsbeauftragten für die Belange von Studierenden mit Behinderungen[30] zu. Diese haben die Funktion eines Wächter*innen-Amtes und sind zugleich zentrale Anlaufstellen für Studierende mit Beeinträchtigungen sowie für Lehrende.

In meiner langjährigen Arbeit als Ansprechpartner für die Studierenden mit Beeinträchtigungen und den Mitarbeitenden in der Lehre an der Martin-Luther-Universität Halle-Wittenberg[31] habe ich folgende, durchaus positive Erfahrungen gemacht:

- Eine Offenheit für die Thematik der Inklusion vorausgesetzt, lassen sich mit den Entscheider*innen[32] durch Aufklärung die oben dargestellten Bedingungen umsetzen.
- Wenn es aktive Formen des Peer-Counselings[33] gibt, lassen sich auch Studierende im Autismus-Spektrum motivieren und aktivieren, für ihre Bedarfe und Rechte einzutreten.
- Angeleitete Selbsthilfe-Angebote für Studierende im Autismus-Spektrum sind hilfreich, um in einen Erfahrungsaustausch zu kommen.

---

29 Für mich sind in diesem Zusammenhang die Aktionspläne zur Umsetzung der UN-BRK der Technischen Universität Dresden Best Practice Beispiele: https://tu-dresden.de/tu-dresden/universitaetskultur/diversitaet-inklusion/inklusion/aktionsplan, Zugriff am 11.02.2024.
30 Einen vollständigen Überblick zu den gesetzlichen Regelungen in den einzelnen deutschen Bundesländern gibt das Deutsche Studierendenwerk: https://www.studierendenwerke.de/themen/studieren-mit-behinderung/recht-politik-und-daten/behindertenbeauftragte-hochschulrechtliche-regelungen-der-bundeslaender, Zugriff am 11.02.2024.
31 An der Martin-Luther-Universität Halle-Wittenberg wurde die Beratungstätigkeit des*der Behindertenbeauftragten des akademischen Senats viele Jahre durch eine Mitarbeiter*innen-Stelle ausgeführt. Von August 2011 bis März 2021 hatte der Autor diese Stelle inne.
32 Hiermit sind z.B. Prüfungsausschussvorsitzende, Lehrende und Prüfer*innen gemeint. Aber auch mit den Personen, welche Studien- und Prüfungsordnungen ausarbeiten und erlassen, und nicht zuletzt mit Rektoratsmitgliedern, die für den Bereich Studium und Lehre zuständig sind, wird eine gelingende Teilhabe durch die Verbesserung der Rahmenbedingungen möglich.
33 An der Martin-Luther-Universität gibt es seit über 10 Jahren einen Arbeitskreis Inklusion am Studierendenrat, der einerseits eine hochschulpolitisch aktive Gruppe von beeinträchtigten und nicht beeinträchtigten Studierenden ist. Zugleich hat der Arbeitskreis Inklusion eine wichtige Peer-Funktion, auch mit Counseling-Anteilen.

- Eine frühzeitig einsetzende Studienassistenz ist wichtig, um Studierende im Autismus-Spektrum vor Überlastungen zu schützen und eine soziale Teilhabe am Campus-Leben zu ermöglichen.
- Ein rechtzeitiger Antrag auf die Gewährung von Nachteilsausgleichen überall dort, wo die Barrierefreiheit nicht vorhanden ist, hilft, Irritationen und vermeidbare Misserfolge abzuwenden.

Die auch für Lehrende überraschende Erfahrung war, dass jahrgangsbeste Studierende einen Nachteilsausgleich aufgrund eines Autismus-Spektrums benötigen, was auch zeigt, dass Studierende im Autismus-Spektrum bei einer gelingenden Teilhabe zu exzellenten Leistungen im Studium in der Lage sind.

Eine barrierefreie, inklusive Hochschule macht es möglich, dass Menschen im Autismus-Spektrum ihre Potenziale voll entfalten können und sehr gute Leistungen erzielen. Damit wird ein wichtiges Ziel der UN-BRK, die volle und wirksame Teilhabe dieser Menschen an der Gesellschaft, verwirklicht. Und nicht zuletzt profitiert auch die Gesellschaft durch hochqualifizierte Fachkräfte.

8.5 Literatur

Beauftragter der Bundesregierung für die Belange von Menschen mit Behinderungen (Hrsg.) (2022). *UN-Behindertenrechtskonvention. Übereinkommen über die Rechte von Menschen mit Behinderungen.* Berlin. Online verfügbar unter: https://www.behindertenbeauftragter.de/SharedDocs/Downloads/DE/AS/PublikationenErklaerungen/Broschuere_UNKonvention_KK.pdf?__blob=publicationFile&v=8, Zugriff am 21.01.2024.

Burdinski, D., Linde, F. & Kohls, C. (2019). Universal Design for Learning und Constructive Alignment: Beispiele aus der TH Köln. In *DNH – Die Neue Hochschule, 01/2019*, 12–15. Online verfügbar unter: https://www.hlb.de/fileadmin/hlb-global/downloads/dnh/full/2019/DNH_2019-1.pdf, Zugriff am 20.01.2024.

Ennuschat, J. (2019). *Nachteilsausgleich für Studierende mit Behinderungen – Prüfungsrechtliche Bausteine einer inklusiven Hochschule. Rechtsgutachten.* Online verfügbar unter: https://www.studierendenwerke.de/fileadmin/api/files/2019-10-14_gutachten-nachteilsausgleiche-_ennuschat-2019.pdf, Zugriff am 21.07.2025.

Lindmeier, C., Sallat, S. & Ehrenberg, K. (2023). *Sprache und Kommunikation bei Autismus.* Stuttgart: Kohlhammer.

9 Eine Minderheit in der Minderheit? Mein Weg als autistische Geisteswissenschaftlerin

Imke Heuer

1

»Und was willst du später damit machen?« – Diese Frage von den Eltern, von Verwandten, Bekannten und Nachbar:innen kennen sicher viele Menschen, die geisteswissenschaftliche Fächer studiert haben. Oft mit einem zweifelnden oder abwertenden Ton, den wohl selbst autistische Menschen so wahrnehmen. Gerade in Deutschland, wo Bildungswege eine starke »Pfadabhängigkeit« haben – anders als etwa in vielen englischsprachigen Ländern. Mich selbst haben diese Zweifel damals stark verunsichert. Umso mehr, weil meine Interessen für Sprachen, Literatur und Geschichte in meiner Schulzeit von »Erwachsenen« – im Gegensatz zu meiner gleichaltrigen Peer-Group – so positiv bewertet worden waren. Doch aus meiner eigenen Perspektive schien es keine Alternative zu geben. Ich wollte unbedingt meinen Leidenschaften folgen. Zugleich schienen mir »vernünftigere« Wege nicht gangbar, auch wenn ich keinen nachvollziehbaren Grund hätte benennen können. Praktische oder soziale Tätigkeiten erschienen mir nicht machbar – schon wegen meiner motorischen Ungeschicklichkeit. Auch die Vorstellung, wieder in einem Klassenverband lernen zu müssen, empfand ich als abschreckend. Erklärungen dafür hätte ich – damals ohne Diagnose – nicht gehabt. Gleichzeitig spürte ich, dass eine »Vernunftentscheidung« für ein Studium, an dem ich kein wirkliches Interesse hätte, für mich nicht funktionieren würde. Bei Fächern, die mich inhaltlich interessierten, wo aber im Vorfeld ein Freiwilliges Soziales Jahr oder eine Ausbildung im sozialen Bereich Voraussetzung waren, schienen mir die Wege zum Einstieg ungeeignet. Meine Interessensschwerpunkte haben immer im sprachlichen, gesellschaftlichen und kulturellen Bereich gelegen. Ein Studium in diesem Bereich schien Freiheit zu versprechen.

So begann ich direkt nach dem Abitur ein geisteswissenschaftliches Studium (Anglistik, Geschichte und Kulturwissenschaften), voll Enthusiasmus mit der Aussicht, mich vertieft mit meinen Leidenschaften befassen zu können. Ich freute mich darauf, nun endlich »Gleichgesinnte« zu treffen, die meine Begeisterung teilten. Die Realität an meiner anonymen »Massenuni« sah jedoch anders aus. Lange fiel es mir schwer, überhaupt Anschluss zu finden. Mit den Ansprüchen an die Selbstorganisation hatte ich ebenfalls Probleme. Mehrmals überlegte ich, auf eine kleinere Universität zu wechseln, doch davon wurde mir abgeraten mit dem Hinweis, das würde mein Studium weiter verlängern. Erkundigungen zur Anerkennung meiner Studienleistungen erlebte ich als wenig hilfreich. So schob ich diese Entscheidung vor mir her, bis sie sich von selbst erledigt hatte.

2

Inhaltlich blieben mir meine Interessen über mein Studium erhalten. Zugleich konnte ich schlecht damit umgehen, damit keine konkrete Berufsperspektive zu haben. Am liebsten, so war mir früh klar, wollte ich in der Wissenschaft bleiben, mich weiter in meine Interessen vertiefen. Aber das wurde uns an meiner Uni als unrealistisch und unwahrscheinlich dargestellt. Rückblickend war es ohne Diagnose tatsächlich schwierig für mich, meine Situation richtig einzuordnen. Ich glaube, noch heute werden die Herausforderungen beim Berufseinstieg für neurodivergente Geistes- und Sozialwissenschaftler:innen häufig unterschätzt. Insbesondere, wenn noch eine Dyspraxie dazu kommt – ein generell in Deutschland oft vernachlässigtes Thema. Der informelle Einstieg über Netzwerke und Praktika kann eine große Hürde darstellen. Meine eigenen Praktika während des Studiums – bei zwei sehr unterschiedlichen Tageszeitungen – waren für mich interessante, doch sehr »gemischte« Erfahrungen. Ich hatte Lust am Recherchieren und Schreiben. Andererseits war das Umfeld dort extrem schnell und stressig. Mit diesem permanenten Zeitdruck bei einer anspruchsvollen Tätigkeit würde ich nicht dauerhaft umgehen können. Trotz guter Leistungen im Studium fand ich es schwierig, an Praktika in Bereichen zu kommen, die mir geeigneter erschienen, etwa bei Verlagen oder Museen. Mir wurde auch bewusst, dass bei einem Praktikum Fähigkeiten wie etwa Tempo, motorisches Geschick und Multitasking gefragt waren.

Zwar bot meine Uni Seminare zur Karriereplanung für Geistes- und Sozialwissenschaftler:innen an, die ich auch ausprobierte. Dort lernten wir Berufstätige mit geistes- und sozialwissenschaftlichem Studienabschluss kennen, erfuhren über ihre Werdegänge und die in ihren Bereichen gefragten Eigenschaften und Fähigkeiten. Wir lernten Netzwerk- und Bewerbungsstrategien kennen, bekamen Tipps zu Anschreiben und Lebenslauf, übten Bewerbungsgespräche und Selbstdarstellung. Doch während diese Kurse uns Mut machen sollten, hatten sie bei mir den gegenteiligen Effekt. Mir wurde außerdem bewusst, dass die Berufstätigkeit in den meisten Feldern mit den Inhalten im Studium selbst nicht viel zu tun haben würde. Und die entscheidenden Eigenschaften – zumindest für den Berufseinstieg – nicht das waren, was mir selbst wirklich lag.

Auch erfuhr ich, wie wichtig das Studium auch als Phase des Aufbaus eines eigenen informellen sozialen Netzwerks war. Über weite Teile des Studiums war das völlig an mir vorbeigegangen. Mir war rätselhaft, wie ich mir ein solches Netzwerk hätte aufbauen können. Oft sah ich keinen Weg, der realistisch machbar für mich erschien. Ich kam immer stärker in Erklärungsnot zu meinen Zukunftsplänen. Gelegentlich kam mir der Gedanke, aus »Vernunftgründen« auf einen Lehramtsstudiengang zu wechseln. Dort würde ich wegen des Bedarfs und des klar vorgegebenen Weges zumindest ziemlich sicher einen Job bekommen. Aber der Gedanke, dauerhaft größere Gruppen von Jugendlichen unterrichten zu müssen, schreckte mich ab, ebenso wie unangenehme Erinnerungen an meine eigene Schulzeit. Meine Tätigkeiten als Tutorin machte ich dagegen sehr gerne. Ich bekam auch positive Rückmeldungen dafür. Insgesamt merkte ich, dass ich den Wunsch, in der Wissenschaft zu bleiben, nicht aufgeben wollte.

3

Die positivsten und schönsten Erfahrungen meines Studiums machte ich während meiner Auslandsjahre. Ich war von mir selbst überrascht, als ich nach der Ankündigung eines Dozenten über ein Erasmus-Austauschprogramm mit einer italienischen Universität gleich nach dem Seminar in seine Sprechstunde ging. Und noch überraschter, als er mir am Ende des Gesprächs zusagte. Das ging mir etwas schnell. Gleichzeitig hatte ich wohl genau diesen Anstoß gebraucht. Heute bin ich froh über diesen Mut. Das Jahr in der malerischen alten italienischen Unistadt wurde zu einer der besten Phasen meines Studiums. Zwar gab es auch hier schwierige Situationen, etwa WG-Konflikte oder Sprachkurse, in denen ich plötzlich in der Gruppe »außen vor stand«. Insgesamt jedoch fand ich wesentlich leichter Kontakt zu anderen Studierenden als je zuvor. Sowohl zu anderen Austauschstudierenden als auch zu Italiener:innen. Mit letzteren gehörte ich unter den internationalen Studierenden sogar zu einer Minderheit, denn die meisten blieben eher unter sich. Mein Selbstbewusstsein wuchs in dieser Zeit enorm. Ich glaubte, nun habe sich wirklich etwas verändert. Zurück an »meiner« deutschen Uni relativierte sich dies wieder. Dennoch war das Jahr für mich ein großer Entwicklungssprung.

Die positiven Erfahrungen im Austauschjahr waren ein Hauptgrund, warum ich mich später an einen weiteren Auslandsaufenthalt und ein Masterstudium in Großbritannien wagte. Ich war nie länger in einem englischsprachigen Land gewesen und mir meiner mangelnden Sprachpraxis bewusst. Hier fand ich den inhaltlichen Austausch, den ich mir lange gewünscht hatte, und eine spannende, internationale Gemeinschaft. Ähnlich wie in Italien fiel es mir deutlich leichter als in Deutschland, Anschluss an andere zu finden und Freundschaften zu schließen. Insgesamt erlebte ich die Studiensituation auch durch die kleineren Gruppen und die persönlichere Betreuung im Vergleich zu meiner deutschen Universität viel positiver. Anders als in Deutschland wurden wir auf wissenschaftliche Tagungen aufmerksam gemacht und ermutigt, selbst Vorträge zu halten. Es gab sehr aktive »postgraduate communities«. Auch die Idee, zu promovieren und Wissenschaftler:in zu werden, wurde hier als realistisch und machbar angesehen. Als ich es schaffte, ein Promotionsstipendium zu bekommen, schien mein Weg festzustehen. Ich würde in Großbritannien bleiben und dort in die Wissenschaft gehen.

4

Auch hier erfüllten sich meine Vorstellungen nur bedingt. Durch persönliche Probleme, auch den plötzlichen Tod meines Vaters, verlängerte sich mein Studium. Mein Projekt entwickelte sich komplizierter als erwartet. Dennoch mochte ich nicht aufgeben. Vielleicht teilweise aus einem Gefühl heraus, keine wirkliche Alternative zu haben. Aber auch aus Hartnäckigkeit und Interesse an meinem Thema. Ich bin meiner Mutter sehr dankbar dafür, mich dabei immer unterstützt und weiterhin an mich geglaubt zu haben, zu einer Zeit, als ich selbst es kaum konnte. Letztlich gab es gegen Ende meiner Promotionszeit noch eine glückliche Entwicklung, als ich überraschend eine Quelle entdeckte, die meiner Arbeit eine spannende, innovative Wendung gab. Mit neuem Enthusiasmus entdeckte ich mein Thema neu und konnte meine Arbeit abschließen. Ich bekam sehr positives Feedback, konnte mehrere Artikel veröffentlichen und war jetzt trotz der »Durststrecken« optimistisch, beruflich doch noch einen guten Weg für mich zu sehen.

Doch das gestaltete sich kompliziert. Zwar hielt ich weiterhin Vorträge, veröffentlichte Artikel, hatte einen sehr schönen Forschungsaufenthalt in einer historischen Bibliothek. Mehrmals wurde ich zu Vorstellungsgesprächen eingeladen. Aber ich fand diese Situation immer schwierig. Meine Außenwirkung in diesen Gesprächen konnte ich schlecht einschätzen und sie kaum »navigieren«. Beratungen zu Bewerbung und Jobsuche waren wenig hilfreich. Wieder erschien mir kein Weg zugleich realistisch und für mich selbst gangbar und machbar. Zwischen dem, was ich zu geben hatte, und der Arbeitswelt schien es noch immer keine »Passung« zu geben. Der Druck, endlich eine Lösung zu finden, machte mich depressiv.

Bei einem Lehrauftrag erlebte ich dann noch massives Mobbing, als es um die Benotung von Studierenden ging. Ich hatte keine Ahnung, wie ich meine Perspektive verständlich machen konnte, ohne mir selbst zu schaden. Als ich kurze Zeit später aus persönlichen Gründen nach Deutschland zurückkehrte, tat ich das mit einem Gefühl großer Mutlosigkeit. In Deutschland hatte ich meine Kontakte an der Uni weitgehend verloren, und auch ansonsten erschienen mir die beruflichen Chancen noch aussichtsloser als im englischen Sprachraum.

5

Ein Artikel über autistische Frauen brachte mich nach Ende meiner Dissertation dazu, mich mit meinem Eigenverdacht auf Autismus zu befassen. Jetzt entdeckte ich autobiographische Texte autistischer Menschen und eine sehr lebendige Online-Szene. Schon seit meiner Kindheit und Jugend waren meine »diffusen« Lebensschwierigkeiten für mich ein rätselhaftes Thema gewesen. Eine offene Frage, für die ich über die Jahre unterschiedliche, mehr oder weniger passende, aber nie wirklich umfassende, treffende Erklärungen fand. Nun hatte ich offenbar endlich den »Schlüssel«. Ich suchte Kontakt zu autistischen Menschen, zunächst online, später auch persönlich. Die Diagnose, welche ich relativ problemlos bekam, führte zu einer großen Neubewertung meines Lebens. Doch die Hoffnung, nun endlich die richtige Hilfe zu finden, erfüllte sich zunächst nicht. Für Menschen wie mich schien es keine passende Unterstützung zu geben. Auch unter den Behinderten, so mein Eindruck, saß ich wieder »zwischen den Stühlen«.

Unterstützung für autistische Menschen schien sich nur auf IT, Technik und praktische, handwerkliche oder geringqualifizierte Bereiche zu beziehen. An Menschen wie mich war da nicht gedacht. Durch den Austausch mit anderen autistischen Menschen bemerkte ich bald, dass ich da keinesfalls eine Ausnahme war. Das löste meine eigenen Probleme zwar nicht, aber zumindest fühlte ich mich damit weniger allein. So konnte ich langsam mein Selbstwertgefühl wieder aufbauen. Ich begann, mich auch gesellschaftspolitisch mit der Situation autistischer Menschen auseinanderzusetzen, und fand so in die Selbsthilfe und die Selbstvertretung.

Vielleicht, weil ich damit nicht rechnete, fand ich über Umwege dann doch noch meinen beruflichen Weg. Über eine Ringvorlesung zu Autismus erfuhr ich vom Ansatz der partizipativen und betroffenenkontrollierten Forschung im Bereich seelische Gesundheit. Dadurch kam ich zu einer Weiterbildung für Menschen mit psychiatrischen Diagnosen, um als Peers Menschen in ähnlicher Situation zu beraten und zu unterstützen. Überraschend machte ich auch in dieser Weiterbildung mit Menschen, die ganz andere Diagnosen hatten, eine positive Gruppenerfahrung. Ich erfuhr, dass auch diese Menschen vielfach ähnliche Erfahrungen wie Autist:innen machten und das Hilfesystem oft als nicht hilfreich erlebten. So kam ich dazu, psychiatrische Diagnosen neu zu bewerten und mich mit ihrer historischen Gewachsenheit zu befassen.

Über mein Engagement erhielt ich die Chance, ein eigenes kleines Forschungsprojekt aus Betroffenensicht zu starten. Darüber fand ich schließlich eine Stelle als wissenschaftliche Mitarbeiterin in diesem Bereich. Hier konnte ich langsam und schrittweise in meinen Job hineinwachsen. Eine Tätigkeit, die ich gerne mache und als spannend und gesellschaftlich relevant empfinde. So stellte sich die Frage nach einem Outing nicht und ich wurde von Anfang wertgeschätzt. Sehr schätze ich die Möglichkeit, hier zu Aufklärung, Entstigmatisierung und einer verstärkten Kooperation zwischen der Selbstvertretung autistischer Menschen und der von Menschen mit anderen Diagnosen beizutragen.

Rückblickend habe ich auch ohne Diagnose meine Entscheidungen ziemlich passend für mich getroffen. Mit dem Wissen um die Gründe für meine »Andersartigkeit« hätte ich vieles jedoch anders einordnen können und mich vermutlich weniger verunsichern lassen. Wichtiger als Nachteilsausgleiche wäre das bessere Verständnis für mich selbst gewesen. Flächendeckende, niedrigschwellig zugängliche Diagnosemöglichkeiten, aber auch gute autismus- und fachspezifische Berufs- und Studienberatung für autistische Menschen halte ich für wichtige Wege, um die Situation autistischer Studierender zu verbessern. Von zentraler Bedeutung ist auch eine geeignete Unterstützung für Autist:innen, deren Interessen und Stärken auf sprachlichen, sozial- und geisteswissenschaftlichen Gebieten liegen. Hier braucht es mehr Wissen, aber auch andere flexiblere Fördermöglichkeiten beim Berufseinstieg, etwa in die Unterstützung von freiberuflichen Tätigkeiten, Teilzeitselbstständigkeit und Peer-Angeboten. »Nischen« finden sich oft eher in diesen Bereichen. Dazu ist es allerdings auch nötig, sich für den Abbau prekärer Arbeitsbedingungen bei Freiberufler:innen und für bessere Arbeitsbedingungen und mehr Diversität in der Wissenschaft generell einzusetzen. Das wäre ein Gewinn für die gesamte Gesellschaft.

10 Selbstbestimmung auf der Tertiärstufe: Wissen und Praxis

Nathalie Quartenoud

10.1 Die Positivspirale der Selbstbestimmung

Unter Selbstbestimmung wird die Gesamtheit der Einstellungen und Fähigkeiten eines Individuums zur Beeinflussung des eigenen Lebens verstanden (Wehmeyer 1999). Ein hohes Maß an Selbstbestimmung nach abgeschlossener Hochschulbildung[34] eröffnet positive Aussichten auf ein Beschäftigungsverhältnis, ein unabhängiges Leben und auf die Teilhabe am gesellschaftlichen Leben (Shogren et al. 2012; Shogren et al. 2017). Selbstbestimmung ist insofern ein Schlüsselelement, als sie das kausale Handeln fördert, das wiederum – in einer kontinuierlichen Positivspirale – die Lebensqualität beeinflusst (White et al. 2018).

Warum verdient das Thema »Selbstbestimmung« im Rahmen der Hochschulbildung unsere Aufmerksamkeit? Die wissenschaftliche Literatur über Schülerinnen und Schüler mit Behinderungen und – in jüngster Zeit – über deren berufliche Eingliederung ist umfangreich (Hume et al. 2021; N. R. Lee et al. 2022). Auch das Konzept der Selbstbestimmung wurde in der Literatur ausführlich beschrieben (Ryan & Deci 2000; Wehmeyer et al. 2017). Die Selbstbestimmung von autistischen Studierenden auf der Tertiärstufe wurde in der aktuellen wissenschaftlichen Literatur bisher jedoch noch nicht ausreichend berücksichtigt, was dieses Thema in den Fokus des Forschungsinteresses für diesen Beitrag rückt.

Autismus ist Teil des Konzepts der Neurodiversität. Die Neurodiversität umfasst neurokognitive Funktionen ohne bekannte Besonderheiten sowie Atypien im Bereich der Neuroentwicklung wie Autismus, ADHS/ADS (Aufmerksamkeitsdefizit mit oder ohne Hyperaktivität), hohes intellektuelles Potenzial, DYS-Störungen (Entwicklungsstörungen des Erwerbs oder der Koordination) oder stereotype Bewegungen (Tics, Tourette-Syndrom) (Doernberg & Hollander 2017). Neurodiversität ermöglicht die Förderung von akademischer Exzellenz und Innovation (Marchiondo et al. 2021). Vor diesem Hintergrund erweist sich die Unterstützung der Selbstbestimmung als eine einfach zu handhabende Maßnahme, mit der jungen Erwachsenen mit oder ohne bekannte neurologische Entwicklungsbesonderheiten

---

34 Die Hochschulbildung (higher education), auch tertiäre Bildungsstufe oder universitäre Bildung genannt, umfasst alle Bildungsarten, die auf den Erwerb einer Maturität (Abitur, in der Schweiz auch Sekundarstufe II genannt) folgen: Universitäten, Berufsschulen, Fachhochschulen und wissenschaftliche und technologische Hochschulen wie die ETH (SEFR 2023).

die Entfaltung ihres vollen akademischen Potenzials ermöglicht werden kann. Jedoch muss Selbstbestimmung im Rahmen eines inklusiven Ansatzes auf allen Ebenen und von allen Personen gelebt werden: von den autistischen Studierenden selbst, aber auch von den Dozierenden, dem administrativen Personal sowie auf der Ebene der Hochschulpolitik. Selbstbestimmung ist heute nicht mehr ein rein theoretisches Konzept, sondern wird zu einem Werkzeug, das von Studierenden und ihrem Umfeld genutzt werden kann, um Fragen der Neurodiversität in der Hochschulbildung anzugehen.

In diesem Kapitel wird aufgezeigt, wie Selbstbestimmung auf der Tertiärstufe zugunsten autistischer Studierender auf einer persönlichen sowie einer umfeldbezogenen Ebene praktisch umgesetzt werden kann.

10.2 Autismus und Hochschulbildung

10.2.1 Vielfalt, Neurodiversität und der Stellenwert von Autismus

Das Neurodiversitätsparadigma positioniert die Neurodiversität als Vorteil für den Aspekt der Innovation, der im Bereich der Forschung als Leitziel gilt (Fletcher-Watson 2022; Axbey et al. 2023; Long 2023). Aus dieser Perspektive stellt das in den Medien viel beachtete Autismus-Spektrum das Aushängeschild der Neurodiversität dar. Medizinisch definiert kennzeichnet sich Autismus durch eine beeinträchtigte soziale Kommunikation, eingeschränkte und repetitive Verhaltensweisen, Interessen oder Aktivitäten sowie atypische sensorische Eigenheiten (American Psychiatric Association 2013). Die Hälfte der Betroffenen ist durch ein intellektuelles Potenzial im oder über dem Normalbereich gekennzeichnet (Cain et al. 2019; CDC 2014; Charman et al. 2011). Auf der Tertiärstufe nimmt die Zahl der autistischen Studierenden stetig zu. In Studien wird der Anteil von autistischen Studierenden auf zwischen 0,45 und 1,9 % geschätzt (Bakker et al. 2019; Jackson et al. 2018; White et al. 2018).

10.2.2 Herausforderungen

Autistische Studierende weisen sehr unterschiedliche Profile auf, jedoch scheint sich eine Gemeinsamkeit abzuzeichnen: das Ungleichgewicht zwischen oftmals hohen akademischen Kompetenzen und nachteiligen Schwierigkeiten bei exekutiven, sozialen und sensorischen Funktionen sowie lebenspraktischen Fähigkeiten (Van Hees et al. 2015; Cage et al. 2020). Das Ergebnis dieses Ungleichgewichts ist eine hohe vorzeitige Studienabbruchquote (»Drop-Out«) in dieser spezifischen Gruppe (Dijkhuis et al. 2020). So zeigt eine Studie auf, dass autistische Studierende im Vergleich zu ihren neurotypischen Peers im Durchschnitt weniger häufig mit einem Diplom abschließen (35 % im Vergleich zu 51–67 %) (Anderson et al. 2018). Die teilweise prekären Studienverläufe führen dazu, dass die betroffenen Studierenden trotz ihres vorhandenen Potenzials für einen Eintritt in den Arbeitsmarkt auf Unterstützung angewiesen sind, damit sie ein finanziell unabhängiges Erwachsenenleben führen können – ein Paradoxon, das auch bei der Beschäftigungsfähigkeitsquote erkennbar ist. Sie ist bei den autistischen Hochschulabsolventinnen und -absolventen niedriger als bei ihren neurotypischen Peers und liegt sogar unter der von Hochschulabsolventinnen und -absolventen mit anderen Behinderungen (Pesonen et al. 2021). Es ist somit sowohl von einem individuellen als auch einem organisatorischen und gesellschaftlichen Standpunkt aus sinnvoll, diese Sachverhalte im Sinne einer Befähigung von Studierenden neu zu betrachten.

Heutzutage werden sog. »Soft Skills« – z. B. Persönlichkeitsmerkmale, Ausdauer, Kontrollüberzeugung, Autonomie, Selbstwertgefühl oder soziale Kompetenzen – verstärkt in den Mittelpunkt der Prädiktion der Einstellungsfähigkeit von Fachkräften in der Arbeitswelt gerückt (Cobb-Clark 2015). Eine Fokussierung auf die der Selbstbestimmung zugrundeliegenden Motivationskomponenten während der Ausbildung ermöglicht es autistischen Studierenden, auf ihre Bedürfnisse abgestimmte Berufsmöglichkeiten zu erkunden (Goldfarb et al. 2023). Selbstbestimmung zeichnet sich somit als Schlüsselkompetenz zur Überwindung dieses Widerspruchs ab.

10.3 Selbstbestimmung verstehen

10.3.1 Motivation als Grundlage des Konzepts der Selbstbestimmung

Das Konzept der Selbstbestimmung wurde von führenden Autorinnen und Autoren umfassend beschrieben (Deci & Ryan 1985; Ryan & Deci 2000; Wehmeyer 2005). Selbstbestimmung kann primär aus der Perspektive des Motivationskontinuums interpretiert werden, das von extrinsisch (durch Drittpersonen oder externe Faktoren motiviert) bis intrinsisch (durch das Individuum selbst motiviert) reicht. Dabei ist die Selbstbestimmung am intrinsisch motivierten oder autonomen Ende des individuellen Spektrums angesiedelt, wenn es darum geht, wie Bedürfnisse befriedigt werden, um selbst gesteckte Ziele zu erreichen (Deci 1980). Selbstbestimmung wird durch die inhärente Tendenz des Menschen gesteuert, nach psychologischer Reife, Unabhängigkeit, Autonomie und aktiver Einflussnahme auf das eigene Verhalten zu streben. Selbstbestimmung beinhaltet damit eine Form von Empowerment im Sinne eines Wissens darüber, was man erreichen will, und den Besitz der Fähigkeiten, diese Ziele zu erreichen (Shogren et al. 2017). Grundsätzlich wird Selbstbestimmung vom menschlichen Verlangen nach Erfüllung der drei eigenen Bedürfnisse ›Autonomie‹, ›Kompetenz‹ und ›Bindung‹ genährt (Lei & Russell 2021).

Selbstregulierte und auf ein selbst gestecktes Ziel ausgerichtete Handlungen werden zu Grundpfeilern des Handlungsbewusstseins oder der Vorstellung, dass man auf ein vordefiniertes Ziel hin agiert und dementsprechende Empfindungen hat. Wiederholtes Experimentieren mit dieser Fähigkeit des Handlungsbewusstseins erhöht die Überzeugung vom eigenen Handlungspotenzial, das persönliche Empowerment und das Gefühl von Selbstbestimmung erheblich (Shogren et al. 2017).

10.3.2 Die Rolle des Umfelds

Es gibt inzwischen verschiedene Modelle, welche die Interaktion zwischen Mensch und Umfeld zu erklären vermögen. Dazu gehören insbesondere die Internationale Klassifikation der Funktionsfähigkeit, Behinderung und Gesundheit (World Health Organization 2001) und das MDH-PPH-Modell (Menschliche Entwicklung – Erzeugung von Behinderung) (Fougeyrollas 2016; RIPPH 2023). In beiden Modellen werden ein Individuum und seine Umwelt (gesellschaftliche Einstellungen, architektonische Merkmale, Klima, Gelände, rechtliche und soziale Strukturen sowie Bewusstsein und Wissen zu einem Thema) als kontinuierlich und wechselseitig betrachtet (WHO 2001). Die Verantwortung wird als gleichermaßen zwischen beiden verstanden. Je nach Qualität kann diese Interaktion die soziale Partizipation und die Lebensgewohnheiten einer Person in einer Gesellschaft entweder unterstützen oder schwächen. Aus der Perspektive der Selbstbestimmungstheorien betrachtet, bestätigen diese Modelle, dass ein Individuum es dank »agentic action«[35] vermag, auf ein Ziel hinzuarbeiten und Entscheidungen sowie die Folgen dieser Entscheidungen an eine sich ständig verändernde ökologische Umwelt mit vielfältigen Herausforderungen anzupassen (Little et al. 2002).

10.3.3 Die kausale Handlungstheorie

Autonomie, Kompetenzgefühl und sichere soziale Bindungen bilden die Grundlage für intrinsische Motivation. Sie leiten eine kausale Handlungssequenz ein, die durch die kausale Handlungstheorie (›causal agency theory‹) definiert wird (Shogren et al. 2017). Dabei handelt es sich um eine modernisierte Konzeptualisierung der Selbstbestimmung. Mittels der folgenden Logiken wird damit festgelegt, wie ein Individuum die Selbstbestimmung erlangt (▶ Abb. 2):

Intrinsische Motivation bewirkt eine Überzeugung von der eigenen Handlungskontrolle (»action-control belief«). Diese Überzeugung entwickelt sich entsprechend den Chancen und Risiken, die sowohl von der Person als auch vom Umfeld ausgehen. Sie wird insbesondere durch die persönliche Überzeugung von den eigenen Fähigkeiten, ein Ziel erreichen zu können (»control expectancy be-

---

35 Agentic action: aktive Handlung; aktiv in Richtung der Erreichung der selbst gesteckten Zielen sein.

lief«), der Identifizierung der verfügbaren Mittel zur Erreichung des Ziels (»agency beliefs«) und der Kausalitätsüberzeugung (»causality beliefs«) geformt. Die erstgenannte Überzeugung resultiert in eine intentionale Handlung (»volitional action«). Diese wiederum ermöglicht es, Entscheidungen zu treffen oder für Gründe, die zu den Entscheidungen geführt haben, Verantwortung zu übernehmen und sie zu verinnerlichen. Die »agentic action« ermöglicht schließlich, konkrete Mittel zum Erreichen der gesetzten Ziele freizusetzen.

Diese Dynamik führt zu einer fortwährenden Selbstevaluation, in deren Verlauf das Individuum die eigenen Handlungen in einer Reifungsspirale der Selbstbestimmung bewertet. Die zunehmend internalisierte Kontrollüberzeugung führt zu vermehrten Ambitionen, einem gesteigerten Wohlbefinden sowie einem verbesserten Problemlösungspotenzial (Shogren et al. 2017).

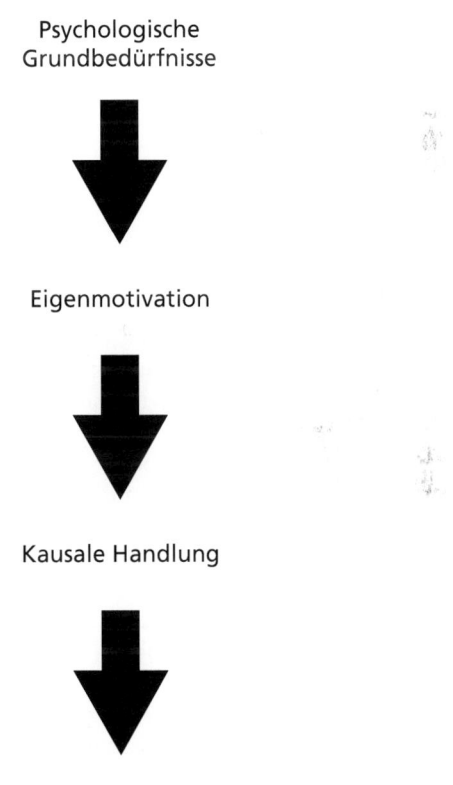

Abb. 2: Die Entwicklung der Selbstbestimmung (freie Übersetzung, vereinfacht nach Shogren et al. 2017)

10.4 Unterstützung der Selbstbestimmung

Die Förderung von autistischen Studierenden während der oben beschriebenen Phasen der Selbstbestimmung ermöglicht die Unterstützung auf ihrem Weg zu einem unabhängigen und selbstbestimmten Leben und erleichtert so den Übergang vom Studium ins Berufsleben (Lei & Russell 2021; auch ▶ Kap. 5 in diesem Band).

10.4.1 Die Rolle von autistischen Studierenden beim Erlangen der Selbstbestimmung

Ein erster Schritt zur Selbstbestimmung kann bereits bei der Wahl des Studienfachs unternommen werden, indem autistische Studierende dazu angeleitet werden, ihre Grundbedürfnisse im Verhältnis zu ihren akademischen Ambitionen, insbesondere in den Bereichen »Autonomie«, »Kompetenz« und »Bindung«, zu identifizieren. Diese drei Kriterien können beim Übergang zu universitären Studien eine entscheidende Rolle spielen. Bezüglich der Bindungen bringt dieser Übergang eine Reihe von Veränderungen mit sich, die ohne ein stabiles soziales Umfeld bisweilen schwer zu bewältigen sind. Dies kann sich auf die Wahl der Universität in Bezug auf die Entfernung zu Bezugspersonen auswirken. Die betroffenen Studierenden benötigen folgende Kompetenzen, um ihre intrinsische Motivation heranzubilden: kognitive Stärken (z. B. Detailgenauigkeit), eine analytische Beobachtungsgabe und Merkfähigkeit, aber auch Ausdauer, Aufrichtigkeit und die Fähigkeit, das Studium auf eigene spezifische Interessen auszurichten (Lei & Russell 2021; Van Hees et al. 2015). In Bezug auf den Aspekt der Autonomie könnte ein praktischer Ansatzpunkt in dieser Phase darin bestehen, bereits vor dem Übergang zur Universität die Fähigkeiten des praktischen Lebens und den Umgang mit einem Planungsinstrument zu trainieren.

Im Universitätsleben angekommen, ziehen es einige autistische Studierende vor, ihre Selbstbestimmungsbemühungen auf den akademischen Erfolg zu fokussieren, während andere Freude am sozialen Experimentieren mit Peers finden. Letzteres setzt, wenn es von wiederholten Erfolgen begleitet wird, eine Erfolgsspirale des sozialen Experimentierens in Gang, die vielen Vorurteilen über Autismus und Selbstbestimmung widerspricht (Lei & Russel 2021). Beobachtet wurde auch, dass viele autistische Studierende dem Studium Vorrang einräumen, während ihre neurotypischen Peers tendenziell anderen Lebensbereichen (z. B. Sozialleben, Partnerschaft, Freizeit) den Vorzug geben (White et al. 2018).

Während des Studiums reicht manchmal eine niedrigschwellige Begleitung aus, um kausale Handlungen zu unterstützen, wie die Wertschätzung der besonderen Funktionsfähigkeit der betroffenen Person mit Blick auf eine Stärkung ihres Wissens und des Bewusstseins ihrer selbst (Gurbuz et al. 2019; Quartenoud & Ruffieux 2022). Autistische Merkmale wie das Bedürfnis nach Routine oder sensorischer Ruhe können von den Betroffenen schrittweise erkannt und ohne Abgleich mit einer Vergleichsnorm in den Alltag integriert und gelebt werden. Solche Etappen sind bereits der erste Schritt zur oben beschriebenen Überzeugung von der eigenen Fähigkeit zur Handlungskontrolle, indem die eigene Identität mit und nicht trotz ihrer Besonderheiten verinnerlicht wird. Diese Selbsterkenntnis stärkt die Fähigkeit, eigene Bedürfnisse zu erkennen, um bewusste und der eigenen Realität angemessene Entscheidungen zu treffen (McDonald et al. 2022; McPeake et al. 2023), und entspricht dem Kriterium der oben beschriebenen intentionalen Handlung. Die Unterstützung des »agentischen Handelns« zeigt konkrete Wege auf, um selbst gesteckte Ziele zu erreichen, die als Herausforderungen erkannt wurden, z. B. das Zeitmanagement, die Organisation selbstständigen Arbeitens und der Freizeit, die Einhaltung von Fristen, das Mitteilen des Autismus, Angst, sensorische Ermüdung oder die Verteidigung persönlicher Interessen (Van Hees et al. 2015). In dieser häufiger angewendeten Facette der »agentic actions« stellen die Angewandte Verhaltensanalyse und die Aufgabenanalyse Ansätze dar, die als Hebel eingesetzt werden können und sich bereits als wirksam erwiesen haben (Hume et al. 2021; McConomy et al. 2022).

10.4.2 Die Rolle des Umfelds bei der Unterstützung der Selbstbestimmung von Studierenden

In der wissenschaftlichen Literatur wird eine Förderung der Forschung zur Unterstützung eines inklusiven Umfelds empfohlen. Es fehlt jedoch an Studien über die Selbstbestimmung von autistischen Studierenden. Die wenigen existierenden Studien beziehen die Betroffenen nur selten mit ein und wurden mehrheitlich in angelsächsischen Ländern durchgeführt (Anderson et al. 2018). Diversifizierung treibt akademische Exzellenz und Innovation voran (Marchiondo et al. 2021). In Bezug auf die Politik und die Leitung von Institutionen der Tertiärstufe scheint sich ein Wendepunkt abzuzeichnen: Es eröffnet sich die Möglichkeit, Neurodiversität in einem integren und tieferen Sinne in die Praxis miteinzubeziehen, oder aber es beginnt eine stille Ausgrenzung mit einem Anklang von »Neurowashing«. Eine solche Fehlentwicklung ließe sich durch die Anwendung verschiedener Ansätze zugunsten einer umfeldgestützten Förderung der Selbstbestimmung vermeiden.

Erstens ist es hilfreich, das akademische Umfeld ganzheitlich zu betrachten, d.h. Studierende, Dozierende, das administrative Personal, Peers, Verwandte oder das relevante soziale Umfeld sowie bildungsbezogene politische Maßnahmen zu berücksichtigen. Sie alle haben einen Einfluss und können dadurch ein inklusives Umfeld und die selbstbestimmte Entwicklung unterstützen (Marchiondo et al. 2021; White et al. 2018). Zweitens würden vermehrte Spätdiagnosen und Diagnosen von Autismus bei Frauen die Erkennung von Autismus auf der Tertiärstufe verbessern, da Autismus oft erst im Erwachsenalter belastend wirkt (Carpenter et al. 2019; McClain et al. 2019).

Im akademischen Umfeld erweist sich zudem Wissen als Angelpunkt für Inklusion (Quartenoud & Ruffieux 2022). Die Universität Freiburg-Schweiz hat somit ihre Strategie vor anderen Formen der Sensibilisierung auf dem Wissen aufgebaut (▶ Kap. 13 in diesem Band). Die E-Plattform mit den dargebotenen

Informationen stellt eine wirksame und kostengünstige Initiative dar (Quartenoud & Ruffieu 2020, 2022).

Die flexible Gestaltung der Unterrichtspraxis durch das Universal Design for Learning bietet eine weitere Möglichkeit, die Lernumgebung neu zu gestalten und den Dozierenden zugleich einen individuell anpassbaren Handlungsspielraum zu gewähren (Fornauf & Erickson 2020). Gerade Dozierende spielen eine Schlüsselrolle bei der Förderung der Autonomie auf der Tertiärstufe. Ihre Rolle kann sowohl in der Förderung von Kompetenzen im Bereich der Arbeitsstrukturierung als auch in der Erleichterung des Aufbaus sicherer Bindungen zu den Studierenden bestehen (Ayllón et al. 2019). Dozierende können ein Arbeitsumfeld schaffen, in dem die Studierenden selbstbestimmtes Verhalten entfalten können, bspw. durch eine Fokussierung auf autonome Entscheidungen, Problemlösungsstrategien und Selbstregulierung (White et al. 2018). Schließlich ist die Bereitstellung eines nicht nur angepassten, sondern erweiterten Lehrplans durch ein gezieltes Unterstützungsangebot für die interessierten Studierenden ein kostengünstiger Weg, um sowohl die akademische Exzellenz als auch die Chancengleichheit aller Studierenden zu garantieren (Lee et al. 2006).

10.5 Selbstbestimmung: Prämisse des Konzepts der wellenförmigen Inklusion

Selbstbestimmung ist kein abstraktes Konzept, sondern ein wesentliches Element zur Unterstützung des Studienerfolgs von autistischen Studierenden auf der Tertiärstufe. Es hat sich gezeigt, dass die in diesem Kapitel diskutierten Instrumente zur Unterstützung der Selbstbestimmung dieser besonderen Gruppe allen Studierenden zugutekommen – ähnlich wie das Konzept der Inklusion oder das Universal Design for Learning (White et al 2018). In diesem Sinne kann Selbstbestimmung für alle Studierenden ohne Unterscheidungen gefördert werden. Sie kann als Teil einer wellenförmigen Inklusion verstanden werden, bei der die speziell für autistische Studierende angebotene Unterstützung eine Bewegung auslöst, die allen zugutekommt.

Für das betroffene Umfeld bleibt Wissen das zugänglichste Instrument, um Konzepte wie Neurodiversität und Autismus bewusst zu machen und sie parallel dazu in eine tiefgreifende und gelebte Realität miteinzubeziehen. Auch wenn die formale Schulung des Personals zwar weiterhin von Nutzen ist, so haben die im akademischen Umfeld tätigen Führungspersonen aufgrund ihrer Haltung und ihres Diskurses die Möglichkeit, das gesamte Personal sozial zu beeinflussen (Marchiondo et al. 2021). Diversität, und insbesondere Neurodiversität, ist letztlich in allen akademischen Bereichen, einschließlich des Personals, präsent. Der Hochschulkontext ist somit multifaktoriell, mehrstufig und interaktiv (Shogren et al. 2020). Die Unterstützung der Selbstbestimmung als eine Art Hebel zur Förderung von Inklusion zu betrachten, eröffnet die Möglichkeit, die Entwicklung von inklusiven Praktiken behutsam und zugleich präzise anzugehen.

10.6 Literatur

American Psychiatric Association (2013). *Diagnostic and statistical manual of mental disorders* (5th ed.). Washington, DC: American Psychiatric Association Anderson.

Anderson, A. H., Carter, M. & Stephenson, J. (2018). Perspectives of University Students with Autism Spectrum Disorder. *Journal of Autism and Developmental Disorders, 48*(3), 651–665. https://doi.org/10.1007/s10803-017-3257-3

Axbey, H., Beckmann, N., Fletcher-Watson, S., Tullo, A. & Crompton, C. J. (2023). *Innovation through neurodiversity: Diversity is beneficial. Autism*, 136236132311586. https://doi.org/1 0.1177/13623613231158685

Ayllón, S., Alsina, Á. & Colomer, J. (2019). Teachers' involvement and students' selfefficacy: Keys to achievement in higher education. *PLoS ONE, 14*(5), 1–11. https://doi.org/10.1371/journal.pone.0216865

Bakker, T., Krabbendam, L., Bhulai, S. & Begeer, S. (2019). Background and enrollment characteristics of students with autism in higher education. *Research in Autism Spectrum Disorders, 67*(March), 101424. https://doi.org/10.1016/j.rasd.2019.101424

Cage, E., De Andres, M. & Mahoney, P. (2020). Understanding the factors that affect university completion for autistic people. *Research in Autism Spectrum Disorders, 72*(February), 101519. https://doi.org/10.1016/j.rasd.2020.101519

Cain, M. K., Kaboski, J. R. & Gilger, J. W. (2019). Profiles and academic trajectories of cognitively gifted children with autism spectrum disorder. *Autism, 23*(7), 1663–1674. https://doi.org/10.1177/1362361318804019

Carpenter, B., Happé, F. & Egerton, J. (2019). *Girls and autism. Educational, family and personal perspectives.* London: Routledge.

CDC, C. for D. C. and P. (2014). Prevalence of autism spectrum disorder among children aged 8 years. Autism and Developmental Disabilities Monitoring Network, 11 Sites, United States, 2010. Morbidity and Mortality Weekly Report (MMWR) *Surveillance Summary, 63*(2). Online verfügbar unter: https://www.cdc.gov/mmwr/pdf/ss/ss6302.pdf.

Charman, T., Pickles, A., Simonoff, E., Chandler, S., Loucas, T. & Baird, G. (2011). IQ in children with autism spectrum disorders: Data from the Special Needs and Autism Project (SNAP). *Psychological Medicine, 41*(3), 619–627. https://doi.org/10.1017/S003329171 0000991

Cobb-Clark, D. A. (2015). Locus of control and the labor market. *IZA Journal of Labor Economics, 4*(1), 1–19. https://doi.org/10.1186/s40172-014-0017-x

Deci, E. L. (1980). *The psychology of self-determination.* Lanham, Maryland: Lexington Books.

Deci, E. L. & Ryan, R. M. (1985). *Intrinsic motivation and self-determination in human behavior.* Springer. https://doi.org/10.1007/978-1-4899-2271-7

Dijkhuis, R., de Sonneville, L., Ziermans, T., Staal, W. & Swaab, H. (2020). Autism Symptoms, Executive Functioning and Academic Progress in Higher Education Students. *Journal of Autism and Developmental Disorders, 50*(4), 1353–1363. https://doi.org/10.1007/s10803-019-04267-8

Doernberg, E. & Hollander, E. (2017). *Neurodevelopmental Disorders (ASD and ADHD). DSM-5*, 2016, 295–299. https://doi.org/10.1017/S1092852916000262

Fletcher-Watson, S. (2022). Transdiagnostic neurodiversity paradigm. *Journal of Child Psychology and Psychiatry, 63*:4, 418–420. https://doi.org/doi:10.1111/jcpp.13589

Fornauf, B. S. & Erickson, J. D. (2020). Toward an Inclusive Pedagogy through Universal Design for Learning in Higher Education: A Review of the Literature. *Journal of Postse-*

condary Education and Disability, 33(2), 183–199. Online verfügbar unter: http://search.ebscohost.com/login.aspx?direct=true&db=eric&AN=EJ1273677&site=ehost-live&scope=site.

Fougeyrollas, P. (2016). Influence d'une conception sociale, interactionniste et situationnelle du handicap au sein d'un mécanisme de suivi de la mise en œuvre du droit à l'égalité: le modèle québécois. *Revue Française Des Affaires Sociales, 1*(4), 51. https://doi.org/10.3917/rfas.164.0051

Goldfarb, Y., Golan, O. & Gal, E. (2023). A Self-Determination Theory Approach to Work Motivation of Autistic Adults: A Qualitative Exploratory Study. *Journal of Autism and Developmental Disorders, 53*(4), 1529–1542. https://doi.org/10.1007/s10803-021-05185-4

Gurbuz, E., Hanley, M. & Riby, D. M. (2019). University Students with Autism: The Social and Academic Experiences of University in the UK. *Journal of Autism and Developmental Disorders, 49*(2), 617–631. https://doi.org/10.1007/s10803-018-3741-4

Hume, K., Steinbrenner, J. R., Odom, S. L., Morin, K. L., Nowell, S. W., Tomaszewski, B., Szendrey, S., McIntyre, N. S., Yücesoy-Özkan, S. & Savage, M. N. (2021). Evidence-Based Practices for Children, Youth, and Young Adults with Autism: Third Generation Review. *Journal of Autism and Developmental Disorders, 51*(11), 4013–4032. https://doi.org/10.1007/s10803-020-04844-2

Jackson, S. L. J., Hart, L. & Volkmar, F. R. (2018). Preface: Special Issue—College Experiences for Students with Autism Spectrum Disorder. *Journal of Autism and Developmental Disorders, 48*(3), 639–642. https://doi.org/10.1007/s10803-018-3463-7

Lee, N. R., McQuaid, G. A., Grosman, H. E., Jayaram, S. & Wallace, G. L. (2022). Vocational Outcomes in ASD: An Examination of Work Readiness Skills as well as Barriers and Facilitators to Employment Identified by Autistic Adults. *Journal of Autism and Developmental Disorders*, 0123456789. https://doi.org/10.1007/s10803-022-05804-8

Lee, S. H., Amos, B. A., Gragoudas, S., Lee, Y., Shogren, K. A., Theoharis, R. & Wehmeyer, M. L. (2006). Curriculum augmentation and adaptation strategies to promote access to the general curriculum for students with intellectual and developmental disabilities. *Education and Training in Developmental Disabilities, 41*(3), 199–212.

Lei, J. & Russell, A. (2021). Understanding the role of self-determination in shaping university experiences for autistic and typically developing students in the United Kingdom. *Autism, 25(5)*, 1262–1278. https://doi.org/10.1177/1362361320984897

Little, T. D., Hawley, P. H., Heinrich, C. C. & Marsland, K. W. (2002). Three views of the agentic self: A developmental synthesis. In E. L. Deci & R. M. Ryan (Eds.), *Handbook of self-determination research* (University, pp. 389–404).

Long, É. (2023). »Difference which makes a difference« (Bateson, 1972). how the neurodiversity paradigm and systemic approaches can support individuals and organisations to facilitate more helpful conversations about autism. *Journal of Social Work Practice, 37*(1), 109–118. https://doi.org/10.1080/02650533.2022.2142768

Marchiondo, L. A., Verney, S. P. & Venner, K. L. (2021). Academic leaders' diversity attitudes: Their role in predicting faculty support for institutional diversity. *Journal of Diversity in Higher Education, 16*(3), 323–332. https://doi.org/10.1037/dhe0000333

McClain, M. B., Harris, B., Schwartz, S. E., Benallie, K. J., Golson, M. E. & Benney, C. M. (2019). Brief Report: Development and Validation of the Autism Spectrum Knowledge Scale General Population Version: Preliminary Analyses. *Journal of Autism and Developmental Disorders, 49*(7), 3007–3015. https://doi.org/10.1007/s10803-019-04019-8

McConomy, M. A., Root, J. & Wade, T. (2022). Using Task Analysis to Support Inclusion and Assessment in the Classroom. *Teaching Exceptional Children, 54*(6), 414–422. https://doi.org/10.1177/00400599211025565

McDonald, T. A. M., Lalani, S., Chen, I., Cotton, C. M., MacDonald, L., Boursoulian, L. J., Wang, J. & Malow, B. A. (2022). Appropriateness, Acceptability, and Feasibility of a Neurodiversity-Based Self-determination Program for Autistic Adults. *Journal of Autism and Developmental Disorders, 53*(8), 2933–2953. https://doi.org/10.1007/s10803-022-05598-9

McPeake, E., Lamore, K., Boujut, E., El Khoury, J., Pellenq, C., Plumet, M. H. & Cappe, E. (2023). »I just need a little more support«: A thematic analysis of autistic students' experience of university in France. Research in *Autism Spectrum Disorders, 105*(04), 1–14. https://doi.org/10.1016/j.rasd.2023.102172

Pesonen, H. V., Waltz, M., Fabri, M., Lahdelma, M. & Syurina, E. V. (2021). Students and graduates with autism: perceptions of support when preparing for transition from university to work. *European Journal of Special Needs Education, 36*(4), 531–546. https://doi.org/10.1080/08856257.2020.1769982

Pulos, J. M., Morin, K. L., Peltier, C., Sinclair, T. E. & Williams-Diehm, K. L. (2023). Effects of the SDLMI on Academic and Nonacademic Behaviors: A Meta-Analysis. *Journal of Behavioral Education, 0123456789*. https://doi.org/10.1007/s10864-023-09508-6

Quartenoud, N. & Ruffieux, N. (2020). *Autism&Uni. 2020*. Online verfügbar unter: https://www.unifr.ch/go/autism, Zugriff am 20.09.2024.

Quartenoud, N. & Ruffieux, N. (2022). Autismus auf der Tertiärstufe: eine E-plattform zur Information und Unterstützung. *Schweizerische Zeitschrift Für Heilpädagogik, 28*, 1–2.

RIPPH (2023). *Le Modèle de développement humain – Processus de production du handicap (MDH-PPH)*. Online verfügbar unter: https://ripph.qc.ca/modele-mdh-pph/le-modele/, Zugriff am 20.09.2024.

Ryan, R. M. & Deci, E. L. (2000). Self-determination theory and the facilitation of intrinsic motivation, social development, and well-being. *American Psychologist, 55*(1), 68–78. https://doi.org/10.1037/0003-066X.55.1.68

Schalock, R. L. (2004). The concept of quality of life: What we know and do not know. *Journal of Intellectual Disability Research, 48*(3), 203–216. https://doi.org/10.1111/j.1365-2788.2003.00558.x

Schuck, R. K., Tagavi, D. M., Baiden, K. M. P., Dwyer, P., Williams, Z. J., Osuna, A., Ferguson, E. F., Jimenez Muñoz, M., Poyser, S. K., Johnson, J. F. & Vernon, T. W. (2022). Neurodiversity and Autism Intervention: Reconciling Perspectives Through a Naturalistic Developmental Behavioral Intervention Framework. *Journal of Autism and Developmental Disorders, 52*(10), 4625–4645. https://doi.org/10.1007/s10803-021-05316-x

SEFRI (2023). *Système éducatif suisse*. Secrétariat d'état à La Formation, à La Recherche et à l'innovation. Online verfügbar unter: https://www.sbfi.admin.ch/sbfi/fr/home/formation/l-espace-suisse-de-formation/systeme-educatif-suisse.html, Zugriff am 15.07.2024.

Shogren, K. A., Lee, J. & Panko, P. (2017). An Examination of the Relationship Between Postschool Outcomes and Autonomy, Psychological Empowerment, and Self-Realization. *Journal of Special Education, 51*(2), 115–124. https://doi.org/10.1177/0022466916683171

Shogren, K. A., Little, T. D. & Wehmeyer, M. L. (2017). Human Agentic Theories and the Development of Self-Determination. In *Development of Self-Determination Through the Life-Course*, 17–26.

Shogren, K. A., Luckasson, R. & Schalock, R. L. (2020). Using a multidimensional model to analyze context and enhance personal outcomes. *Intellectual and Developmental Disabilities, 58*(2), 95–110. https://doi.org/10.1352/1934-9556-58.2.95

Shogren, K. A., Palmer, S. B., Wehmeyer, M. L., Williams-Diehm, K. & Little, T. D. (2012). Effect of Intervention With the Self-Determined Learning Model of Instruction on Access and Goal Attainment. *Remedial and Special Education, 33*(5), 320–330. https://doi.org/10.1177/0741932511410072

Stein, D. J., Szatmari, P., Gaebel, W. & Berk, M. (2020). Mental, behavioral and neurodevelopmental disorders in the ICD-11: An international perspective on key changes and controversies. *Journal Fur Neurologie, Neurochirurgie Und Psychiatrie, 21*(1), 30–32.

Van Hees, V., Moyson, T. & Roeyers, H. (2015). Higher Education Experiences of Students with Autism Spectrum Disorder: Challenges, Benefits and Support Needs. *Journal of Autism and Developmental Disorders, 45*(6), 1673–1688. https://doi.org/10.1007/s10803-014-2324-2

Wehmeyer, M. L. (1999). A Functional Model of Self-Determination Describing Development and Implementing Instruction. *Focus on Autism and Other Developmental Disabilities, 14*, 53–62.

Wehmeyer, M. L. (2005). Self-determination and individuals with severe disabilities: Re-examining meanings and mis-interpretations. Research and Practice for Persons with Severe Disabilities. *Practice for Persons with Severe Disabilities, 30*(3), 113–120. https://doi.org/10.2511/rpsd.30.3.113

Wehmeyer, M. L., Shogren, K. A., Little, T. D. & Lopez, S. J. (2017). Development of self-determination through the life-course. In *Development of Self-Determination Through the Life-Course*. https://doi.org/10.1007/978-94-024-1042-6

White, K., Flanagan, T. D. & Nadig, A. (2018). Examining the Relationship Between Self-Determination and Quality of Life in Young Adults with Autism Spectrum Disorder. *Journal of Developmental and Physical Disabilities, 30*(6), 735–754. https://doi.org/10.1007/s10882-018-9616-y

World Health Organization. (2001). *International Classification of Functioning Disability and Health (ICF)*. Online verfügbar unter: https://apps.who.int/gb/archive/pdf_files/WHA54/ea54r21.pdf, Zugriff am 20.09.2024.

Zeedyk, S. M., Bolourian, Y. & Blacher, J. (2019). University life with ASD: Faculty knowledge and student needs. *Autism, 23*(3), 726–736. https://doi.org/10.1177/1362361318774148

III Ansätze und Perspektiven für ein autismussensibles Studium an Hochschulen

11 Brücken bauen: Perspektivenübernahme zwischen Studierenden im Autismus-Spektrum und Dozierenden wechselseitig gestalten

Eva Stucki & Andreas Eckert

11.1 Einleitung

Studieren mit Autismus-Diagnose kann sowohl für die Studierenden selbst als auch für die Dozierenden zusätzliche Herausforderungen mit sich bringen. Diese beziehen sich in der Regel weniger auf die fachlichen oder kognitiven Anforderungen des Studiums als vielmehr auf unterschiedliche Aspekte der Gestaltung und des Erlebens des Hochschulkontextes, auf struktureller und interaktionaler Ebene. Wenngleich manche Herausforderungen sicherlich nicht ausschließlich für Studierende im Autismus-Spektrum und ihre Dozierenden relevant sind, erhalten sie unseres Erachtens für Studierende und Dozierende bei Autismus in der Regel jedoch einen besonderen Stellenwert.

In einem ersten Schritt werden wir in diesem Beitrag zur Beschreibung der Ausgangslage mögliche Aspekte, die Hindernisse oder Missverständnisse entstehen lassen können und eine wechselseitige Perspektivenübernahme im Hochschulkontext erschweren, benennen und anhand exemplarischer Fragen konkretisieren. Anschließend erfolgt der Versuch, unser grundlegendes Autismusverständnis mit einem Bezug zur aktuellen Neurodiversitätsdebatte zu skizzieren. Darauf aufbauend werden wir im folgenden Teil dieses Beitrags ausgewählte Situationen aus dem Studienalltag als Grundlage für die Reflexion einer gelingenden, wechselseitigen Perspektivenübernahme und Gestaltung der Interaktionen zwischen Studierenden im Autismus-Spektrum und Dozierenden nutzen. Eine zentrale Zielsetzung stellt es für uns dabei dar, sowohl Studierenden als auch Dozierenden konkrete Anregungen für den Hochschulalltag mitzugeben.

11.2 Ausgangslage

Das Wahrnehmen und Reflektieren besonderer Anforderungen bzw. Herausforderungen, die einerseits Studierende im Autismus-Spektrum während ihres Studiums, andererseits Dozierende in ihren Begegnungen mit den Studierenden erleben können, bilden für uns zentrale Voraussetzungen für eine wechselseitige Gestaltung gelingender Interaktionen im Studium. Nachfolgend werden diesbezüglich zentrale Aspekte anhand von Fragen zusammengetragen, die sich teils an Studierende, teils an Dozierende richten. Der Fragensammlung liegen sowohl eigene Erfahrungen als auch der Austausch mit weiteren Studierenden und Dozierenden zugrunde.

Organisatorische Aspekte: Wann werden Seminarskripte zur Verfügung gestellt? Werden Änderungen (frühzeitig) kommuniziert? Sind Aufträge klar definiert und formuliert? Werden Vorlesungen aufgezeichnet und digital zur Verfügung gestellt? Können verspätete Abgaben von Leistungsnachweisen akzeptiert werden?

Offenheit bezüglich kommunikativer Konventionen: Welchen Stellenwert nehmen Blickkontakt sowie der Einsatz von Gestik und Mimik in der wechselseitigen Kommunikation im Studium ein? Wie werden Unterschiede wahrgenommen und zu welchen Reaktionen führen sie? Wie wird bspw. auf ein verzögertes Antwortverhalten reagiert?

Wahrnehmung und Bewertung von Diversität: Wie nehmen sich einzelne Studierende im Vergleich zu anderen wahr? Wie werden sie von Dozierenden wahrgenommen? Werden gesellschaftliche Konventionen und Normen an der Hochschule thematisiert und reflektiert?

Akzeptanz von individuellen Lernformen: Besteht ein allgemeines Wissen über und wechselseitiges Verständnis für unterschiedliche Formen des Wahrnehmens und der Verarbeitung von Informationen? Welcher Raum wird individuellen Lernformen gegeben?

Festgelegte Rollen und Machtgefälle: Wie wirken sich die vordefinierten Rollen von Studierenden und Dozierenden auf die Interaktionen aus? Gibt es Begegnungen auf Augenhöhe? Können individuelle Belange und Bedürfnisse angemessen eingebracht werden? Sind Dozierende bereit, individuelle Regeln zu akzeptieren und umzusetzen?

Generationenunterschiede: Welche Rolle spielen die häufig bestehenden Alters- und Generationenunterschiede zwischen Studierenden und Dozierenden hinsichtlich der Wahrnehmung und Interpretation von Rollen und Hierarchien? Welchen Einfluss haben Generationsunterschiede auf die Wahrnehmung von Diversität und Individualität?

Autismusverständnis: Welches konkrete Wissen über Autismus liegt bei Dozierenden vor? Wie beschreiben Studierende im Einzelfall ihre persönliche Wahrnehmung in Bezug auf Autismus? Inwieweit decken sich individuelle Vorstellungen von Studierenden und Dozierenden?

Verständnis der Diagnose: Werden offengelegte Diagnosen generell als »unterstützendes Konstrukt« oder als »limitierende Tatsache« verstanden? Welche Vor- und Nachteile bringt das offene Kommunizieren der eigenen Autismus-Diagnose für die Studierende mit sich? In welchem Kontext und welchen Personen wird die Diagnose mitgeteilt, oder eben nicht?

Strukturelle Bedingungen: Ist es für Studierende und Dozierende eindeutig geregelt, welche Unterstützungs- und Entlastungsangebote genutzt werden können? Sind Möglichkeiten des Nachteilsausgleichs von Hochschulseite klar formuliert?

Stehen bei Unklarheiten sowohl für Studierende als auch für Dozierende Ansprechpartner*innen zur Verfügung?

Ausgehend von der Reflexion dieser Aspekte stellt sich für uns die Anschlussfrage, was es konkret benötigt, um die Kommunikation und Interaktion zwischen Studierenden im Autismus-Spektrum und ihren Dozierenden gelingend zu gestalten und auf diesem Weg Hindernisse im Studium abzubauen. Zentral erscheint uns dabei, neben dem Wissen über organisatorische und strukturelle Optionen im Hochschulkontext, sich der unterschiedlichen Perspektiven bewusst zu sein und sich um eine wechselseitige Perspektivenübernahme zu bemühen. Dies kann teils genauso herausfordernd wie relevant sein, ist zugleich für alle Beteiligten erstrebenswert und in der Regel sehr gewinnbringend.

11.3 Unser Autismusverständnis

11.3.1 Autismus und Neurodiversität

> »I'm autistic, which means everyone around me has a disorder that makes them say things they don't mean, not care about structure, fail to hyperfocus on singular important topics, have unreliable memories, drop weird hints and creepily stare into my eyeballs.«
> »So why do people say YOU'RE the weird one«?
> »Because there's more of them than me«.
> (Chris Bonello X-Post, 2018)

Wie dieser kurze Dialog von Chris Bonello – einem autistischen Lehrer und Aktivisten – prägnant verdeutlicht, beschreibt Autismus eine Form der Wahrnehmung und des Denkens, die sich von der Form, wahrzunehmen und zu denken, einer breiten gesellschaftlichen Mehrheit scheinbar deutlich unterscheidet. Vor dem Hintergrund dieser Normabweichung wird Autismus, insbesondere im medizinischen Kontext, vielfach als Störung tituliert.

Die Perspektive der Neurodiversität greift die Vielfalt menschlichen Wahrnehmens und Denkens auf, betrachtet Autismus dabei wertfrei als eine Variante neurologischer Diversität und distanziert sich deutlich von einem Verständnis des Autismus als Störung (Lindmeier & Grummt 2023). Der Titel der autobiografischen Betrachtungen »Anders nicht falsch« von Maria Zimmermann (2023) bringt eine zentrale Aussage der Neurodiversitätsperspektive markant auf den Punkt. Wenngleich das relative Anderssein wahrgenommen wird, entspricht dies keinem Fehler, sondern beschreibt auf der Ebene des Wahrnehmens und Denkens das Resultat einer spezifischen Ausprägung neuronaler Strukturen.

Das Konzept der Neurodiversität hat seine Ursprünge in der Selbstvertretungsbewegung »Autism Rights Movement« der 1990er Jahre (Heuer 2023, 62). Im deutschsprachigen Raum hat es erst in den letzten zehn Jahren eine besondere Aufmerksamkeit erhalten, primär im Kontext von Selbstvertretungsorganisationen sowie im wissenschaftlichen Diskurs, dabei mittlerweile deutlich über das Thema Autismus hinaus.

Grummt (2023) beschreibt in seiner fundierten Analyse des Neurodiversitätskonzepts, dass sich der Begriff der Neurodiversität in den letzten Jahrzehnten auf verschiedenen Ebenen ausdifferenziert hat. So kann er heute als »Paradigma, Identitätspolitik, soziale Dynamik und performative Wirksamkeit divergierenden Denkens, Wahrnehmens und Handelns« (ebd., 24) verstanden werden. Diese Betrachtungsweisen ergänzen einander, fokussieren je nach Kontext zugleich aber auch andere inhaltliche Schwerpunkte.

Für unser Autismusverständnis besonders relevant sind die Ebenen des Paradigmas, verstanden als »Weltsicht und Selbstverständnis« (ebd., 24), sowie der sozialen Dynamik, d. h. der Einordnung von Begrifflichkeiten, deren Definition und Interpretation in größere gesellschaftliche Kontexte. Auf einer konkreten Ebene bedeutet dies einerseits, dass wir den Gedanken des wertfreien Nebeneinanders unterschiedlicher menschlicher Formen des Denkens und Wahrnehmens unterstreichen und es als wichtig erachten, insbesondere in Kontexten, die durch ein Denken in Störungsbildern geprägt sind, stets bewusst für diese Perspektive einzutreten. Andererseits folgt daraus für uns nicht, beschreibende Begrifflichkeiten wie Autismus aufzuheben, sondern sie im jeweiligen sozialen Kontext mit Blick auf die Belange, Bedürfnisse und Innenperspektiven von Menschen im Autismus-Spektrum angemessen zu füllen.

Die in der aktuellen Fachdiskussion anzutreffende Aufteilung von Personengruppen in »neurodivers« (alle Menschen), »neurotypisch« (gesellschaftliche Mehrheit mit »typischen« neuronalen Strukturen) und »neurodivergent« (verschiedene gesellschaftliche Minderheiten mit ›divergenten‹ neuronalen Strukturen) verstehen wir in diesem Kontext als eine Zuordnung mit weichen Grenzen und Überschneidungen (▶ Abb. 3).

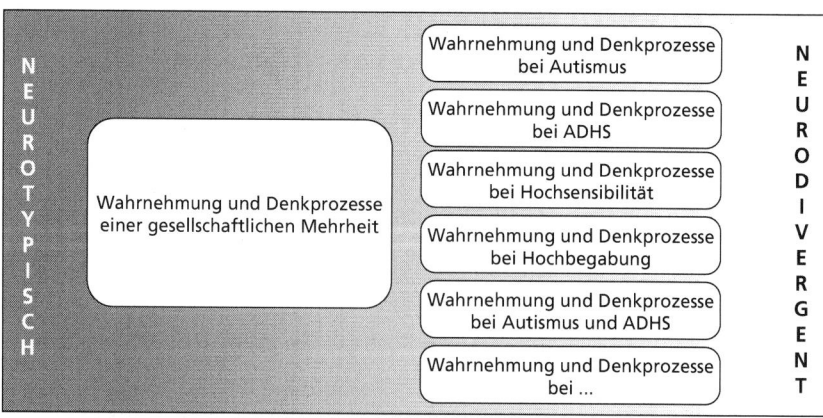

Abb. 3: Neurodiversität – Neuromehrheit und Neurominderheiten

Der Begriff Autismus beschreibt in diesem Sinne wie die Beschreibung anderer »Neurominderheiten« (Heuer 2023, 71) eine eigene Form der Wahrnehmung und des Denkens, deren Einordnung sich zwischen den fiktionalen Polen neurotypisch und neurodivergent nicht festschreiben lässt und nur im individuellen Einzelfall verstanden werden kann.

11.3.2 Autismus – Individuelle Vielfalt und Gemeinsamkeiten

Eine am Konzept der Neurodiversität orientierte Perspektive schließt unseres Erachtens die bewusste fachliche Auseinandersetzung mit den verschiedenen Formen des Denkens und Wahrnehmens – in diesem Beitrag des Autismus – nicht aus. Vielmehr sehen wir in dieser Auseinandersetzung gleich mehrere Chancen. *Erstens* kann ein erweitertes Wissen über Autismus ein besseres wechselseitiges Verständnis zwischen Personen im Autismus-Spektrum und nicht-autistischen Personen fördern und somit Missverständnisse reduzieren. *Zweitens* kann das Wissen über den eigenen Autismus einen wichtigen Beitrag zur Identitätsbildung leisten und wertvolle Kontakte zu anderen Personen im Autismus-Spektrum ermöglichen. *Drittens* gibt das Wissen über Autismus nicht-autistischen Menschen die Möglichkeit, ihre Art der Wahrnehmung zu reflektieren und gängige Konventionen zu überdenken. Und *viertens* bietet das Wissen über die jeweils charakteristischen Prozesse des Wahrnehmens und Denkens die Möglichkeit, in gesellschaftlichen und institutionellen Kontexten Barrieren abzubauen und autismusfreundliche Settings zu gestalten.

Eine Prämisse der Auseinandersetzung mit den Charakteristika des Autismus bildet unseres Erachtens, sich bewusst dem Spannungsfeld zwischen der individuellen Vielfalt der Erscheinungsformen des Autismus und möglichen autismusspezifischen Gemeinsamkeiten zu stellen. Mit dem folgenden Modell unternehmen wir den Versuch, die sichtbare Ebene des Wahrnehmens und Denkens bei Autismus zu beschreiben, ohne die Individualität der Erscheinungsformen aus dem Blick zu verlieren. Gedacht werden sollte das Modell mit einem individuell einzustellenden Schieberegler, der möglichst aus der Innenperspektive einer Person die Bedeutsamkeit der einzelnen Bereiche für ihr aktuelles Leben und Erleben beschreibt. Als Gemeinsamkeit kann benannt werden, dass die im Modell einbezogenen Kategorien für die meisten Personen im Autismus-Spektrum eine besondere Relevanz im Alltag haben. Intensität und Qualität können in den Kategorien zugleich deutlich variieren. Diesen Gedanken folgend hat das Modell keine diagnostische Funktion, sondern dient vielmehr allein dem Verstehen der individuellen Erscheinungsformen des Autismus.

Folgend werden die einzelnen Kategorien mit Stichworten skizziert. Mit dem Ziel des wechselseitigen Verstehens lässt sich dieses Modell grundsätzlich für Personen im Autismus-Spektrum sowie nicht-autistischen Personen anwenden, bspw. im gemeinsamen Dialog über Charakteristika des eigenen Denkens und Wahrnehmens.

- *Sensorische Sensitivitäten* – sensorische Vorlieben oder Abneigungen, Über- oder Unterempfindlichkeit in verschiedenen Sinnesbereichen

- *Soziale Wahrnehmung* – Gewichtung des Wahrnehmens von Emotionen, sozialen Signalen und Intentionen
- *Soziale Kommunikation* – eigene Form der Gesprächsführung und Kontaktgestaltung
- *Detailfokussierung* – Blick für Details, Aufmerksamkeitslenkung
- *Spezialinteressen* – intensive Auseinandersetzung mit präferierten Themen
- *Routinen und Wiederholungen* – Präferenz gleichbleibender Abläufe, Bedarf nach Gleichförmigkeit
- *Erwartungen und Vorhersehbarkeit* – feste Vorstellungen bei Handlungsabläufen, Bedarf nach Einhaltung von Planungen und Vorhersehbarkeit
- *Handlungsplanung* – Energieaufwand für Planung und Umsetzung von Aufgaben und Erledigungen

Abb. 4: Autismus – Individuelle Vielfalt und Gemeinsamkeiten

Nachdem wir unser Verständnis von Autismus als ein vielfältiges Spektrum erläutert haben, werden wir nachfolgend als Personenbeschreibung die Formulierung »Studierende im Spektrum« verwenden, den Autismus stets mitgedacht.

11.4 Situationen im Studienalltag: Anforderungen und Handlungsanregungen

Auf der Grundlage der vorangehenden Ausführungen wird nun ein Transfer relevanter Aspekte auf den Studienalltag folgen. Anhand exemplarisch aus der eigenen Praxis und dem Austausch mit Studierenden und Dozierenden ausgewählter Situationen werden wir mögliche Anforderungen aufzeigen, diese analysieren und Handlungsanregungen ableiten. Sowohl bei den dargestellten Anforderungen als auch bei den Handlungsanregungen stehen Studierende im Spektrum und Dozierende gleichermaßen im Fokus.

11.4.1 Kommunikation der eigenen Diagnose und individuellen Bedürfnisse

Die Fragen, »wem«, »in welcher Situation« und »auf welche Art und Weise« die eigene Diagnose und individuelle Bedürfnisse mitgeteilt werden sollten, beschäftigen zahlreiche Studierende im Spektrum. Eine zentrale Herausforderung liegt darin, die Autismus-Diagnose oder die individuellen Bedürfnisse so kommunizieren zu können, dass daraus einerseits konkrete Hilfestellungen abgeleitet werden können, andererseits Selbst- oder Fremdstigmatisierungen oder andere negative Auswirkungen (z. B. auf die berufliche Zukunft) ausbleiben.

Für Dozierende scheint der Umgang mit einer mitgeteilten Diagnose vielfach ebenfalls nicht einfach zu sein. Dies zeigt sich bspw. an den folgenden, im Studienalltag von Studierenden im Spektrum erlebten Reaktionen von Dozierenden:

»Autismus gibt es gar nicht. Die Symptome ergeben sich nur aus einer Kombination anderer psychischer Störungen.«

»Wir schauen, dass wir Sie durch die Veranstaltung kriegen. So Personen wie Sie braucht es. Peers sind ganz wichtig in der Psychologie.«

»Das hätte ich nie gedacht, dabei haben wir in unserem Forschungsprojekt die ganze Codierung der Emotionen und Bedürfnisse an deiner Einschätzung festgemacht.«

»Aber Sie kriegen das doch kompensiert, oder? Sie wirken auf mich nicht so, als hätten Sie Mühe damit. Warten wir's ab!«

Das Mitteilen der Diagnose einerseits und das Reagieren auf diese Mitteilung andererseits scheint in diesem Sinne häufig herausfordernd zu sein.

11.4.1.1 Situative Anforderungen und autismusspezifische Aspekte

11.4.1.1.1 Wahrnehmung und Bewertung von Diversität

Ob Studierende zu diesem Schritt bereit sind, hängt in großem Maß davon ab, wie mit Diversität an der jeweiligen Hochschule und ihren Abteilungen umgegangen wird. Ein offener und reflektierter Umgang mit Diversität und gesellschaftlichen Normen und Konventionen erleichtert beiden Seiten einen konstruktiven Umgang mit einer Autismus-Diagnose. Eine fehlende Offenheit oder Reflexion dieser Themen kann eine Kontraindikation für das Mitteilen der Diagnose darstellen.

11.4.1.1.2 Festgelegte Rollen und Machtgefälle

Nicht nur die Haltung der Hochschule ist entscheidend, sondern auch, wie Dozierende und Studierende ihre jeweilige Rolle interpretieren. Bei einem starren

Rollenverständnis mit deutlicher Hierarchiestruktur kann es leichter dazu kommen, dass sich Dozierende nicht in der Verantwortung sehen, den Studierenden im Spektrum entgegenzukommen, da es nicht ihrem Rollenprofil entspricht, auf »Sonderwünsche« von Studierenden eingehen zu müssen. Ebenso kann eine von Studierenden im Spektrum fälschlicherweise als starr interpretierte Hierarchie dazu führen, dass sie wenig Nutzen in der Kommunikation der Diagnose sehen.

11.4.1.1.3 Autismusverständnis

Das Autismusverständnis der Person im Spektrum selbst trägt dazu bei, wie gut es gelingt, die Diagnose zu kommunizieren. Das Wissen über Autismus und über die daraus resultierenden Unterschiede zu anderen Studierenden ist vielfach entscheidend, wenn es darum geht, erklären zu können, was Autismus bei einem selbst ausmacht, was leichtfällt und wo die Herausforderungen liegen. Auch das Wissen der Dozierenden kann ein Gelingensfaktor für die Kommunikation der Diagnose und den Umgang mit dieser sein. So sind Dozierende mit Wissen über Autismus weniger anfällig für Vorurteile, können das Gehörte besser einordnen und passendere Hilfestellungen bieten.

11.4.1.1.4 Verständnis der Diagnose als unterstützendes Konstrukt

Sowohl für die Studierenden als auch für die Dozierenden stellt es einen wichtigen Aspekt dar, ob sie die Diagnose als eine Verstehenshilfe und daraus resultierend als Grundlage für die Inanspruchnahme bzw. Bereitstellung adäquater Anpassungs- und Unterstützungsangebote sehen können. Die Autismus-Diagnose im universitären Kontext als Limitation zu interpretieren, erschwert das Miteinander.

11.4.1.1.5 Strukturelle Bedingungen

Das Wissen, welche Anpassungen Studierenden zustehen respektive welche Handlungsspielräume Dozierende haben, den Studierenden entgegenzukommen, ohne eine Ungleichbehandlung befürchten zu müssen, ist eine wichtige Voraussetzung für ein zielführendes Mitteilen der Diagnose. Wenig transparente Informationen oder sogar fehlende Regelungen an einer Hochschule können das Mitteilen der Diagnose und den Umgang mit dieser erschweren.

11.4.1.2 Anregungen für Studierende und Dozierende

11.4.1.2.1 Für Studierende

> ➤ Versuchen Sie, proaktiv günstige Rahmenbedingungen für das Mitteilen der Diagnose und möglicher individueller Bedürfnisse herzustellen. Bitten Sie bspw. frühzeitig um einen Gesprächstermin oder klären Sie den zeitlichen Rahmen des Gespräches vorab.

➢ Bereiten Sie sich inhaltlich auf das Gespräch vor. Welche Informationen braucht mein Gegenüber, um mit dem Wissen um meine Diagnose konstruktiv umgehen zu können? Wie erkläre ich Autismus generell und auf mich bezogen? Welche Herausforderungen können mich im Studienalltag erwarten? Welche Anpassungs- und Unterstützungsangebote können hilfreich sein? Wenn Sie es als hilfreich erachten, besprechen Sie offene Fragen vorab mit einer Vertrauensperson.
➢ Rechnen Sie mit unerwarteten Reaktionen der Dozierenden auf die Mitteilung der Diagnose. Auf die Mitteilung einer Autismus-Diagnose reagieren zu müssen, ist für viele Dozierende eine neue Erfahrung. Dementsprechend können ihre Reaktionen unbeholfen ausfallen. Das ist in der Regel nicht wertend oder persönlich gemeint, sondern kann der Ausdruck einer Verunsicherung des Gegenübers sein.

11.4.1.2.2 Für Dozierende

➢ Begegnen Sie Studierenden mit einer offenen, wertschätzenden Grundhaltung.
➢ Lassen Sie sich nicht von stereotypen Bildern über Autismus leiten, sondern hören Sie genau hin, wie sich die autismusspezifischen Gemeinsamkeiten bei den Studierenden individuell zeigen.
➢ Fragen Sie nach, wenn Unklarheiten bestehen oder Ihnen wichtige Informationen fehlen, um die Person verstehen oder unterstützen zu können.
➢ Nehmen Sie den geäußerten Anpassungs- und Unterstützungsbedarf ernst und versuchen Sie gemeinsam, praktikable Wege zu finden.
➢ Seien Sie sich der Vertraulichkeit der Mitteilung bewusst.

11.4.2 Gruppenarbeiten

Gruppenarbeiten gehören zu den herausforderndsten Situationen für Studierende im Spektrum. Bei einer Gruppenarbeit kommen sowohl zahlreiche autismusspezifische wie auch nicht direkt in der Diagnose begründete Aspekte zum Tragen. Einige dieser Herausforderungen entstehen in der Interaktion mit den anderen Studierenden. Viele andere Aspekte ergeben sich primär durch die Gestaltung des Settings und können durch einen guten Austausch zwischen Studierenden und Dozierenden deutlich reduziert werden. Eine erste große Herausforderung für Studierende im Spektrum kann bereits die Phase der Gruppenbildung darstellen. Darüber hinaus kann das notwendige Maß an Engagement von Studierenden im Spektrum anders eingeschätzt werden als von anderen Studierenden. So besteht bei nicht-autistischen Studierenden häufig eine Tendenz, eine Gruppenarbeit zunächst als Möglichkeit zum Austausch über Themen zu sehen, die in keinem direkten Bezug zur Aufgabenstellung stehen, bspw. über eine andere Veranstaltung, Prüfungen oder die Freizeit. Die Form der Ergebnispräsentation und die Verteilung von Zuständigkeiten erfolgen zudem häufig relativ spontan, was für Studierende im Spektrum eine enorme Belastung darstellen kann. Weitere Stressfaktoren können unklare Aufgabenstellungen sowie mangelnde Angaben zur Art oder dem

Umfang der Präsentation der Gruppenergebnisse sein. Dies kann bei Studierenden im Spektrum eine Tendenz zur Detailfokussierung verstärken, während nicht-autistische Studierende bei Unklarheiten vielfach eher eine erhöhte Oberflächlichkeit ableiten.

11.4.2.1 Situative Anforderungen und autismusspezifische Aspekte

11.4.2.1.1 Organisatorische Aspekte

Die Aufforderung »Bilden Sie Vierer- oder Fünfergruppen!« kann für Studierende im Spektrum ein großer Stressfaktor sein, besonders da es nicht-autistischen Personen häufig leichter fällt, sich zu vernetzen. Zu erkennen, ob sich eine Gruppe gerade neu bildet und offen für weitere Studierende ist oder sich bereits gefunden hat, kann für Studierende im Spektrum eine große Herausforderung darstellen und gleichzeitig den Erfolg der Gruppenfindung stark beeinflussen. Je nach Vorerfahrungen kann diese Situation zudem starke negative Emotionen triggern (Ängste, Scham, …).

Aufträge, die wenig präzise definiert sind, bieten viel Interpretationsspielraum bezüglich ihrer Umsetzung und des zu leistenden Arbeitsaufwands. Dies mit anderen Studierenden aushandeln zu müssen, kann für Personen im Spektrum einen großen bis kaum möglichen Zusatzaufwand bedeuten. Mündliche oder nur kurzzeitig visualisierte Aufträge sind für Studierende im Spektrum in der Regel wenig beständig und erschweren ebenso wie fehlende Angaben zur Präsentationsgestaltung und kurze Vorbereitungszeiten einerseits den Arbeitsprozess und kosten andererseits darüber hinaus häufig viel Kraft.

11.4.2.1.2 Wahrnehmung und Bewertung von Diversität

Das Arbeiten in der Gruppe kann eine erhöhte Konfrontation mit gesellschaftlichen Normen und Erwartungen mit sich bringen. Wird ein offener Umgang mit dem Thema Diversität gepflegt, können manche Erschwernisse bei Gruppenarbeiten wegfallen. Wenn Studierende weniger darauf achten müssen, Normen und Konventionen genau einzuhalten, haben sie mehr Kapazität, sich dem eigentlichen Auftrag zu widmen. Zudem kann es Studierenden im Spektrum leichter fallen, sich bei Schwierigkeiten zu melden, wenn sie wissen, dass Bewusstsein und Toleranz dafür an der Hochschule grundsätzlich vorhanden sind. Es ist anzunehmen, dass es auch für die einzelnen Dozierenden leichter wird, individuelle Lösungen und Anpassungen bei Gruppenarbeiten vorzunehmen, wenn sie wissen, dass dies nicht im Widerspruch zu Werten und Haltungen der jeweiligen Hochschule steht.

11.4.2.1.3 Akzeptanz von individuellen Lernformen und festgelegte Rollen und Machtgefälle

Studierenden im Spektrum kann es auch bei günstigen Rahmenbedingungen vereinzelt nicht möglich sein, an Gruppenarbeiten teilzunehmen. Dies zu akzeptieren, erfordert eine Offenheit bei Dozierenden, ihre Rolle der didaktischen Zuständigkeit und Verantwortung situativ zu hinterfragen und mit den Studierenden gemeinsam individuell passende Alternativen zu entwerfen und zu verhandeln. Auch für Studierende bedeutet dies, von ihrer klassischen Rolle der Anpassung an die Unterrichtsgestaltung der Dozierenden in eine aktiv aufklärende und einfordernde Position zu wechseln. Eine wertschätzende Grundhaltung im Miteinander bildet dabei für alle Beteiligten eine entscheidende Grundlage.

11.4.2.1.4 Autismusverständnis

Eigene individuelle, autismusspezifische Charakteristika und Bedürfnisse gut zu kennen, kann eine wichtige Hilfe für die Wahrnehmung und Formulierung unterstützender Anpassungen im Rahmen von Gruppenarbeiten sein. Dies kann helfen, bestehende Hindernisse und mögliche Erleichterungen passend in den Kontext einzuordnen.

Ein grundlegendes Wissen über Autismus ist in diesem Kontext ebenfalls für die Dozierenden relevant. Es führt zu einem besseren Verständnis, einerseits möglicher Hindernisse in der Umsetzung von Gruppenarbeiten, andererseits der Bedeutsamkeit teils nur geringer Anpassungen. Mit dem Wissen über Autismus im Allgemeinen und der Relevanz einzelner autismusspezifischer Aspekte bei der jeweiligen studierenden Person kann eine Teilnahme an Gruppenarbeiten deutlich vereinfacht werden.

11.4.2.2 Anregungen für Studierende und Dozierende

11.4.2.2.1 Für Studierende

➢ Versuchen Sie, bewusst wahrzunehmen, was für Sie persönlich bei der Umsetzung einer Gruppenarbeit hinderlich und hilfreich ist.
➢ Informieren Sie Dozierende und ggf. Mitstudierende über Regelungen und Anpassungen, die unterstützend sein können.
➢ Überlegen Sie alternative Formen der Leistungserbringung und schlagen diese den Dozierenden vor, wenn Ihnen eine Gruppenarbeit nicht umsetzbar oder sehr belastend erscheint.

11.4.2.2.2 Für Dozierende

➢ Kündigen Sie den Studierenden im Spektrum Gruppenarbeiten, wenn möglich, im Voraus an.

➢ Unterstützen Sie die Gruppenbildung, bspw. durch vorgegebene Aufteilungen oder Methoden der Gruppenbildung.
➢ Achten Sie auf inhaltlich eindeutige Formulierungen von Arbeitsaufträgen und Erwartungen. Visualisieren Sie diese.
➢ Bieten Sie klare organisatorische Rahmenbedingungen (Zeitumfang, Präsentationsform, Präsentationszeitpunkt) für Gruppenarbeiten an.
➢ Behalten Sie sensorische Aspekte des Settings im Blick. Ermöglichen Sie bspw., für Gruppenarbeiten den Raum zu verlassen.
➢ Akzeptieren Sie im begründeten Einzelfall die Wahl einer alternativen Form der Themenbearbeitung außerhalb der Gruppe.

11.4.3 Mündliche Präsentationen

Bei mündlichen Präsentationen kommen zahlreiche gesellschaftliche und kommunikative Konventionen zusammen. So soll das Publikum bspw. durch Intonation und Blickkontakt abgeholt werden. Häufig soll zudem ein interaktiver Teil, an dem sich das Publikum aktiv beteiligen kann, durchgeführt werden. Dieser soll didaktisch ansprechend und abwechslungsreich gestaltet sein. Es geht dementsprechend um deutlich mehr, als sein Wissen zu einem bestimmten Thema in Form einer Präsentation mit anderen zu teilen. Studierende im Spektrum müssen sich beim Erstellen der Präsentation und während des Vortragens laufend in die Zuhörenden hineinversetzen. Auch eine Auswahl zu treffen, was für andere Studierende, die sich möglicherweise weniger intensiv mit der Thematik der Präsentation beschäftigt haben, interessant und relevant ist, kann manchmal eine Herausforderung darstellen. Neben der Präsentation der Inhalte können die Kontrolle der eigenen Mimik, die Reaktionen des Gegenübers und die Uhr im Blick zu behalten, schwierig sein.

Aufgrund negativer Vorerfahrungen mit ähnlichen Situationen (z. B. Mobbing während der Schulzeit) kann das Stresserleben bei Studierenden im Spektrum in diesen Situationen zusätzlich erhöht sein. Personen im Spektrum haben zudem deutlich häufiger mit Komorbiditäten, wie einer sozialen Phobie, zu kämpfen. Zusammenfassend kann es für Studierende im Spektrum sehr belastend oder vereinzelt unmöglich sein, eine Präsentation (auf herkömmliche Weise) zu halten.

11.4.3.1 Situative Anforderungen und autismusspezifische Aspekte

11.4.3.1.1 Organisatorische Aspekte

Die Planung und die Durchführung von mündlichen Präsentationen im Rahmen eines Seminars sind mit vielen organisatorischen Aspekten verbunden. Das Festlegen der Reihenfolge bei mehreren Präsentationen innerhalb einer Veranstaltung, die Verbindlichkeit des vorgegebenen zeitlichen Rahmens bzw. der Umgang mit Abweichungen bleiben vielfach unklar. Ebenso werden mögliche Prüfungskriterien neben der inhaltlichen Darstellung, z. B. die didaktische Gestaltung oder die Auftrittskompetenz, vielfach nicht vorab kommuniziert.

Neben der Berücksichtigung dieser Aspekte kann es hilfreich sein, »Notfallszenarien« im Voraus zu besprechen, u. a. vorab Handlungsoptionen zu thematisieren, falls die präsentierende Person nicht zum Termin erscheint oder wenn die Situation während der Präsentation nicht mehr aushaltbar ist.

11.4.3.1.2 Offenheit bezüglich kommunikativer Konventionen und Wahrnehmung sowie Bewertung von Diversität

Da bei Präsentationen häufig auch nonverbale Kommunikationsformen wie die Körperhaltung, Mimik oder Gestik sowie die sprachliche Intonation und die Einbeziehung des Publikums teils bewusst, teils unbewusst in die Benotung miteinfließen, scheint es von besonderer Bedeutung zu sein, wie die Dozierenden die Relevanz dieser Aspekte wahrnehmen und reflektieren. Individuelle Haltungen sowie der Umgang der Hochschule mit gesellschaftlichen Konventionen und Diversität kommen hier zum Tragen.

11.4.3.1.3 Akzeptanz von individuellen Lernformen und strukturelle Bedingungen

Inwieweit zum einen individuelle Anpassungen bei mündlichen Präsentationen ermöglicht und zum anderen Alternativen zur Präsentation als Prüfungsleistung angeboten werden, kann einen entscheidenden Einfluss auf das Bewältigen der Anforderungen haben. Eine Anpassung könnte bspw. darin bestehen, einen vorab aufgenommenen Vortrag abzuspielen oder eine alternative Prüfungsleistung zu erbringen, z. B. eine andere, nicht mündliche, inhaltlich zugleich gleichwertige Leistung. Einen besonderen Stellenwert erhalten diesbezüglich Regelungen und Erfahrungen im Einsatz von Nachteilsausgleichen.

11.4.3.1.4 Autismusverständnis und Verständnis der Diagnose als unterstützendes Konstrukt

Ein gutes Autismusverständnis sowohl von den Studierenden im Spektrum als auch von den Dozierenden ist auch in diesem Bereich sehr wertvoll. So können einerseits die Studierenden Herausforderungen besser vorhersehen und einen Hilfebedarf besser benennen, andererseits können Dozierende besser punktuell unterstützen. Sensorisch potenziell ablenkende Elemente während der Präsentation besser zu kontrollieren (offene Fenster, Lichtverhältnisse) oder im Bedarfsfall moderierende Unterstützung während des interaktiven Teils zu erbitten oder anzubieten, können darauf aufbauende Handlungsoptionen sein.

11.4.3.2 Anregungen für Studierende und Dozierende

11.4.3.2.1 Für Studierende

- Analysieren Sie, welche Anteile an einer Präsentation für Sie besonders herausfordernd sein können. Übernehmen Sie Strategien, die Sie dafür bei früheren Vorträgen oder anderen Dozierenden als hilfreich empfunden haben.
- Sprechen Sie so früh wie möglich an, wenn Sie merken, dass der Auftrag oder das Setting Sie überfordern und Sie Klärung, Unterstützung oder eine Anpassung benötigen.
- Klären Sie bei Unklarheiten aktiv ab, welche Erwartungen für eine mögliche Benotung an Sie als präsentierende Person gestellt werden, einerseits bezüglich der inhaltlichen Tiefe des Vortrags, andererseits bezüglich der Bedeutsamkeit von Gesprächsführung, nonverbaler Kommunikation und didaktischer Gestaltung.
- Falls Sie sehr wenig nonverbale Kommunikation (Intonation, Blickkontakt) verwenden können, überlegen Sie, ob die dozierende Person über die Gründe aufgeklärt werden sollte, um Missverständnisse zu vermeiden.
- Wenn es für Sie hilfreich ist, einzelne Schritte vorab mit einer Vertrauensperson zu besprechen, nutzen Sie dies.

11.4.3.2.2 Für Dozierende

- Formulieren Sie die Erwartungen an die mündlichen Präsentationen ebenso wie Rückmelde- bzw. Benotungskriterien eindeutig und stellen Sie diese den Studierenden in schriftlicher Form zur Verfügung.
- Klären Sie organisatorische Rahmenbedingungen (Zeitplan, Technik etc.) vorab.
- Zeigen Sie sich offen für individuelle Unterstützungsangebote und Anpassungen. Fragen Sie ggf. aktiv nach, was hilfreich sein kann (z.B. Reduktion sensorischer Ablenkung, Moderation).
- Reflektieren Sie die Relevanz kommunikativer Konventionen als Bewertungskriterium.
- Bieten Sie im begründeten Einzelfall eine alternative Form der Leistungserbringung an.

11.4.4 Schriftliche Arbeiten

Für das Anfertigen einer schriftlichen Arbeit ist es zentral, sich eigenständig eine zeitliche und inhaltliche Struktur erstellen zu können, damit die Arbeit pünktlich zum Termin fertig wird sowie inhaltlich und vom Umfang her den Vorgaben entspricht. Dies setzt voraus, dass die Studierenden weitgehend zuverlässig vorhersehen können, welche Teilschritte notwendig sind und wieviel Zeit und Energie sie für diese benötigen werden. Sowohl zum Einstieg als auch im weiteren Verlauf des Schreibens kann es wichtig sein, einen Überblick über die Inhalte und Anforderungen zu haben, anstatt eine detailorientierte Herangehensweise zu wählen.

Personen im Spektrum haben diese Wahlfreiheit manchmal nicht, da diese, neben dem »Blick fürs Ganze«, gute organisatorische Fähigkeiten erfordert (zeitliche Abfolge nächster Handlungsschritte, Priorisierung, realistische zeitliche Terminierung). Während viele nicht-autistische Menschen »top down« an eine schriftliche Arbeit herangehen, benötigen Personen im Spektrum tendenziell eine längere »bottom up« Phase, bis für sie eine Struktur deutlich oder realisierbar wird. Falls Studierende eine zeitliche und inhaltliche Struktur erarbeiten konnten oder eine vorgegeben wurde, kann eine Herausforderung darin bestehen, konstruktiv mit Abweichungen von diesem Plan umgehen zu können.

Nicht zu vergessen ist, dass eine schriftliche Arbeit in der Regel mit einem großen zusätzlichen Zeitaufwand verbunden ist. Da viele Studierende im Spektrum bereits einen hohen Energieeinsatz ableisten und aufgrund der spezifischen Wahrnehmungsvoraussetzungen erhöhte Regenerationszeiten benötigen, um den (Studien-)Alltag meistern zu können, stellt eine schriftliche Arbeit eine zusätzliche, in den Alltag zu integrierende Herausforderung dar. Während andere Studierende in dieser Situation möglicherweise vorübergehend ihr Freizeitpensum reduzieren, fehlt Studierenden im Spektrum oft dieser Puffer.

11.4.4.1 Situative Anforderungen und autismusspezifische Aspekte

11.4.4.1.1 Organisatorische Aspekte

Kriterien und Rahmenbedingungen für schriftliche Arbeiten sind in der Regel umfangreicher und eindeutiger dokumentiert als z. B. bei Gruppenarbeiten. Eine hilfreiche Angabe, die jedoch häufig nicht gemacht wird, ist der einzuplanende Arbeits- und Zeitaufwand. Die Tiefe der Literaturrecherche kann bspw. sehr unterschiedlich interpretiert werden und entsprechend mehr oder weniger Zeit abverlangen.

Eventuell benötigen Studierende im Spektrum aus den o. g. Gründen mehr Zeit zum Erstellen einer schriftlichen Arbeit oder haben Mühe, die vereinbarten Fristen pünktlich einzuhalten, weil der Arbeitsaufwand »bottom up« schwerer zu kalkulieren ist.

11.4.4.1.2 Akzeptanz von individuellen Lernformen

Bei einer schriftlichen Arbeit gibt es vielfach vom Arbeitsbereich vorgegebene Leitfäden zur Begleitung Studierender bei schriftlichen Arbeiten. Da Studierende im Spektrum dazu tendieren können, sich sehr stark auf die Details zu fokussieren, und darüber gerne mal den Kontext aus den Augen verlieren, könnte eine engmaschigere Begleitung mit klaren zeitlichen Vereinbarungen zielführend sein. Die Orientierung an einzelnen erfolgreichen Arbeiten aus dem Vorjahr kann zudem Klarheit hinsichtlich bestehender Erwartungen bieten.

11.4.4.1.3 Autismusverständnis

Ein breites Autismuswissen kann ein Verständnis schaffen, dass auch eine schriftliche Aufgabe, welche auf den ersten Blick nicht mit autismusspezifischen Themen wie der Interaktion und der Kommunikation assoziiert wird, für Personen im Spektrum zu einer größeren Herausforderung als für nicht-autistische Studierende werden kann. Der vielfach hohe Energieaufwand für Handlungsplanungen, die Detailfokussierung als Präferenz gegenüber der Kontextwahrnehmung sowie der hohe Stellenwert von klar formulierten Erwartungen und Vorhersehbarkeit können auf das Schreiben einer Arbeit Einfluss nehmen.

11.4.4.2 Anregungen für Studierende und Dozierende

11.4.4.2.1 Für Studierende

- ➢ Verlieren Sie die Arbeit als Ganzes nicht aus den Augen. Erstellen Sie eine erste inhaltliche Gesamtübersicht und eine zeitliche Planung und besprechen diese mit der Person, die Ihre Arbeit begleitet. Überprüfen und revidieren Sie die Planung regelmäßig und in Absprache mit der Begleitperson.
- ➢ Thematisieren Sie bei bestehender Unsicherheit die erwünschte inhaltliche Tiefe und Detailliertheit der inhaltlichen Bearbeitung.
- ➢ Besprechen Sie frühzeitig mögliche zeitliche Spielräume und Handlungsoptionen, falls eine Fristverlängerung für die Abgabe sinnvoll erscheint.
- ➢ Achten Sie darauf, Zeitfenster zum Schreiben der Arbeit zu wählen, die wenig störungsanfällig sind. Falls Sie die Möglichkeit haben, prüfen Sie, ob Sie sich für Abschlussarbeiten ein zusätzliches Semester reservieren möchten.
- ➢ Wenn Sie von einer engmaschigeren Begleitung im Erstellungsprozess der Arbeit profitieren würden, klären Sie mit potenziellen Begleitpersonen im Voraus, ob dies möglich ist.

11.4.4.2.2 Für Dozierende

- ➢ Geben Sie soweit möglich genaue Angaben zur zeitlichen Gewichtung verschiedener Elemente der schriftlichen Arbeit (z. B. Einleitung, inhaltliche Schwerpunkte, empirische Elemente, Diskussion) sowie der Bearbeitungsschritte (Literaturrecherche, Schreiben, Korrektur).
- ➢ Bieten Sie im Bedarfsfall eine engmaschigere Begleitung an, um den individuellen Unterstützungsbedarf, den Bearbeitungsstand sowie mögliche Hindernisse besprechen zu können.
- ➢ Bieten Sie Textbeispiele von vorherigen Arbeiten bzw. das Lesen von Textpassagen der Studierenden an, um eine Sicherheit bezüglich der Passung zu bestehenden Anforderungen transparent zu machen.
- ➢ Schöpfen Sie im begründeten Einzelfall Ihren Ermessensspielraum bei Fristverlängerungen aus und unterstützen Sie die Studierenden ggf. bei notwendigen formalen Schritten.

11.4.5 Workload im Kontext von Seminaren und Prüfungen

Der Workload von Studierenden im Spektrum ist ein großes Thema während der Studienzeit. Er hängt unter anderen stark davon ab, wie klar Arbeitsaufträge definiert und ausformuliert oder wie präzise die Angaben zum Lernstoff sind. Die Struktur von Veranstaltungen hat ebenfalls einen hohen Einfluss darauf.

Ein häufig als herausfordernd erlebtes Beispiel stellt das Thema Pflichtliteratur dar. Einige Dozierende geben zu Beginn des Semesters eine mehrseitige Liste von prüfungsrelevanter Pflichtliteratur ab, ohne diese jedoch in der Prüfung zu berücksichtigen. Andere Dozierende beziehen einen beachtlichen Teil der Prüfungsfragen auf die Pflichtliteratur und fragen so Inhalte ab, die in der Veranstaltung nicht explizit thematisiert wurden.

Ein weiteres Beispiel, welches den Workload von Studierenden im Spektrum direkt beeinflusst, ist die (fehlende) Genauigkeit der Angaben, wie detailliert der Prüfungsstoff gelernt werden muss. Während einige Dozierende dies sehr genau kommunizieren und mit Beispielfragen präzisieren, geben andere Dozierende auch auf Nachfrage keine Auskunft. Weitere Dozierende packen sehr viel detailliertes und differenziertes Wissen in ihre Skripts, stellen zugleich nur sehr allgemeine und oberflächliche Fragen in der Prüfung. Abzusehen, wie das die jeweiligen Dozierenden handhaben, ist sicher für alle Studierenden nicht einfach. Während jedoch die meisten Studierenden über eine gute Vernetzung untereinander oder mit höheren Jahrgängen verfügen, fehlt diese Unterstützung Studierenden im Spektrum häufig. Für die Prüfungssituation kann es dementsprechend eine Erschwernis darstellen, wenn zum einen teils deutlich mehr Stoff gelernt werden muss, zum anderen informelle Hinweise zur Prüfungspraxis der Dozierenden fehlen.

11.4.5.1 Situative Anforderungen und autismusspezifische Aspekte

11.4.5.1.1 Organisatorische Aspekte

Angaben zu Pflichtliteratur und Prüfungsstoff online und visuell zur Verfügung zu haben, kann hilfreich sein, um den Arbeitsaufwand besser einschätzen zu können. Eine möglichst große Transparenz und Genauigkeit bezüglich der Prüfungsrelevanz würden dazu beitragen, eine größere Chancengleichheit herzustellen. Eine fehlende Transparenz kann dazu führen, dass Studierende im Spektrum relevante Informationen und unterstützende Handlungsstrategien nicht erhalten, die nicht-autistische Studierende untereinander primär auf informellen Wegen weitergeben.

11.4.5.1.2 Festgelegte Rollen und Machtgefälle

Die Genauigkeit der vorab kommunizierten Angaben zu Prüfungen liegt im Ermessen der einzelnen Dozierenden. Dies bedeutet, dass die Dozierenden die Konsequenzen ihrer Vorgehensweisen gut reflektieren und sich der Auswirkungen auf die Arbeitsbelastung der Studierenden bewusstwerden sollten. Insbesondere mit Blick auf Studierende im Spektrum, die einerseits in der Regel verstärkt von

Transparenz und Vorhersehbarkeit profitieren, andererseits vielfach nicht an informellen sozialen Kommunikationswegen partizipieren, kann eine ausbleibende Klärung von Erwartungen zu Benachteiligungen führen.

11.4.5.1.3 Autismusverständnis

Bei einer differenzierten Auseinandersetzung mit den autismusspezifischen Charakteristika und ihrer Relevanz im (Studien-)Alltag wird für Studierende wie Dozierende erkennbar, warum zahlreiche Situationen für Studierende im Spektrum mit einem deutlich erhöhten Energieaufwand verbunden sind, diese sozusagen einen beständig erhöhten Workload mit sich bringen. Klar formulierte Erwartungen, eine weitestmögliche Vorhersehbarkeit der zu bewältigenden Anforderungen sowie Angebote, Unklarheiten zu besprechen, können dabei wesentliche Faktoren sein, um Stress zu reduzieren und den eigenen Potenzialen angemessen Raum zu geben. Auch nicht-autistische Studierende können von diesen Punkten profitieren. Wenn sie nicht gegeben sind, hat es für sie jedoch meist weniger weitreichende Konsequenzen, als dies für Personen im Spektrum haben kann.

11.4.5.2 Anregungen für Studierende und Dozierende

11.4.5.2.1 Für Studierende

- Erstellen Sie sich eine Übersicht mit allen zu leistenden oder zu lernenden Inhalten eines Semesters und überprüfen Sie regelmäßig, ob Sie im Zeitplan sind.
- Bitten Sie Dozierende ggf. um eine präzisere Eingrenzung des prüfungsrelevanten Lehrmaterials. Klären Sie sie dabei über die Bedeutsamkeit von Klarheit und Vorhersehbarkeit für ihre Lernerfolge auf.

11.4.5.2.2 Für Dozierende

- Bedenken Sie, ob Ihre Erwartungen an die Studierenden in Bezug auf ihren Workload und ihre Prüfungsvorbereitungen für alle Studierenden gleichermaßen gut bewältigbar sind bzw. inwieweit Sie Vorbereitungsmöglichkeiten optimieren können.
- Nutzen Sie die Chancen gut strukturierter Veranstaltungen und Skripts, leicht zugänglicher Informationen sowie transparenter Kommunikation als Unterstützung des Lernens aller Studierenden.
- Seien Sie offen für individuelle Unterstützungs- und Anpassungsangebote und planen diese gemeinsam mit den Studierenden im Spektrum.

11.5 Brücken bauen: Ein wechselseitiger Prozess

Eine gegenseitige Perspektivenübernahme setzt eine offene und wertschätzende Begegnung auf Augenhöhe voraus. Damit das gelingen kann, benötigt es sowohl bei Studierenden im Spektrum als auch bei Dozierenden einen reflektierten Umgang mit sich selbst und eine Offenheit für Wahrnehmungs- und Denkweisen, die sich von der eigenen unterscheiden. Zudem braucht es auf beiden Seiten ein Bewusstsein für mögliche Herausforderungen im Hochschulkontext und eine Bereitschaft, sich auf neue Erfahrungen einzulassen.

Einen guten Wegweiser kann dabei die Übersicht zur individuellen Vielfalt und den Gemeinsamkeiten im Autismus-Spektrum (▶ Kap. 11.3.2) bieten. Diese ermöglicht es einerseits, die individuellen Erscheinungsformen des Autismus bei einer Person zu ergründen und zu beschreiben, andererseits, eine Brücke zur Wahrnehmung und den Denkprozessen von nicht-autistischen Personen zu bauen. Gesellschaftliche Normen und Erwartungen sowie kommunikative Konventionen können auf dieser Basis reflektiert und diskutiert werden.

Konkrete Begegnungen und ein Wissen übereinander bilden unseres Erachtens die beiden Hauptkomponenten, die es benötigt, um Vorurteilen und Stigmata entgegenzuwirken sowie positive Interaktionen zwischen Studierenden im Spektrum und Dozierenden entstehen zu lassen. Diese gelingenden Interaktionen haben wiederum einen maßgeblichen Einfluss auch auf den Studienalltag und den Studienerfolg von Studierenden im Spektrum und leisten einen wichtigen Beitrag zur Stressreduktion und Schaffung von Chancengleichheit.

Das Brückenbauen ist besonders gut gelungen, wenn nicht nur den Studierenden im Spektrum ihr Studium erleichtert wird, sondern auch die Dozierenden neue und positive Erfahrungen sammeln sowie einen Wissenszuwachs und persönlichen Gewinn aus den Interaktionen mitnehmen können. Von dieser Perspektivenerweiterung werden sicherlich alle Studierenden profitieren können – unabhängig davon, ob sie sich im Spektrum befinden oder nicht.

11.6 Literatur

Grummt, M. (2023). Einführung in das Paradigma der Neurodiversität. In C. Lindmeier, M. Grummt & M. Richter (Hrsg.), *Autismus und Neurodiversität* (S. 11–28). Stuttgart: Kohlhammer.
Heuer, I. (2023). Neurodiversität – Ein inklusiveres, gendergerechteres Konzept? In C. Lindmeier, M. Grummt & M. Richter (Hrsg.), *Autismus und Neurodiversität* (S. 61–74). Stuttgart: Kohlhammer.
Lindmeier, C. & Grummt, M. (2023). Neurodiversität und Autismus aus Sicht der Pädagogik der Nicht_Behinderung. In C. Lindmeier, M. Grummt & M. Richter (Hrsg.), *Autismus und Neurodiversität* (S. 46–60). Stuttgart: Kohlhammer.
Zimmermann, M. (2023). *Anders nicht falsch*. Zürich: Kommode Verlag.

12 Ein großer Schritt: Lernfeld selbstständig leben mit Autismus ABW – ein Projekt stellt sich vor

Mia Lechner

In diesem Beitrag wird die Organisation seemann autismus autark gGmbH/Ambulant Betreutes Wohnen (ABW) in Karlsruhe vorgestellt, die sich seit einigen Jahren mit der Wohnsituation von autistischen Studierenden und auch Nicht-Studierenden befasst und Angebote dazu entwickelt. Zwei Studenten, von denen der eine in einer WG und der andere allein lebt, haben an einem Interview teilgenommen, um ihre Erfahrungen und Einschätzungen rund um das Thema Wohnen während des Studiums aus der Innenperspektive zu teilen. Ebenso kommen Rolf M. Seemann, Gründer der seemann autismus autark gGmbH, Christian Hilbert als ehemaliger Bereichsleiter des ABW und Zydrone Zukauskaite als heutige Bereichsleiterin zu Wort.

Rolf M. Seemann, Diplom-Psychologe, psychologischer Psychotherapeut und Geschäftsführer der seemann autismus autark gGmbH, erinnert sich an die Anfänge:

> »Nach mehr als 30-jähriger Tätigkeit in der Therapie von autistischen Menschen und 20-jährigem Bestehen der PRAXIS AUTISMUS südwest als Inhaber-Praxis in meiner Person gründete ich im Jahr 2018 mit anderen Gesellschaftern zusammen die seemann autismus autark gGmbH, um das Angebot für die Autismus-Versorgung zu verbessern.
>
> Insbesondere standen dabei die Schulbegleitung, die Unterstützung von Freizeitaktivitäten und das Wohnen im Fokus. Innerhalb des Themas ›Wohnen‹ wurde auch ins Auge gefasst, Studierende mit autistischem Hintergrund zu versorgen. Zum einen hatte ich genau diese Betroffenen in den sog. ›Nullerjahren‹ in Therapie, zum anderen kann man davon ausgehen, dass es an einer Hochschullandschaft mit technischem Schwerpunkt einen gewissen (erhöhten?) Anteil an Menschen im Autismus-Spektrum gibt. Diese Annahme wurde auch in einem gemeinsamen Gespräch von unserem Oberbürgermeister Dr. Mentrup geäußert. Seine Expertise als Kinder- und Jugendpsychiater ist hier zu erkennen. Für autistische Studierende galt es, durch Unterstützung im Bereich Wohnen zu gewährleisten, dass das Studium nicht aus ›lebenspraktischen Gründen‹ scheiterte!
>
> Wie sich manchmal Pläne glücklich fügen, kam Christian Hilbert auf mich zu, der als Vorstand des Vereins AWL (Arbeit Wohnen Leben) e.V. schon länger mit dem Gedanken spielte, ein ambulant betreutes Wohnen aufzubauen, aber ohne die entsprechende Rückendeckung keine Möglichkeit zur Umsetzung fand: ›Dann setzen wir dieses Projekt gemeinsam um!‹«

Für Christian Hilbert machten langjährige Erfahrungswerte aus unterschiedlichen Quellen (Familien, TherapeutInnen, Betroffene) die Not autistischer Menschen und deren Angehöriger deutlich. Er beobachtete, dass viele Studierende im Autismus-Spektrum ihr Studium abbrechen mussten und einen sozialen Abstieg und permanente Ausgrenzung erlebten. Aus dieser Situation heraus entwickelte er das o. g. Wohnprojekt für autistische Studierende. Hilbert:

»Um einen Studienabbruch aus persönlichen, nicht fachbezogenen Gründen zu verhindern, und zur Sicherung der Teilhabe am Leben in der Gemeinschaft sollen die jungen Menschen zu einer selbstbestimmten und eigenverantwortlichen Lebensführung motiviert und befähigt werden.«

Für die Studierenden geht es darum, Sicherheit im studentischen Alltag zu entwickeln, die eigenen Handlungsspielräume zu erweitern und ein tragfähiges Konzept für selbstständiges Wohnen zu erarbeiten. Es gibt ein Recht auf freie Studien- und Ortswahl, das macht ein entsprechendes Unterstützungsangebot an jedem Studienort immens wichtig.

2023 zog sich Christian Hilbert aus dem ABW zurück. Seine Nachfolgerin, Zydrone Zukauskaite, führt als Bereichsleiterin seine Arbeit fort und entwickelt gleichzeitig weiterreichende Visionen. Sie fasst die Arbeit im ABW wie folgt zusammen:

»Im dynamischen Kontext der Betreuung von erwachsenen Menschen im Autismus-Spektrum verfolgt das Team von seemann autismus autark gGmbH ABW einen wohlüberlegten, bedürfnisorientierten Ansatz, um unseren BewohnerInnen zu einem Höchstmaß an Autonomie und Lebensqualität zu verhelfen. Unsere Mission stützt sich auf eine Kombination von professioneller Expertise und persönlicher Fürsorglichkeit.

Individuell abgestimmte Betreuungskonzepte und Unterstützungsmaßnahmen ermöglichen unseren KlientInnen bemerkenswerte Fortschritte in verschiedenen Lebensbereichen. Zum Beispiel eröffnen sich für sie neue Möglichkeiten in der sozialen Interaktion, indem sie lernen, Beziehungen aufzubauen und zu pflegen. Mit Hilfe der BegleiterInnen lernen viele von ihnen, alltägliche Herausforderungen eigenständig und selbstbewusst zu meistern, und entwickeln dabei verstärkt Kompetenzen in Bezug auf Problemlösung und Selbstständigkeit. Wir beobachten, wie unsere KlientInnen durch konsequente Förderung und bedürfnisorientierte Begleitung ihre individuellen Fähigkeiten entfalten und so ihre Partizipation und Inklusion in der Gesellschaft stärken. Mit Freude nehmen wir die Entfaltung persönlicher und kreativer Ausdrucksformen durch die aktive Teilnahme an diversen Freizeit- und Kulturangeboten wahr, wobei oft unerwartete Talente und Interessen sichtbar werden. Diese Erfolgserlebnisse sind nicht nur für die KlientInnen selbst, sondern auch für uns als Team eine Quelle der Inspiration und Motivation, um unsere Arbeit kontinuierlich zu verbessern und dabei stets den einzelnen Menschen in den Mittelpunkt unseres Handelns zu stellen.«

Zydrone Zukauskaite leitet derzeit ein Team von 10 Wohn- und zwei StudienbegleiterInnen, die für 22 Menschen im Autismus-Spektrum zuständig sind.

Zwei der jungen Studenten, die durch das ABW begleitet werden, haben an den Interviews teilgenommen und berichten im Folgenden von ihren Erfahrungen. Laut eigenen Aussagen hatten beide erleichternde Startbedingungen, als sie von zu Hause auszogen. Der eine (A) hatte schon einen Freund am Studienort, mit dem er zunächst zusammenzog, bevor er sich entschloss, alleine zu wohnen. Das trug aus seiner Sicht dazu bei, dass er die neue Wohnsituation nicht als besondere Herausforderung erlebte. Schwierigkeiten hatte er zu Beginn des Studiums eher mit der Studienplanung, die auf einem freien Planungskonzept mit wenig vorgegebener Struktur basierte. Das war neu für ihn. Demzufolge erlebte er Fragen wie »Was ist zu tun?«, »Wo muss man hin?« und viele unterschiedliche, sich teilweise widersprechende Erwartungen am Anfang als sehr herausfordernd.

Der zweite junge Mann (B) studierte in den ersten Jahren von zu Hause aus. Später zog er in die Studierenden-WG des ABW in Karlsruhe. Damit blieb er in relativer Nähe des Elternhauses wohnen. Trotzdem war es für ihn eine große Aufgabe, sich in einer neuen Umgebung zurechtzufinden. Bestehende, vertraute Strukturen musste er durch den Aufbau einer neuen Infrastruktur im Alltag ersetzen, z. B. ganz praktisch beim Einkauf oder der Nutzung von öffentlichen Verkehrsmitteln. Auch galt es, eine eigene Ausstattung für den Haushalt zu beschaffen und zu entscheiden: Was ist notwendig, was kann von zu Hause mitgenommen und was muss neu gekauft werden? Vor allem aber musste er lernen, in einer Wohngemeinschaft mit fremden Menschen zusammen zu leben. Obwohl er bereits vor dem Umzug mit dem Studium begonnen hatte, machte sich der Wechsel in die neue Wohnform auch hier bemerkbar. Auf einmal galt es, selbstständig die Informationen während der Orientierungsphase zu Semesterbeginn einzuholen, statt im alltäglichen Miteinander von den Eltern Unterstützung zu bekommen. Sich immer wieder neu im Hochschulnetzwerk zurechtzufinden und räumlich an der Fachhochschule (FH) zu orientieren oder Kontakte zu Lerngruppen aufzubauen, erwies sich als unerwartete Herausforderung. Auch den jeweiligen Prüfungsplan zu eruieren oder den Kontakt zum Schwerbehindertenvertreter der FH herzustellen und einen Nachteilsausgleich zu beantragen, erlebte er als große Anforderung. Nicht zuletzt war er mit einer neuen Art der Freizeitgestaltung konfrontiert und mit der Aufgabe, sich ein eigenes soziales Umfeld zu schaffen.

Trotz aller Herausforderungen war es für die zwei jungen Männer verlockend, mit dem Studium einen neuen Schritt zu wagen und sich neue Lernfelder im Leben zu erschließen. Ein großer Wunsch nach mehr Selbstständigkeit und danach, die Freiheiten des Alleinlebens kennenzulernen, waren wichtige Aspekte dabei. Ebenso, die Erfahrung zu machen, von den Tagesplänen der Eltern unabhängig zu sein und eigene Entscheidungen zu treffen. Auch wollten sich beide mit diesem Schritt mehr und besser auf das Studium konzentrieren.

Gleichzeitig sehen die beiden Studenten auch Vorteile darin, bei den Eltern, der Familie oder Sorgeberechtigten zu wohnen. Beide stimmen darin überein, dass die bekannte Umgebung und Infrastruktur im Familienkontext, wie z. B. die gewohnt vertrauten familiären Abläufe von Essens- und Haushaltsplanung, das Leben erleichtern. Vorteile sehen sie heute auch darin, dass es zu Hause mehr Wohnfläche gibt, geringere Kosten für sie anfallen und dass Ressourcen in Bezug auf Mobilität und Haushalt geteilt werden. Auch gibt die direkte Unterstützung im Alltag durch die Eltern Sicherheit. Nicht zuletzt fällt der Aufwand eines Umzuges mit Herausforderungen wie sich umzumelden, sich an eine neue Infrastruktur zu gewöhnen bzw. eine aufbauen zu müssen (z. B. ÄrztInnen, Einkaufsmöglichkeiten, Bank, etc.) weg.

Während (B) den Nachteil dieser familiären Wohnform in weniger Freiheit und mehr Kontrolle sieht, bedeutet es für (A), sich einer Erfahrung zu berauben, die ihm mehr Eigenständigkeit und Selbstbestimmtheit gibt. Für beide ist auch ein wichtiger Aspekt, dass es mehr Austausch mit anderen Studierenden gibt, wenn sie am Studienort leben.

(A), der vorübergehend in einer Wohngemeinschaft lebte, schätzt an dieser Wohnform, dass er nicht in allen Belangen immer auf sich selbst gestellt war. Das habe er nach dem Auszug aus dem Elternhaus als hilfreich erlebt. Seiner Ansicht nach kann die Struktur, die die WG-Mitglieder gemeinsam schaffen, dabei helfen, eine neue, eigene Struktur im Leben aufzubauen. Für ihn persönlich spricht gegen das Leben in einer WG, dass er sich teilweise in seinen Freiheiten eingeschränkt und mehr an eine andere Person gebunden fühlte, als ihm lieb war. Auch störte ihn immer wieder, dass Entscheidungen bezüglich der Wohnsituation oft gemeinsam getroffen werden mussten. Aktuell lebt er allein in einer 2-Zimmer-Wohnung etwas außerhalb der Stadt. Neben den Vorteilen, die ihm persönlich diese Wohnform bietet – größtmögliche Unabhängigkeit und Freiheit –, sieht er, dass ihm die oben erwähnte Struktur fehlt, was er vor allem als hinderlich in Bezug auf sein Studium erlebt. Auch Einsamkeit ist ein Thema für ihn, da Kontakt und Treffen mit anderen Menschen meist geplant werden müssen. Insgesamt jedoch ist für ihn zum Zeitpunkt des Interviews das Alleinleben die geeignete Wohnform.

(B) lebt seit rund zwei Jahren in der Studierenden-WG des ABW, zusammen mit drei anderen autistischen Studierenden. Er hat dort sein eigenes Zimmer, Küche und Essbereich sowie Bad und Toilette werden gemeinsam genutzt. Die Wohnung ist Teil eines größeren Studierendenwohnheimes. Für ihn bedeutet das Leben in der WG, dass er sich einfacher über Themen rund ums Studieren, aber auch zu autismusspezifischen Themen und Situationen austauschen kann.

Er meint, dass er auch im Elternhaus von seinen sehr aufgeschlossenen Eltern viel Unterstützung erlebt habe. Trotzdem sei es ihm wichtig gewesen, vor zwei Jahren den Schritt in mehr Unabhängigkeit zu wagen. In der WG sei er dann auf gleichgesinnte junge autistische Studierende getroffen, was er als Bereicherung erlebt. Gleichzeitig hat er es mit sehr unterschiedlichen Persönlichkeiten zu tun. Diese Auseinandersetzung mit anderen Menschen sei bis heute immer wieder eine Herausforderung für ihn.

(B) hat in der WG Gelegenheit zum Fachsimpeln, lernt Konflikte zu lösen und Absprachen zu treffen. Gemeinsame Aktivitäten wie Pizza backen, Kochen oder »gemeinsam rausgehen« schätzt er sehr. Auch, dass man Erfahrungen teilen und sich gegenseitig unterstützen kann. Zudem sind allgemeine Angebote im Wohnheim nutzbar, z. B. eine Bar für Studierende, TutorInnenämter, Selbstverwaltung etc. Er sieht aber auch, dass nicht jeder Mensch für diese Lebensweise geeignet ist: »Man muss zum Beispiel bereit sein, zu lernen, Konflikte zu lösen.« Er würde sich wünschen, auch nach Beendigung seines Studiums eine Möglichkeit zu finden, mit anderen autistischen Menschen zusammen zu leben.

Mit dem Zusammenleben in einer PartnerInnenschaft oder betreuten Wohnformen haben die jungen Männer noch keine Erfahrungen gesammelt.

Beiden wird über das ABW eine Wohnbegleitung zur Seite gestellt. Das Ausmaß der Stunden ist abhängig vom Hilfebedarf, den das zuständige Amt im Rahmen eines Hilfeplangespräches festlegt. Diese erfolgen in regelmäßigen Abständen zusammen mit allen Beteiligten: Neben der autistischen Person sind ein/eine VertreterIn des Amtes, die Bereichsleitung des ABW, der/die BegleiterIn und ggf. auch Eltern und sonstige unterstützende Organisationen anwesend. Auf der Basis eines Hilfeplanberichts, der im Vorfeld erstellt wurde, werden Entwicklungen besprochen, Ziele überprüft und neue vereinbart sowie das Ausmaß der Hilfe bestätigt oder neu festgelegt. Die BegleiterInnen unterstützen im Alltag – nach Bedarf und Absprache – im Umgang mit Behörden, ÄrztInnen, TherapeutInnen und ebenso beim Einkaufen, Kochen und im Haushalt. Auch Gespräche und Unterstützung beim Aufbau von Strukturen, bei Konflikten oder psychischen Problemen gehören zu den Aufgaben der Wohnbegleitung. Bei Bedarf kann eine Studienbegleitung zur Seite gestellt werden.

Für Christian Hilbert, ehemaliger Bereichsleiter des ABW und Vater einer studierenden Tochter im Autismus-Spektrum, stellt ein Studium an sich zunächst eine große Herausforderung dar. Aufgrund des Autismus müsse anhand der bisherigen Diagnosestellungen und Gespräche sowie der vorliegenden Berichte geprüft werden, wie hoch die Chancen sind, ein Studium zu bewältigen. Dafür sei eine gute Zusammenarbeit mit Eltern, Behörden (Eingliederungshilfe) sowie den Schwerbehindertenbeauftragten der einzelnen Hochschulen erforderlich. In Karlsruhe seien dafür durch Kooperationen mit dem Studierendenwerk Karlsruhe, der Hochschule für Wirtschaft und Technik und der guten Zusammenarbeit mit dem Karlsruher Institut für Technologie (KIT) äußere Grundsteine gelegt worden.

»In der Regel gibt es die Möglichkeit, sich vor dem tatsächlichen Beginn des Studiums das neue Wohnumfeld anzusehen und sich auch mit dem Gelände der Hochschule vertraut zu machen. Ebenso ist ein erstes Kennenlernen der potenziellen BegleiterInnen sowie – bei einer WG – der MitbewohnerInnen möglich und wichtig. Zu wissen, dass man nach seinem Umzug nicht alleine gelassen wird, sondern jemanden an seiner Seite hat, ist für viele wichtig und beruhigend.«

Christian Hilberts Beobachtungen zeigen auf, dass der Wunsch nach einem Abnabelungsprozess ausnahmslos enorm hoch ist:

»Durch die z. T. über Jahre hinweg und der dem Autismus geschuldeten sehr engen Beziehung und Bindung vor allem zur Mutter gelingt dieser Prozess auf sehr unterschiedliche Weise. Bei einigen der jungen AutistInnen dauert er etwas länger, ist verschieden stark ausgeprägt und oft mit Konflikten behaftet.«

Im Zusammenleben in einer WG sieht er den Vorteil darin, dass der Austausch mit anderen Betroffenen besser gelingt, weil jeder um den Autismus des/der anderen weiß. Vor diesem Hintergrund könne man sich bewusster gegenseitig dabei unterstützen, sich in den Abläufen des WG-Lebens und des sozialen Miteinanders zurechtzufinden. Neuankömmlinge profitieren dabei idealerweise von denen, die schon Erfahrungen damit gesammelt haben. Auch falle es in der Regel leichter, sich im Rahmen einer Wohngemeinschaft gegenseitig im Studium und bei allfälligen Anforderungen im Alltag zu unterstützen.

Allerdings sieht er auch, dass Gemeinschaft auch anstrengend sein kann, weil man sich jeden Tag auf recht engem Raum begegnet. Regeln wie Sauberhalten des gemeinsamen Haushalts, gemeinsame Badnutzung oder Küchendienste müssen eingehalten werden, sonst sind Konflikte vorprogrammiert.

In einer eigenen Wohnung zu leben, habe in seinen Augen den Vorteil, dass der Rückzug in die eigenen vier Wände im studentischen Alltag entlastend sein kann. Das gelte besonders für diejenigen unter den AutistInnen, die sich schnell von Kontakten zu anderen Menschen überfordert fühlten. Nicht jeder Mensch – egal ob AutistIn oder nicht – sei geschaffen für die Anforderungen des Zusammenlebens in einer WG. Das Alleinleben dagegen befreie von den Herausforderungen sozialer Interaktion auf engem Raum und auch von WG-typischen Auseinandersetzungen bezüglich Haushaltsführung, Regeln des gemeinschaftlichen Wohnens, etc. Allerdings berge es seiner Ansicht nach die Gefahr, in verwahrlosendes Verhalten abzugleiten, sich einzuigeln oder zu vereinsamen.

Für Hilbert sind unterstützende Angebote durch eine Wohnbegleitung ein äußerst wichtiger Faktor auf dem Weg in ein selbstständiges und selbstbestimmtes Leben, unter anderem dabei, die Auseinandersetzung mit dem eigenen Autismus anzuregen und ggf. zu motivieren, fachliche Hilfen (z. B. therapeutische Unterstützung) anzunehmen. Des Weiteren kann die Befähigung im Umgang mit eigenen finanziellen Mitteln eine wichtige Aufgabe der Begleitung sein. Auch die Vermittlung von Kompetenzen, um eine möglichst selbstständige Tages-, Wochen- und Monatsstruktur zu gestalten, kann ein wichtiger Aspekt sein sowie Haushaltsführung und gesunde Ernährung. Erfahrungsgemäß wird Unterstützung zu aktiver Freizeitgestaltung gerne angenommen. Nicht zuletzt ist ein wesentlicher Inhalt von Begleitung, gemeinsam persönliche Ressourcen zu entdecken und zu stärken sowie Hilfe bei der Arbeitssuche oder Vermittlung in bestehende Beratungs- und Unterstützungsangebote.

Das ABW begleitet junge Menschen im Autismus-Spektrum im Rahmen verschiedenster Wohnformen. Nach einem dafür entwickelten Wohnkonzept reichen zunächst die jeweiligen BewerberInnen ihre Unterlagen ein. Diese werden gesichtet und im Team wird gemeinsam überlegt, ob der/die BewerberIn für das ambulant betreute Wohnen passen könnte. Kriterien für eine Entscheidung sind zum einen Volljährigkeit und zum anderen, dass eine Diagnose aus dem autistischen Spektrum vorliegt und damit Anspruch auf Eingliederungshilfe nach §§ 53, 54 SGB XII in Verbindung mit § 55 SGB IX besteht. In erster Linie richtet sich das Angebot an Menschen, die selbstständig wohnen können, aber aufgrund ihres Autismus auf Unterstützung angewiesen sind. Voraussetzung für einen Wohnplatz in der Studierenden-WG, die das ABW zusammen mit dem Studierendenwerk Karlsruhe AöR anbietet, ist, an einer Karlsruher Hochschule zu studieren. Sehr wichtig ist auch das Prinzip der Freiwilligkeit, d. h., dass BewerberInnen sich unabhängig von den Vorstellungen und Wünschen der Eltern oder BetreuerInnen für eine Begleitung durch das ABW entscheiden.

Anschließend kommt das »ABUL-Verfahren« zur Anwendung:
A = Ankommen:
Zunächst wird der individuelle örtliche, soziale und medizinische Hintergrund des/der KlientIn betrachtet. Aktiv unterstützt wird sowohl bei den Umzugsformalitäten als auch bei der Suche nach FachärztInnen. Zusammen mit den Neuankömmlingen wird das Wohnumfeld bezüglich öffentlichen Verkehrs, Einkaufsmöglichkeiten, Apotheke etc. in Augenschein genommen. Ziel ist es, eine so angenehme Atmosphäre wie möglich zu schaffen, damit diese Phase gelingt, die oftmals auch die Loslösung vom Elternhaus mit sich bringt.
B = Begleiten:
Ein erster Hilfeplan wird erstellt und die darin festgelegten Themen zusammen mit den KlientInnen weiterentwickelt. Das ABW begleitet grundsätzlich bei der Entwicklung der Selbstständigkeit. Dazu zählen alle Bereiche des lebenspraktischen Alltags. Dabei werden individuelle Stärken berücksichtigt und herausgearbeitet sowie am Umgang mit Herausforderungen gearbeitet. Das betrifft auch die Be-

gleitung zu ÄrztInnen, Freizeitaktivitäten und in Einzelfällen zum Studium.
U = Unterstützen:
In dieser Phase wird großer Wert auf das bisher Erreichte gelegt. Der Fokus dabei liegt auf der Verfestigung der bereits erworbenen Fähigkeiten/Eigenschaften im Selbstständigkeitsprozess und auf dem weiteren Unterstützungsbedarf in den Bereichen, die noch eine große Herausforderung darstellen.
L = Loslassen:
Das Angebot des ABW im niedrigschwelligen Bereich geht davon aus, dass bei einigen KlientInnen die Möglichkeit besteht, dass sie irgendwann kein Begleitungsangebot durch das ABW mehr benötigen. In dieser Phase wird nochmals intensiv an der Verselbstständigung gearbeitet.

»Zukunftsmusik«

Längst werden nicht mehr nur Studierende durch das ABW begleitet. Junge und ältere autistische Menschen in den verschiedensten Lebenssituationen finden Unterstützung in allen Belangen des Alltags und des Lebens. Inzwischen reift die Idee der Projektleitung heran, eine Möglichkeit für gemeinsames Wohnen von Personen im Autismus-Spektrum und solchen mit neurotypischem Hintergrund zu schaffen. Die Vision dahinter ist, dass diese Art des Zusammenlebens nicht nur Barrieren abbaut, sondern auch den gegenseitigen Austausch und das Verständnis füreinander fördert. Dabei könnten neurotypische und autistische Menschen voneinander lernen und gemeinsam die Grenzen der Toleranz erweitern.

13 Autismusfreundliche(re) Universitäten? Beispiele europäischer Hochschulstandorte

Mechthild Richter

13.1 Die Situation autistischer Studierender an Hochschulen und Universitäten

Während sich die Dublin City University damit rühmt, seit 2018 »The World's First Autism-Friendly University« zu sein, findet sich kaum deutschsprachige Forschung zum Themenkomplex Autismus an der Hochschule. Dieser Band zeigt, dass es dennoch diverse Ideen, Initiativen und Programme gibt, die an Hochschulen im deutschsprachigen Raum entwickelt wurden, um Barrieren für autistische Studierende abzubauen und sich somit der inklusiven Hochschule anzunähern. Dennoch lohnt sich der Blick ins europäische Ausland, wo diverse Hochschulprogramme entwickelt und etabliert wurden.

In diesem Beitrag soll ein aktueller Überblick über die Situation autistischer Studierender an Hochschulen gegeben werden. Dafür wird internationale, aktuelle Forschungsliteratur zusammengefasst und strukturiert präsentiert. Basierend auf dieser Ausgangslage werden dann einige Hochschulen vorgestellt, die sich explizit um »Autism-Friendliness« bemühen.[36]

Es zeigt sich, dass autistische Studierende weltweit ähnliche Barrieren vorfinden und Hochschulen mit den gleichen Herausforderungen konfrontiert sind, um diese zu beseitigen. Trotz lokaler Spezifika und national geprägten Systemen für die tertiäre Bildung lassen sich die geteilten Herausforderungen nicht übersehen und laden ein, über den Tellerrand zu schauen und sich inspirieren zu lassen (Fabri et al. 2020).

Auch wenn die meisten Studien, die die Erfahrungen autistischer Studierender untersuchen, kleine qualitative Studien aus verschiedenen englisch- und französischsprachigen Regionen sind, so kommen sie doch zu sehr ähnlichen Ergebnissen. Auch die Ausgangslagen ähneln sich; so verweisen viele Studien auf die steigende Zahl autistischer Studierender an Universitäten und Hochschulen (Gelbar et al. 2014; Gurbuz et al. 2019; Michaud & Goupil 2021; Pellenq & Mamelli 2022; Quartenoud & Ruffieux 2022), was den sehr aktuellen Fokus (die meisten Studien sind in den letzten zehn Jahren entstanden) auf dieses Thema erklären könnte. Weiterhin wird darauf hingewiesen, dass autistische Studierende trotz Abitur (oder

---

36 Ich danke Marc Fabri, Fiona Earley, Émilie Cappe, Bertrand Monthubert und Nathalie Quartenoud für die wichtigen Zusatzinformationen und die Beantwortung meiner Detailfragen.

ähnlichem Abschluss) seltener an Hochschulen eingeschrieben sind, ihr Studium häufiger abbrechen und später insgesamt – trotz abgeschlossener Ausbildung/ Studium – häufiger arbeitslos sind (Bolourian et al. 2018; Cai & Richdale 2016; Fabri & Andrews 2016; Gelbar et al. 2014).

13.1.1 Stärken autistischer Studierender

Gleichzeitig werden die Stärken autistischer Studierender betont, die im Widerspruch zu dieser enttäuschenden Situation stehen und die Kluft zwischen dem Potenzial autistischer Menschen sowie den erbrachten Ergebnissen im Hochschulkontext aufzeigen (Quartenoud & Ruffieux 2022). Viele Autist:innen sind motiviert, wenn sie ihr Studium beginnen, und sind bestrebt, es erfolgreich abzuschließen (Fabri et al. 2020; Van Hees et al. 2015). Dabei helfen das häufig stark ausgeprägte analytische und kritische Denken, die Fokussierung auf bestimmte Themen sowie eine gute Gedächtnisleistung (Gurbuz et al. 2019; Van Hees et al. 2015). Des Weiteren halten sie sich meist akkurat an vorgegebene Abläufe und arbeiten sorgfältig, z.B. bei Literaturrecherchen (Fabri & Andrews 2016). Diese Stärken, die vor allem im akademischen Bereich liegen, scheinen aber nicht auszureichen, um ein Studium zum erfolgreichen Abschluss zu bringen.

13.1.2 Herausforderungen und Barrieren im Studienkontext

Der Fokus liegt in den meisten Studien daher auch nicht nur auf den inhaltlichen Aspekten des Studiums, die herausfordernd sind, sondern eher auf Themen, die damit in Verbindung stehen: soziale Beziehungen, Selbstorganisation, mentale Gesundheit, Umgang mit Unterstützungsangeboten u. ä. In mehreren kleineren Studien wurden die Studierenden selbst befragt (Anderson et al. 2018; Bolourian et al. 2018; Fabri et al. 2020; Gurbuz et al. 2019; Pellenq & Mamelli 2022; Van Hees et al. 2015), in anderen auch Familienmitglieder (Cai & Richdale 2016) oder Universitätsmitarbeitende (Michaud & Goupil 2021). Der Vollständigkeit halber soll erwähnt werden, dass sowohl der Übergang zum Studium als auch das Studium selbst bis zu seinem Abschluss auch für nicht-autistische Studierende einige Schwierigkeiten bereithält. Viele Erfahrungen autistischer und nicht-autistischer Studierender decken sich. Dennoch stellen die Studien heraus, dass Autist:innen durch bestimmte, z.T. für sie unverständliche und unerwartete Anforderungen auf Barrieren treffen, die einen Studienverlauf erschweren.

13.1.2.1 Herausforderungen in der akademischen Arbeit

Herausforderungen, mit denen vor allem autistische Studierende beim Studium selbst häufig konfrontiert sind, sind z.B. sensorisch ungünstige Situationen. Lärm, unangenehme Geräusche/Gerüche/Lichtreize oder zu enge Räume und dadurch unerwünschter physischer Kontakt können manche autistische Studierende stark ablenken oder gar zu *Overloads* führen (Bolourian et al. 2018; Cai & Richdale 2016;

Fabri & Andrews 2016; Gurbuz et al. 2019; Michaud & Goupil 2021; Pellenq & Mamelli 2022). Das wiederum kann Einfluss auf den Lernprozess, aber auch die Bewältigung kommunikativer Situationen oder die Emotionsregulation haben.

Eine Arbeitsform, in der soziale Schwierigkeiten und Sensorik zusammenkommen können, sind Gruppenarbeiten, die von vielen autistischen Studierenden als sehr herausfordernd und anstrengend erlebt werden (Fabri et al. 2020; Fabri & Andrews 2016; Gurbuz et al. 2019; Pellenq & Mamelli 2022; Van Hees et al. 2015). Die Kommunikation mit Mitstudierenden, aber auch mit Dozierenden erleben viele autistische Studierende als unklar, widersprüchlich, missverständlich und wenig zielführend (Cai & Richdale 2016; Gurbuz et al. 2019). So wird beschrieben, dass einigen die Aufgabenstellungen zu unklar sind, sie sich aber gleichzeitig nicht trauen oder in der Lage fühlen, um Hilfe zu bitten (Anderson et al. 2018; Gurbuz et al. 2019; Michaud & Goupil 2021). Andere wiederum beschreiben ihre Schwierigkeiten, in Seminardiskussionen ungeschriebene Diskussionsregeln zu verstehen, z. B. wer wann wie lange reden soll, wann sie selbst sich angesprochen fühlen sollen etc. (Cai & Richdale 2016).

Des Weiteren verlangt das Studium häufig eine selbstständige Arbeitsorganisation und die eigene Strukturierung von Zeit, die für Vor- und Nachbereitung, Präsenzveranstaltungen, Prüfungsvorbereitungen, Einhaltung von Abgabe- und Anmeldefristen u. ä. aufgewendet werden muss. Diese hohen Anforderungen an Autonomie und Organisation ebenso wie ein hoher Workload allgemein stellen für viele autistische Studierende Barrieren dar, für deren Bewältigung sie Unterstützung brauchen (Anderson et al. 2018; Cai & Richdale 2016; Gelbar et al.; Gubuz et al. 2019; Hillier et al. 2018; Pellenq & Mamelli 2022).

Wichtig ist in diesem Kontext auch, dass einige Autist:innen (ebenso wie Nicht-Autist:innen) sich für ein Studium entscheiden, weil sie nicht wissen, was sie sonst tun sollen, und sich somit zeitlichen Aufschub für bestimmte Lebensentscheidungen organisieren. Einige geben auch an, zu studieren, um dem Elternhaus zu entkommen (Fabri & Andrews 2016). Es ist zu vermuten, dass diese Motivation nicht immer ausreicht, um ein Studium zu Ende zu bringen. Es erhöht unter Umständen die Wahrscheinlichkeit, das Studienfach zu wechseln oder auch das Studium ganz abzubrechen.

13.1.2.2 Soziale Herausforderungen

Einige der akademischen Herausforderungen, die im vorherigen Abschnitt beschrieben wurden, sind eng verknüpft mit den Herausforderungen im Sozialleben. Die Kommunikation, die in Lehrveranstaltungen als problematisch erlebt wird, ist häufig auch außerhalb der Veranstaltungen eine Barriere. Viele Autist:innen berichten, dass es ihnen schwerfällt, soziale Interaktionen mit ihren Mitstudierenden zu initiieren, viele finden keine Freund:innen (Gurbuz et al. 2019; Pellenq & Mamelli 2022; Van Hees et al. 2015). Auch geplante soziale Aktivitäten scheinen häufig an den Interessen und Bedürfnissen autistischer Studierender vorbeizugehen, da sie häufig Situationen beinhalten, in denen es zur sensorischen Überreizung kommt (Kneipentour, Campus-Rallye etc.), die soziale Interaktionen für autistische Studierende erschweren können (Gurbuz et al. 2019). Andere Studierende dagegen finden in thematisch abgegrenzten Clubs durchaus sozialen Anschluss und können Freund:innenschaften entwickeln (Bolourian et al. 2018; Fabri & Andrews 2016).

Fabri und Andrews (2016) haben herausgefunden, dass einige autistische Studierende mit einem falschen Bild ihrer Mitstudierenden in das Studium starten. Sie erwarten ähnlich interessierte, lernwillige Gleichaltrige und sind dann häufig enttäuscht und irritiert, wenn sich das nicht im erwarteten Maß bestätigt.

Neben den sozialen Interaktionen mit Peers gilt es, auch – gerade in Bezug auf Nachteilsausgleiche – Gespräche mit Dozierenden oder Mitarbeitenden in der Verwaltung zu führen. Auch hier berichten autistische Studierende von Schwierigkeiten: Sie fühlen sich häufig nicht verstanden und/oder haben selbst Schwierigkeiten, die (häufig implizit formulierten) Anforderungen zu verstehen (Pellenq & Mamelli 2022).

13.1.2.3 Alltagsherausforderungen im Studienkontext

Für viele Studierende stellt der Wechsel an die Hochschule nicht nur ein neues Lernsetting dar, sondern geht auch mit Veränderungen im Privatleben einher. Häufig wird der Wohnort gewechselt, junge Menschen leben erstmals nicht mehr im Familienkontext und müssen/dürfen sowohl ihren Studienalltag als auch ihre Freizeit, ihr Budget und den Haushalt selbstständig organisieren (Fabri et al. 2020; Van Hees et al. 2015).

Diese Situation ist auch nicht autismusspezifisch, dennoch fällt es gerade vielen Autist:innen schwer, Veränderungen positiv anzunehmen und für sich zu bearbeiten. Viele bevorzugen Routinen, um in einer wenig autismussensiblen Welt mit knappen Energieressourcen zurechtzukommen. Am Studienanfang müssen diese Routinen erst neu erarbeitet, entwickelt und verfestigt werden. Das bezieht sich sowohl auf den z. T. wenig strukturierten Universitätsalltag, auf Wege zwischen zu Hause und Uni oder auf dem Unicampus selbst als auch auf die Situation zu Hause (Bolourian et al. 2018; Fabri & Andrews 2016; Gelbar et al. 2014; Michaud & Goupil 2021; Pellenq & Mamelli 2022; Van Hees et al. 2015).

13.1.2.4 Mentale Gesundheit

Erschreckend und dennoch nicht überraschend berichten viele autistische Studierende, dass ihre mentale Gesundheit während des Studiums stark leidet. Die oben beschriebenen Schwierigkeiten führen in vielen Fällen zu sozialem Rückzug und Isolation (Anderson et al. 2018; Gurbuz et al. 2019; Hillier et al. 2018; Michaud & Goupil 2021; Pellenq & Mamelli 2022; Van Hees et al. 2015). Gleichzeitig mit dieser Situation und den akademischen Anforderungen sowie dem Workload allein zurechtzukommen, kann Ängste, Depressionen und andere – vielleicht bereits vorhandene – Beeinträchtigungen noch verstärken (Bolourian et al. 2018; Cai & Richdale 2016; Fabri & Andrews 2016; Hope 2022; Pellenq & Mamelli 2022; Van Hees et al. 2015). Es zeigt sich hier ein Teufelskreis, der in einigen Fällen zu Burnout und zum Studienabbruch führt, obwohl die akademischen Voraussetzungen eigentlich gegeben sind.

Einige Studierende äußern Angst vor der Zukunft, weil sie Sorge haben, dass sie ohne die Unterstützung, die sie im Studienkontext aufgrund ihres Autismus erhalten, auf dem Arbeitsmarkt nicht bestehen können (Bolourian et al. 2018; Michaud & Goupil 2021; Van Hees et al. 2015).

Auch der Umgang mit der Autismusdiagnose wird von Studierenden unterschiedlich thematisiert. Einige verschweigen ihren Autismus bewusst aus Angst vor Stigmatisierung oder ungewollter Aufmerksamkeit, andere wollen probieren, ob sie ihr Studium auch ohne autismusspezifische Unterstützung bewältigen können. Wieder andere gehen offensiv mit dem Thema um und empfinden Gespräche darüber mit Peers und Universitätsangehörigen als konstruktiv und hilfreich (Anderson et al. 2018; Bolourian et al. 2018; Fabri & Andrews 2016; Van Hees et al. 2015). Dennoch lehnen einige Studierende die Diagnose als Feststellung eines Defizits ab, was ihnen dann den Zugang zu Unterstützung verwehrt (Fabri & Andrews 2016).

In einigen Fällen wird die Diagnose auch erst im Verlauf des Studiums gestellt (Anderson et al. 2018), weswegen man davon ausgehen kann, dass auch viele nichtdiagnostizierte Autist:innen an Hochschulen eingeschrieben sind (Cai & Richdale 2016) und keinen Zugang zu Unterstützungsleistungen haben.

13.1.3 Maßnahmen und Strategien an den Hochschulen

Obwohl das Studieren selbst in den verschiedenen Studien nicht allzu stark problematisiert wird, sind die meisten Unterstützungs- und Anpassungsmaßnahmen der Hochschulen, wenn es sie denn gibt, darauf fokussiert.

Im laufenden Studienbetrieb berichten Studierende, dass sie Skripts von Lehrenden oder Mitstudierenden bekommen. Manche erhalten die Erlaubnis, Vorlesungen aufzuzeichnen (Gelbar et al. 2014; Pellenq & Mamelli 2022). Beides ermöglicht den Studierenden, sich auf das Zuhören oder Mitschreiben zu konzentrieren. Sollten sie durch ungünstige sensorische Bedingungen oder unvorhergesehene Ereignisse nicht in der Lage sein, sich zu konzentrieren oder an der Lehrveranstaltung teilzunehmen, können die beschriebenen Maßnahmen zur eigenständigen Nachbereitung genutzt werden. Rückzugsmöglichkeiten wie z. B. ruhige Räume helfen vielen autistischen Studierenden, Kraft zu tanken und den Studienalltag erfolgreich zu absolvieren (Fabri et al. 2020; Fabri & Andrews 2016).

Viele Maßnahmen beziehen sich auf Prüfungssituationen. Einige Studierende berichten, mehr Zeit für die Bearbeitung bzw. Abgabe von Aufgaben zu bekommen. Andere dürfen Prüfungen in Einzelsettings ablegen, also schriftliche Arbeiten in einem eigenen Raum schreiben, oder Gruppenprüfungen im kleinen Rahmen ablegen. In manchen Fällen werden Prüfungsformate abgeändert, also bspw. Klausuren durch mündliche Prüfungen ersetzt (Anderson et al. 2018; Gelbar et al. 2014; Gurbuz et al. 2019; Van Hees et al. 2015).

Flexibilität bei Prüfungsmodalitäten ebenso wie in Bezug auf Lernsettings, Zeitpläne etc. werden von verschiedenen Studienautor:innen empfohlen (Anderson et al. 2018; Fabri et al. 2020). Besondere Erwähnung findet hier das Universal Design for Learning (UDL), welches verschiedene Möglichkeiten anbietet, um sich mit bestimmten Lerngegenständen auseinanderzusetzen (Fabri & Andrews 2016).

Neben diesen Angeboten, die direkt auf das Studieren abzielen, finden viele autistische Studierende vor allem stabile soziale Beziehungen hilfreich, um gut durch die Studienzeit zu kommen. In einigen Fällen wird die wichtige Unterstützung der Familie erwähnt (Bolourian et al. 2018; Cai & Richdale 2016; Gelbar et al. 2014; Van Hees et al. 2015), in anderen hilfreiche Peer-Mentoring-Programme oder Beratungsangebote (Fabri et al. 2020; Gelbar et al. 2014; Gurbuz et al. 2019). Ansprechpersonen zu haben, um Schwierigkeiten oder Unklarheiten zu besprechen, scheinen zentrale Bedürfnisse zu sein, die Autist:innen helfen, Barrieren abzubauen (Fabri et al. 2020).

Des Weiteren wird darauf hingewiesen, dass Übergangsprogramme den Studienstart vereinfachen können. Diese könnten auch sicherstellen, dass autistische Studierende informiert sind, welche Unterstützungsmöglichkeiten es gibt und wer die Ansprechpersonen sind (Anderson et al. 2018; Cai & Richdale 2016; Michaud & Goupil 2021). In einigen Studien wird die Trennung von akademischen und sozialen Unterstützungsmaßnahmen kritisiert, da beides miteinander verwoben ist und einen ganzheitlichen Ansatz verlangt (Anderson et al. 2018; Fabri et al. 2020; Gurbuz et al. 2019; Hillier et al. 2018).

Insgesamt würden mehr Wissen über Autismus und Bewusstsein für die Barrieren, auf die autistische Studierende treffen, von Seiten der Universitätsangehörigen sowie der Studierenden den Studienalltag vieler Autist:innen vereinfachen (Fabri & Andrews 2016; Gurbuz et al. 2019; Michaud & Goupil 2021; Van Hees et al. 2015).

13.2 Das EU-Projekt Autism&Uni

Die oben beschriebene Situation zeigt, dass in der Betrachtung des Studiums etliche Dimensionen mitbedacht werden müssen, wie z. B. soziale Beziehungen und Alltagsstrukturen. Einige Hochschulen haben sich auf den Weg gemacht, um »autismusfreundlich« zu werden. Als Grundlage werden häufig die Ergebnisse des Projektes *Autism&Uni* genutzt.

Das Forschungsprojekt *Autism&Uni* wurde von 2013 bis 2016 an fünf europäischen Universitäten (Leeds, Helsinki, Łódź, Eindhoven, Burgos) durchgeführt und von der EU-Kommission im Programm für lebenslanges Lernen finanziert. Seit Abschluss des Forschungsprojektes wird *Autism&Uni* weiterhin von Dr. Marc Fabri von der Leeds Becket University in England betreut. Das partizipatorische Projekt hat autistische Studierende ins Zentrum der Forschung gestellt, um diese beim Übergang in den tertiären Bildungsbereich zu unterstützen. Die folgende Beschreibung stützt sich auf einen veröffentlichten Konferenzbeitrag (Fabri & Andrews 2016) zum Projekt sowie die Informationen auf der Projekthomepage (https://www.autism-uni.org/).

In einem Literaturreview wurden die Ergebnisse von vielen Studien zusammengefasst. Dabei wurde untersucht, was autistische Studierende von nicht-autistischen unterscheidet, welche pädagogischen Mittel genutzt werden, um ihnen gerecht zu werden, und welche technologischen Innovationen genutzt wurden, um autistische Studierende in ihrem Sozial- sowie hochschulischen Leben zu unterstützen. Ergänzend wurden ehemalige, aktuelle und zukünftige Studierende, Eltern/Fürsorgende, Lehrkräfte/Mentor:innen, Universitätsmitarbeitende und Autismusverbände in den fünf teilnehmenden Staaten (Großbritannien, Finnland, Niederlande, Polen, Spanien) anhand von Fragebögen befragt, um die Bedürfnisse und Erwartungen aktueller und zukünftiger autistischer Studierender zu identifizieren.

Die Ergebnisse aus den Fragebögen und dem Literaturreview wurden zusammengefasst und fünf Kernherausforderungen für autistische Studierende identifiziert:

1. soziale und physische Umgebung an der Universität,
2. Mangel an angemessener Unterstützung,
3. unrealistische Erwartungen,
4. Herausforderungen mit Prüfungssituationen (auch wenn das Fachgebiet inhaltlich beherrscht wird) und
5. der Übergang zum Studium, bei dem mehr Unterstützung nötig ist als bei anderen Studierenden.

Zusätzlich wurden autistische Personen eingeladen, ihre persönliche Geschichte in einem strukturierten Fragebogen mit offenen Fragen aufzuschreiben, ebenso wie Personen, die mit autistischen Studierenden in Verbindung stehen/standen.

Basierend auf diesen Daten wurden Online-Toolkits entwickelt. Diese sind vorinstalliert auf einer Open-Source-Plattform verfügbar und können von Universitäten angefragt werden, wenn sie diese einsetzen wollen. In diesem Fall werden die Inhalte an die Spezifika der jeweiligen Hochschule angepasst und Texte bei Bedarf übersetzt.

Die Toolkits richten sich vor allem an die autistischen Studierenden selbst. Informationen, die sie betreffen bzw. die für sie relevant sind, werden strukturiert zusammengefasst und gebündelt zur Verfügung gestellt. Die großen Themen der Toolkits sind der Umgang mit der Diagnose, also warum Studierende sich der Hochschule gegenüber offenbaren sollten, um Zugang zu spezifischer Unterstützung zu bekommen. Es geht um den Umgang mit Erwartungen, d.h., realistische Informationen zum Hochschulalltag und vor allem zu den Unterschieden zum Sekundarschulbereich bereitzustellen. Um zu vermeiden, dass sich Studierende in der Universität verlaufen und dadurch zu spät kommen, können Universitäten im Toolkit Wege zwischen verschiedenen Gebäuden auf dem Campus vorschlagen, die sich mit Karten und Kalender auf dem Smartphone verbinden lassen. Typische Studiersituationen werden erläutert, um z.B. ungeschriebene Erwartungen an die Beteiligung in einer Gruppenarbeit explizit zu machen. Zuletzt geht es um den

Umgang mit schwierigen Situationen, in denen die Studierenden ermächtigt werden sollen, für sich und ihre Rechte zu sorgen, z. B. wie man Termine mit Lehrenden vereinbaren oder in welchem Setting man über den eigenen Autismus sprechen kann.

Bis zum Jahr 2023 haben 15 Universitäten, vor allem in Großbritannien und Irland, aber auch in Polen und der Schweiz das Toolkit für sich adaptiert und den Studierenden zugänglich gemacht. Die Schweizer Universität in Fribourg wird weiter unten exemplarisch vorgestellt.

Zusätzlich zu den Toolkits wurden drei Handreichungen, sog. *Best Practice Guides*, entwickelt. Diese richten sich an Hochschulleitungen und leitende Mitarbeitende, Hochschuldozierende und -tutor:innen sowie an Fachkräfte, die autistische Studierende innerhalb oder außerhalb der Hochschule begleiten. Sie wurden in Zusammenarbeit mit autistischen Studierenden, Eltern, Universitätsmentor:innen, Schullehrkräften und Autismus-Fachkräften erarbeitet und sollen zum einen inspirieren und Vorschläge machen, wie man bestimmte Maßnahmen gut umsetzen kann. Zum anderen werden Leser:innen aufgefordert, im Rahmen ihrer Möglichkeiten und ohne die Hilfe anderer zu agieren (z. B. sich Wissen über Autismus erarbeiten/eine Fortbildung besuchen). Dafür wird in den Guides für die Stärken und Herausforderungen autistischer Studierender sensibilisiert, des Weiteren gibt es reale Beispiele problematischer Situationen und wie man sie konstruktiv lösen kann. Die Handreichungen sind in acht Sprachen erhältlich, u. a. auf Deutsch (Fabri et al. 2016a, b, c).

13.3 Beispiele aus europäischen Hochschulstandorten

Im Folgenden sollen einige Universitäten vorgestellt werden, die z. T. auf Grundlage der Projektergebnisse von *Autism&Uni* konkrete Maßnahmen getroffen haben, um autistischen Studierenden bessere Studienbedingungen zu ermöglichen.

13.3.1 Autism&UniSwiss: Ein Anwendungsbeispiel

Für die zweisprachige Universität Fribourg/Freiburg in der Schweiz wurde das Online-Toolkit von *Autism&Uni* ins Französische und Deutsche übersetzt. Viele Texte wurden komplett neu geschrieben oder zumindest den lokalen Gegebenheiten angepasst. Die englischsprachige Version, die zur Verfügung steht, ist wiederum die Übersetzung dieser neuen Texte und weicht somit von den Texten aus dem »Original«-Toolkit ab. Ein Einführungstext sowie ein Video (zum Zeitpunkt der Textverfassung bisher nur auf Französisch verfügbar) erklären den Anpassungs- und Einführungsprozess sowie die Zielsetzung (Autism&Uni 2021; Quartenoud

2023). In einem Zeitschriftenartikel (Quartenoud & Ruffieux 2022) lässt sich das Vorhaben auch auf Deutsch nachvollziehen.

Dank der Finanzierung durch einen Innovationsfond konnten mehrere Wissenschaftler:innen mit Autismus-Expertise das Projekt »*Autism&UniSwiss*« organisieren und durchführen und das Toolkit im Jahr 2021 veröffentlichen. Dafür wurden die Texte aus dem »Original«-Toolkit an den spezifischen Kontext der Universität Fribourg angepasst, ins Französische und Deutsche übersetzt und von autistischen Studierenden lektoriert, um Lese- und Verständnisbarrieren vorzubeugen und um keine Themen zu vergessen, die für autistische Studierende relevant sein können. Viel Wert wurde auf eine sinnvolle Visualisierung gelegt (z. B. der verschiedenen Gebäude, Hinweise auf Ruhemöglichkeiten), indem Infografiken erstellt wurden.

Die Plattform gibt Zugang zu Informationen zu Themen, die vor, während und nach dem Studium relevant sind und zu Autismus an der Universität. Außerdem werden Erfahrungsberichte und ein Lageplan der verschiedenen Gebäude veröffentlicht. Das Themenfeld »Autismus an der Universität« richtet sich auch an nichtautistische Studierende, Dozierende oder anderes Personal an den Hochschulen.

Die Texte sind immer gleich aufgebaut: Es werden der Kontext dargestellt, die Relevanz des Themas erläutert, nächste Schritte vorgeschlagen, praktische Ratschläge gegeben sowie Hinweise, wie man die nächsten Schritte vorbereiten kann.

Die ersten Erfahrungen sind sehr positiv ausgefallen, tatsächlich hat die Einrichtung der Plattform viel in Bewegung gesetzt: Autismus ist ein sichtbares Thema geworden, Universitätsmitarbeitende sind sensibilisiert und konnten mit Informationen versorgt werden; außerdem wurden die Inklusionsrichtlinien der Universität überprüft.

Die Plattform ist nur ein Teil, um die Universität Fribourg autismusfreundlicher zu gestalten. Weitere Maßnahmen sind geplant oder bereits angelaufen, z.B. ein Peer-Mentoring-Programm, die Einrichtung einer sensorisch reizarmen Zone und ein Coachingprogramm zur Selbstbestimmung. Außerdem stellt das Team seine Expertise zur Verfügung und lädt andere Hochschulen ein, ebenfalls Schritte zu unternehmen, um autistischen Studierenden den Weg durch ihr Studium zu erleichtern und damit Studienabbrüchen entgegenzuwirken (Autism&Uni 2021; Quartenoud 2023).

13.3.2 Dublin City University – »The World's First Autism-Friendly University«

Auch die Dublin City University (DCU) hat das Toolkit von *Autism&Uni* im Jahr 2020 für sich adaptiert und veröffentlicht. Zu diesem Zeitpunkt durfte sie sich aber schon einige Jahre als erste Universität »autism-friendly university« nennen. Seitdem haben auch viele andere irische und britische Hochschulen dieses Siegel bekommen, welches von Irlands nationaler Wohltätigkeitsorganisation im Bereich Autismus *AsIAm* (https://asiam.ie) vergeben wird. *AsIAm* wurde erst 2014 gegründet, gilt aber laut *Autism&Uni* (Earley 2020) als »Ireland's leading autism charity« und wird von autistischen Menschen geführt. Die AsIAm-Zertifizierung »autism-friendly« gibt es nicht nur für Universitäten, sondern auch für Unternehmen, Organisationen und Kommunen (WPCare 2023).

Die DCU untersuchte im Jahr 2016 als Beginn für die erste Zertifizierungsphase in Kooperation mit *AsIAm* in einer Studie die Situation autistischer Studierender an der DCU. Dafür wurde ein Online-Fragebogen an autistische Studierende versendet, ein anderer an nicht-autistische Studierende. Zusätzlich wurden Fokusgruppengespräche und Interviews mit Universitätsangehörigen (Dozierenden, Servicestellen, Bibliotheks- und Kantinenmitarbeiter:innen, Studierendenvertretung) geführt. Zuletzt untersuchten vier autistische Studierende beide Universitätscampus in Bezug auf Orientierung und sensorische Reize. Diese Studie kommt zu dem Schluss, dass viele der bereits existierenden Unterstützungsmöglichkeiten für Studierende mit Beeinträchtigungen sinnvoll sind, aber in einigen Fällen durch autismusspezifische Maßnahmen ergänzt werden sollten (Sweeney et al. 2018).

Die DCU hat sich für die Zertifizierung *autism-friendly* den acht Grundsätzen der autismusfreundlichen Universität verschrieben (Sweeney et al. 2018), die AsIAm und DCU gemeinsam entwickelt haben, und hatte in der ersten Programmphase drei Jahre Zeit, um die Umsetzung dieser zu planen und durchzuführen:

1. Ermutigung und Befähigung von Studierenden mit Autismus zur Aufnahme und Teilnahme an Universitätsprogrammen.
2. Unterstützung und Aufbau von Kapazitäten, um Studierende mit Autismus in die Lage zu versetzen, die akademischen Herausforderungen des Universitätsalltags zu meistern.
3. Unterstützung und Aufbau von Kapazitäten, um Studierende mit Autismus in die Lage zu versetzen, die sozialen Herausforderungen des Universitätslebens zu meistern.
4. Schaffung eines autismusfreundlichen Arbeitsumfelds.
5. Bekämpfung der Stigmatisierung von Autismus und Anerkennung der vielfältigen Erfahrungen von Menschen mit dieser Diagnose.
6. Entwicklung von Verständnis und relevanten Kenntnissen und Fähigkeiten innerhalb der Universitätsgemeinschaft (Personal und Dienstleistungsanbieter).
7. Schaffung von Kanälen, die es Studierenden mit Autismus ermöglichen, in verschiedenen Bereichen des Universitätslebens mitzureden.
8. Die zukünftige Beschäftigungsfähigkeit von DCU-Studierenden mit Autismus zu verbessern (vgl. ebd., 11, Übers. M. R.).

Für die zweite Phase des Zertifizierungsprozesses (Start: März 2023) ist ein weiterer Grundsatz in den Fokus gerückt:

9. Die DCU wird Mitarbeitende mit Autismus unterstützen.

Außerdem sollen bessere Angebote für Studierende mit höherem Unterstützungsbedarf und Studierende mit kognitiver Beeinträchtigung erarbeitet und Mentoringprogramme sowie eine sinnesfreundliche Wegweiser-App entwickelt werden (Donal 2023).

Auch bei diesem Beispiel zeigt sich, wie umfassend autismusfreundliche Universitäten gedacht werden müssen und gleichzeitig zu einer verbesserten Situation für alle Universitätsangehörigen beitragen können.

13.3.3 Französische Universitäten werden Atypie-Friendly

Als Teil der nationalen Autismusstrategie Frankreichs wurde das Projekt *Construire une Université Aspie-Friendly* (Aufbau einer Aspie-freundlichen Universität) gegründet, welches im Juli 2023 in *Atypie-Friendly* umbenannt wurde. Die Namensänderung weist auf die Vergrößerung des Personenkreises hin, der in der Projektvorstellung als autistische Studierende und Studierende mit anderen »Neuroentwicklungsstörungen«[37] (z. B. ADHS, Legasthenie) beschrieben wird. Etwa 25 französische Universitäten nehmen an dem Programm teil, das für zehn Jahre (2018–2028) angelegt ist. Koordiniert wird das Projekt von der Universität Toulouse aus unter der Leitung von Prof. Dr. Bertrand Monthubert. Es soll die Studierenden auf dem Weg an die Universität, durch das Studium bis in den Beruf begleiten und Universitätsmitarbeitende sowie andere Studierende sensibilisieren und weiterbilden. Als Grundlage für die Arbeit an den beteiligten Universitäten gilt eine eigens entwickelte Charta (Charte »Atypie-Friendly« 2023).

Mit der Charta verpflichten sich die Universitäten, umfassende Maßnahmen für neurodivergente Studierende zu entwickeln und damit zu einer inklusiven Hochschule beizutragen. Dafür soll ein Team zusammengestellt werden, das den Prozess koordiniert. Ein:e Referent:in fungiert als zentrale Ansprechperson.

Das Programm Atypie-Friendly wiederum ist verpflichtet, den Universitäten bestimmte Dienstleistungen zur Verfügung zu stellen: Zugang zu Schulungen; Begleitung durch ein nationales Team; Aktivitäten auf nationaler Ebene; Austausch der Expertisen im Bereich Entwicklungsstörungen sowie zu pädagogischen Innovationen; Sichtbarmachung der Aktivitäten der einzelnen Hochschulen durch Veröffentlichung auf der bundesweiten Website. Außerdem soll es Schulungen zur Sensibilisierung von Personal und freiwilligen Studierenden zum Thema Autismus und anderen Entwicklungsstörungen anbieten.

Die Charta legt weiterhin fest, dass die Hochschulen neurodivergenten Studierenden den Weg an die Hochschule ermöglichen sollen, z. B. durch einen Übergangsplan, der mit Psycholog:innen der nationalen Bildungsbehörde erarbeitet werden kann. Danach sollen die Studierenden während ihres Studiums sowohl in Bezug auf ihre akademische Arbeit als auch ihr Sozialleben begleitet werden. Zuletzt sollen die Hochschulen die Studierenden auch beim Eintritt ins Berufsleben unterstützen, z. B. durch Kooperationen mit Unternehmen.

Die Homepage des nationalen Programms ist direkt an neurodivergente Studierende bzw. Studieninteressierte adressiert. Ihnen wird beschrieben, wie das Programm funktioniert, und einige Ressourcen (z. B. Onlinekurs zur Funktionsweise von Universitäten) werden zur Verfügung gestellt. Die Plattform für Ressourcen und Begleitung wiederum richtet sich an Universitätspersonal in Lehre

---

37 Übersetzung aus dem Französischen durch die Autorin.

und Verwaltung. Diesen Personen werden (externe) Materialien zur Verfügung gestellt, die vor allem der Sensibilisierung für autismusspezifische Themen im Universitätskontext dienen.

Auch Atypie-Friendly stützt sich auf die Ergebnisse von *Autism&Uni*, hat aber eine eigene Struktur entwickelt, anstatt das Toolkit zu übernehmen. Das Projekt wird mit autistischen Wissenschaftler:innen sowie Studierendengruppen an den jeweiligen Standorten stetig weiterentwickelt.

Außerdem wird auf das Forschungsprojekt IMAGE (*Improving Employability of Autistic Graduates in Europe*) verwiesen, welches seit 2018 an fünf europäischen Hochschulen (u. a. Universität Toulouse) etabliert ist, sich mit dem Übergang von der Hochschule auf den Arbeitsmarkt befasst und somit das Nachfolgeprogramm zu *Autism&Uni* darstellt. Ähnlich wie bei *Autism&Uni* wurden auch bei IMAGE ein Online-Toolkit sowie Good-Practice-Guides entwickelt.

13.4 Ausblick

Drei Länderbeispiele haben gezeigt, wie unterschiedlich sich europäische Universitäten auf den Weg in Richtung einer inklusiven Universität machen und sich speziell auf autistische Studierende einstellen. Es wird deutlich, dass das Studium mehr umfasst als das Besuchen von Lehrveranstaltungen und Ablegen von Prüfungen. Dementsprechend umfangreich sind auch die Maßnahmen, die an den jeweiligen Hochschulen erarbeitet und eingerichtet wurden. Besonderer Fokus liegt auf dem Übergang von der Schule zur Universität und dem Beginn des Studiums, aber auch das außeruniversitäre Leben wird miteinbezogen.

In Deutschland bezeichnet sich bisher keine Universität/Hochschule als autismusfreundlich und auch die Einrichtung des Online-Toolkits von *Autism&Uni* ist zur Entstehungszeit dieses Texts nicht bekannt. Auch deutschsprachige Literatur zum Erleben und den Erfahrungen autistischer Studierender gibt es kaum. Gleichzeitig zeigt dieser Sammelband, dass es durchaus Ideen und Maßnahmen an einzelnen Hochschulstandorten gibt, die anerkennen, dass Universitäten sich mehr auf ihre diverse Studierendenschaft einstellen müssen.

Da sich die Erfahrungen der autistischen Studierenden international sehr ähneln, ebenso wie die Herausforderungen, denen sie im Hochschulkontext begegnen, liegt es nahe, auch Maßnahmen und Strategien nationenübergreifend zu betrachten. Der Blick in andere europäische Länder bzw. auf die europäische Forschung weist auf konkrete Anknüpfungspunkte hin, an denen auch deutsche Hochschulen ansetzen könnten.

13.5 Literatur

Anderson, A. H., Carter, M. & Stephenson, J. (2018). Perspectives of University Students with Autism Spectrum Disorder. Journal of Autism and Developmental Disorders, 48(3), 651–665. https://doi.org/10.1007/s10803-017-3257-3

Autism&Uni (2021). Innovation_Eplateforme-TSA. Online verfügbar unter: https://tube.switch.ch/videos/pgokd9aCyu, Zugriff am 19.12.2023.

Bolourian, Y., Zeedyk, S. M. & Blacher, J. (2018). Autism and the University Experience: Narratives from Students with Neurodevelopmental Disorders. Journal of Autism and Developmental Disorders, 48(10), 3330–3343. https://doi.org/10.1007/s10803-018-3599-5

Cai, R. Y. & Richdale, A. L. (2016). Educational Experiences and Needs of Higher Education Students with Autism Spectrum Disorder. Journal of Autism and Developmental Disorders, 46(1), 31–41. https://doi.org/10.1007/s10803-015-2535-1

Charte »Atypie-Friendly«. (2023). Online verfügbar unter: https://atypie-friendly.fr/le-projet-atypie-friendly/, Zugriff am 19.12.2023.

Donal (2023). DCU Launch Phase 2 of the AsIAm Autism Friendly University Award [Asiam.ie]. Online verfügbar unter: https://asiam.ie/dcu-launch-phase-2-of-the-asiam-autism-friendly-university-award/, Zugriff am 19.12.2023.

Earley, F. (2020). Dublin City University launches the Autism&Uni toolkit. Autism&Uni Blog. Online verfügbar unter: https://www.autism-uni.org/dcu-launches-the-autismuni-toolkit/, Zugriff am 19.12.2023.

Fabri, M. & Andrews, P. (2016). Hurdles and drivers affecting autistic students' higher education experience: Lessons learnt from the multinational Autism&Uni research study. 1800–1811. https://doi.org/10.21125/inted.2016.1373

Fabri, M., Andrews, P. C. S. & Pukki, H. K. (2016a). Best Practice für Fachkräfte, die autistische Student/innen innerhalb oder außerhalb von Hochschulen unterstützen.

Fabri, M., Andrews, P. C. S. & Pukki, H. K. (2016b). Best Practice für Hochschuldozent/innen und Tutor/innen.

Fabri, M., Andrews, P. C. S. & Pukki, H. K. (2016c). Best Practice für Hochschulleitungen und leitende Uni- Mitarbeiter/innen.

Fabri, M., Fenton, G., Andrews, P. & Beaton, M. (2020). Experiences of Higher Education Students on the Autism Spectrum: Stories of Low Mood and High Resilience. International Journal of Disability, Development and Education, 69(4), 1411–1429. https://doi.org/10.1080/1034912X.2020.1767764

Gelbar, N. W., Smith, I. & Reichow, B. (2014). Systematic Review of Articles Describing Experience and Supports of Individuals with Autism Enrolled in College and University Programs. Journal of Autism and Developmental Disorders, 44(10), 2593–2601. https://doi.org/10.1007/s10803-014-2135-5

Gurbuz, E., Hanley, M. & Riby, D. M. (2019). University Students with Autism: The Social and Academic Experiences of University in the UK. Journal of Autism and Developmental Disorders, 49(2), 617–631. https://doi.org/10.1007/s10803-018-3741-4

Hillier, A., Goldstein, J., Murphy, D., Trietsch, R., Keeves, J., Mendes, E. & Queenan, A. (2018). Supporting university students with autism spectrum disorder. Autism, 22(1), 20–28. https://doi.org/10.1177/1362361317699584

Hope, J. (2022). Create a university that's autism friendly. Disability Compliance for Higher Education, 28(3), 1–5. https://doi.org/10.1002/dhe.31364

Michaud, V. & Goupil, G. (2021). Trouble du spectre de l'autisme et études postsecondaires: Points de vue d'intervenants des services d'aide aux étudiants. Revue internationale de pédagogie de l'enseignement supérieur, 37(3). https://doi.org/10.4000/ripes.3439

Pellenq, C. & Mamelli, A. (2022). Défis et besoins des étudiants avec trouble du spectre de l'autisme à l'université. L'Orientation scolaire et professionnelle, 51/2, 343365. https://doi.org/10.4000/osp.16170

Quartenoud, N. (2023). Qui sommes-nous ? Online verfügbar unter: https://projects.unifr.ch/autism/qui-sommes-nous/, Zugriff am 19.12.2023.

Quartenoud, N. & Ruffieux, N. (2022). Autismus auf der Tertiärstufe. Schweizerische Zeitschrift für Heilpädagogik, 28(1–2), 8–14. https://ojs.szh.ch/zeitschrift/article/view/983

Sweeney, D. M. R., Burke, T., Quinn, K. & Harris, A. (2018). Living with Autism as a University Student at Dublin City University: Developing an Autism Friendly University. Dublin City University. https://www.dcu.ie/sites/default/files/president/autsim_friendly_report_no_crops.pdf

Van Hees, V., Moyson, T. & Roeyers, H. (2015). Higher Education Experiences of Students with Autism Spectrum Disorder: Challenges, Benefits and Support Needs. Journal of Autism and Developmental Disorders, 45(6), 1673–1688. https://doi.org/10.1007/s10803-014-2324-2

WPCare. (2023). Autism-Friendly Accreditation. Online verfügbar unter: https://asiam.ie/autism-friendly-accreditation-2/, Zugriff am 19.12.2023.

14 Zusammenarbeit in Aktion: Lektionen aus einem Kooperationsprojekt mit autistischen Studierenden

Andrea MacLeod unterstützt von Liz Ellis, Ken Searle, Marianthi Kourti, Caroline Lear, Callum Duckworth, David Irvine, Harry Jones, Michaela King, Jessica Ling & John Simpson

14.1 Einleitung[38]

Im Vereinigten Königreich und darüber hinaus hat die sich herausbildende Agenda der erweiterten Partizipation zu Änderungen in der Politik geführt, um die Bedürfnisse »nicht-traditioneller« Studierender zu berücksichtigen (Adams & Brown 2006). Dieser Schwerpunkt umfasst auch Studierende mit Behinderung, obwohl ihnen im Vergleich zu anderen benachteiligten Gruppen relativ wenig Priorität eingeräumt wurde (Barer 2007). Die in diesem Kapitel diskutierte partizipative Forschung konzentriert sich auf ein Projekt an einer Universität im Vereinigten Königreich, die u. a. auf dieses Thema spezialisiert ist. Das übergeordnete Ziel des Projekts bestand darin, durch eine Peer-to-Peer-Befragung über ein akademisches Jahr hinweg die Barrieren zu ermitteln, die für autistische Studierende an der betreffenden Universität bestehen. Ein wesentlicher Aspekt dabei war der kollaborative Forschungsansatz, bei dem ein Team aus nicht-autistischen Mitarbeitenden, autistischen Studierenden und Alumni zusammenarbeitete. In diesem Kapitel stellen wir unsere Überlegungen zu den Vorteilen eines inklusiven Ansatzes für diese Art von Forschung vor. Wir werden das Projekt als Beispiel für inklusive Forschung zusammenfassen und insbesondere diskutieren, wie der kollaborative, partizipative Ansatz das entwickelte, was Milton »interactional expertise« (2014, 795) nennt, und wie dieses erfahrungsbasierte Lernen zur Ausbildung der autistischen Teammitglieder als akademische Führungskräfte beitrug.

---

38 Dieser gesamte Beitrag inkl. wörtlich wiedergegebener Zitate wurde aus dem Englischen übersetzt.

14.2 Kontextualisierung des Projekts

14.2.1 Hochschulbildung und autistische Studierende

In den letzten Jahren hat sich die Hochschullandschaft durch einen enormen Anstieg der Studierendenzahlen verändert. Die Zahl der Studierenden mit Beeinträchtigung ist zwar immer noch unverhältnismäßig niedrig, nimmt aber deutlich zu. Autistische Studierende machen einen erheblichen Anteil dieser Zahl aus. Im Jahr 2020/21 wurden für fast 17.000 angehende Studierende im Vereinigten Königreich eine soziale/kommunikative Auffälligkeit oder Autismus angegeben – diese Zahl hat sich im Vergleich mit 2015/16 mehr als verdoppelt (HESA 2022).

Die zahlreichen autistischen Hochschulabsolvent:innen kommen bis dato noch nicht in den Genuss der wirtschaftlichen und beschäftigungspolitischen Vorteile, von denen man annimmt, dass sie sich aus einer akademischen Laufbahn ergeben. Autistische Hochschulabsolvent:innen sind nach ihrem Abschluss mit größerer Wahrscheinlichkeit arbeitslos als andere Studierendengruppen, einschließlich derer mit anderen Beeinträchtigungen (Coney 2021). Grundsätzlich wird Autismus ungeachtet der durchlaufenen Ausbildung oder Qualifikation immer noch mit relativ schlechten beruflichen Aussichten im Erwachsenenalter in Verbindung gebracht (Frank et al. 2018; Howlin & Moss 2012; Wei et al. 2015).

Autistische Studierende nehmen in der Hochschullandschaft auch in anderer Hinsicht einen besonderen Platz ein. So treten neben Autismus häufig auch weitere Beeinträchtigungen auf, insbesondere Legasthenie, ADHS und psychische Erkrankungen, sodass autistische Studierende eine bedeutende und komplexe Gruppe darstellen, die mit großer Wahrscheinlichkeit auf multiple Barrieren trifft. Die besonderen Faktoren, die mit dieser Art von »weniger sichtbaren« Beeinträchtigungen verbunden sind, wirken sich auf die Fähigkeit der Bildungseinrichtungen aus, angemessene Unterstützung zu planen und zur Verfügung zu stellen.

Im Falle von körperlichen Beeinträchtigungen haben Studierende oft keine andere Wahl, als ihre Behinderung anzugeben, da möglicherweise Vorkehrungen getroffen werden müssen, damit sie ein Gebäude betreten oder an einem Kurs teilnehmen können. Im Gegensatz dazu sind Studierende mit »weniger sichtbaren« Beeinträchtigungen unter Umständen der Ansicht, dass sie die besten Erfolgschancen haben, wenn sie ihre Beeinträchtigung nicht angeben und stattdessen versuchen, ohne zusätzliche Hilfe zurechtzukommen.

Dieses Nicht-Offenlegen ist ein Problem, das in seiner Komplexität anerkannt werden muss. Es gibt Anhaltspunkte dafür, dass Studierende bei der Aufnahme eines Studiums einen weitgehend positiven Eindruck machen wollen und daher versuchen, Beeinträchtigungen zu verbergen (Goode, 2007). Möglicherweise haben sie in der Vergangenheit Diskriminierung erfahren, was dazu führt, dass sie eine Offenlegung negativ betrachten (Van Hees et al. 2015). Diejenigen, die ihre Beeinträchtigung klar angeben, müssen oft feststellen, dass selbst relativ geringe Anpassungsmaßnahmen oft anderweitige Hindernisse bergen (Davidson 2010).

Darüber hinaus wird bei einer beträchtlichen Anzahl junger Menschen die Diagnose erst nach Aufnahme des Hochschulstudiums gestellt, entweder, weil sie gelernt haben, ihre Schwierigkeiten zu »verbergen«, oder weil ihre Schwierigkeiten erst nach dem Verlassen des strukturierten schulischen Umfelds offensichtlich wurden (Rutherford et al. 2016). All dies bedeutet, dass es viel mehr autistische Studierende in der Hochschulbildung gibt als in den offiziellen Statistiken angegeben. Ihre Lernbedürfnisse sind vielfältig und werden häufig verkannt (Irvine & MacLeod 2022). Es ist dringend notwendig, ihre Erfahrungen stärker einzubinden und Maßnahmen zu entwickeln, um ihre Lernerfolge zu verbessern.

14.2.2 Inklusive Forschung und Autismus

Wir sprechen hier von »inklusiver Forschung« und verwenden Ninds Definition dieses Begriffs als Oberbegriff, »der eine Reihe von Ansätzen und Methoden bündelt […], die in der Literatur als partizipativ, emanzipatorisch, partnerschaftlich und anwendungsorientiert […] bezeichnet werden« (2014, 1). Inklusive Ansätze in der Disability-Forschung wurden ursprünglich als Ergebnis von Appellen von Menschen mit Behinderung entwickelt. Sie waren eine Reaktion auf eine Forschung, die Teilnehmende mit Behinderung per se objektivierte. Dies führte dazu, dass einige Menschen mit Behinderung die Behindertenforschung nicht als potenziell vorteilhaft, sondern als persönliche Bedrohung ansahen – nicht zuletzt deshalb, weil dies oft der Realität entsprach (so wurden Teilnehmende bspw. häufig ohne ihre Zustimmung und gegen ihren Willen invasiven Behandlungen unterzogen). Ein aktuelles Beispiel im Zusammenhang mit Autismus ist der Fall des Arztes und Forschers Andrew Wakefield, der die Kinder in seiner MMR-Studie invasiven und schmerzhaften Verfahren unterzog (Kmietowicz 2012).

In den USA hat der autistische Forscher Ari Ne'eman davon gesprochen, dass die Autismusforschung bei der Übernahme inklusiver Ansätze langsamer ist: »Sie hinkt dem Fortschritt hinterher, den ein Großteil der Gemeinschaft an Menschen mit Behinderung bereits erreicht hat« (2010, o. S.). Im Vereinigten Königreich haben Milton und Moon ihre Frustration über eine Forschungslandschaft wie folgt zum Ausdruck gebracht, in der autistische Teilnehmende oft in passive Rollen gedrängt wurden: »vom Prozess der Wissensbildung ausgeschlossen« (Milton & Moon 2012, 794). Aktuell fordern Autist:innen deshalb immer mehr ihren Platz ein und beweisen nicht nur den hohen Wert des Beitrags, den sie leisten können, sondern auch, wie wichtig dieser Beitrag für das sich entwickelnde Wissen über Autismus ist (Chown et al. 2017). Diese Forderung wird nicht nur von autistischen Forscher:innen und Aktivist:innen erhoben. Nicht-autistische Forscher:innen, Akademiker:innen und Verbündete haben ebenfalls hervorgehoben, dass die Autismusforschung – und die dazugehörige Praxis – nicht nur von den Erkenntnissen und der Beteiligung autistischer Menschen profitiert, sondern den aktiven Beitrag dieser Menschen auch benötigt, wenn sie relevant und glaubwürdig bleiben soll (Pellicano et al. 2018; MacLeod 2019).

Kollaborative, partizipative Ansätze sind ein kleiner, aber wachsender Teil der inklusiven Forschungsbewegung. Sie zielen darauf ab, die Fähigkeiten und Erkenntnisse sowohl autistischer als auch nicht-autistischer Forscher:innen zusammenzubringen, um sicherzustellen, dass Autismusforschung und -praxis für autistische Menschen und ihre Angehörigen relevant und nützlich sind. Andere Studien im Hochschulkontext, die auf diesen Ansätzen basierten, haben erhebliche Diskrepanzen zwischen den Wahrnehmungen der Studierenden und des Hochschulpersonals aufgedeckt (Knott & Taylor 2014). Unter den Mitarbeitenden der Hochschule kam in diesem Zusammenhang eine Tendenz zur Pathologisierung von Autismus zu Tage, wodurch die sozialen Bedürfnisse ihrer Studierenden häufig übersehen wurden (Madriaga & Goodley 2009; VanBergeijk, Klein & Volkmar 2008).

In Anbetracht dieser schlechten Forschungsergebnisse, die selbst bei sehr gebildeten Menschen zu verzeichnen sind, und der Aussagen autistischer Erwachsener, dass Autismus als ein anderer »way of being« (eine andere Art des Seins) (Sinclair 1993, o. S.) betrachtet werden sollte, ist es von großem Nutzen, das Potenzial einer inklusiven, kollaborativen Forschung im Kontext der Hochschulbildung zu erkunden. Dadurch können einerseits die Diskrepanzen in positiver Weise angegangen und andererseits die kommende Generation von autistischen Wissenschaftler:innen gefördert werden. Forschungskooperationen dieser Art können sich wesentlich auf den Status quo auswirken (Nicolaidis et al. 2011), indem sie nicht-autistischen Forschenden Lernerfahrungen ermöglichen, die ihre Kritikfähigkeit fördern und autistischen Forschenden durch Erfahrungslernen, geteilte Verantwortung und Führung sowie durch die Einnahme wichtiger Rollen wesentliche Chancen zur Stärkung bieten (Foster-Fishman et al. 2007, 354). Dieses Lernen durch Zusammenarbeit entspricht direkt Miltons Aufforderung an Forschende, ihre »interactional expertise« (Milton, 2014, S. 795) zu entwickeln, indem sie sich sowohl ihrer eigenen Positionierung als auch der Art und Weise bewusstwerden, in der ihr Ansatz wissentlich oder unwissentlich Barrieren für die Teilnahme ihrer autistischen Kolleg:innen darstellt.

14.3 Zusammenarbeit in Aktion: Das AuVision-Projekt

Über das AuVision-Projekt wurde bereits ausführlich berichtet (Searle et al. 2019; MacLeod et al. 2020), sodass wir uns hier auf eine kurze methodologische Zusammenfassung und unsere Überlegungen zu seiner Bedeutung für die Beteiligten, den Hochschulsektor und die Autismusforschung im Allgemeinen konzentrieren.

14.3.1 Das Kooperationsteam

Fünf autistische Studierende (drei Bachelor- und zwei Masterstudierende) wurden als Projektassistent:innen (PAs) eingestellt und zwei autistische Doktorand:innen/

Alumni wurden zur Arbeit mit Fokusgruppen und zur Analyse von Interviewdaten als Projektforscher:innen (PRs) eingesetzt. Wichtig ist, dass es sich dabei um vergütete Aufgaben im Rahmen eines offiziellen Vertrags mit der Universität handelte. Das Projekt wurde von zwei nicht-autistischen akademischen Mitarbeitenden und einem nicht-autistischen unabhängigen Mentor koordiniert, die sich auf organisatorische Aufgaben konzentrierten und nicht über die Richtung des Projekts entschieden, sodass es so weit wie möglich ein von Studierenden geleitetes Projekt blieb.

14.3.2 Datenerhebung

Die Daten wurden mittels einer Mischung aus Online-Umfrage und qualitativen Interviews mit neunzehn studentischen Teilnehmenden erhoben. Bei allen Teilnehmenden wurde bereits vor Aufnahme des Hochschulstudiums Autismus diagnostiziert. Die Befragten repräsentierten alle Studienjahre, einschließlich der Master- und Promotionsprogramme. Die Studierenden hatten verschiedene ethnische Hintergründe, waren aber überwiegend weiße Brit:innen, eine Mischung aus Männern und Frauen sowie zwei Personen, die sich als nicht-binär definierten. Mehr als die Hälfte der Teilnehmenden bezeichnete sich selbst als anders, behindert, mit besonderen Lernschwierigkeiten oder gab ein langfristiges Gesundheitsproblem neben dem Autismus an.

Zusätzlich zu den Kerndaten über die Erfahrungen der Studierenden sollte im Rahmen des Projekts auch das kollaborative Modell selbst bewertet werden. Die Befragten wurden gebeten, nach jedem Interview ein Feedback-Formular auszufüllen. Die Mitglieder des Projektteams wiederum sollten ihre Rolle nach jeder Befragung reflektieren. Dies geschah durch Gruppendiskussionen im Online-Teambereich und ganz am Ende des Projekts durch individuelle E-Mail-Antworten auf vom Forschungsteam gestellte Fragen. Darüber hinaus tauschten die Koordinator:innen Überlegungen aus und protokollierten die wichtigsten Punkte, die sich aus den Befragungen ergaben. Diese fließen in unsere Überlegungen im nächsten Abschnitt ein.

14.4 Erkenntnisse aus dem Projekt »Zusammenarbeit in Aktion«

Wir möchten uns auf zwei Schlüsselelemente fokussieren, die unserer Meinung nach für den Bereich der inklusiven Forschung und des Autismus von besonderer Bedeutung sind. Diese beziehen sich erstens auf die Verantwortung der nicht-autistischen Forschenden, ihre Forschungstätigkeit durch eigene Handlungen und Aktivitäten relevant und zugänglich zu machen und auf diese Weise »interactional expertise« zu entwickeln, und zweitens auf die oft angedeutete, aber nicht oft genug erklärte Verantwortung der Hochschule, durch ihre Aktivitäten die nächste Generation von akademischen Führungskräften auszubilden.

14.4.1 »Interactional expertise« entwickeln

Es ist klar, dass inklusive Forschung zusätzliche Zeit und Investitionen erfordert. Diese Investitionen zahlen sich jedoch eindeutig in Form von qualitativ hochwertigen Daten aus. Insbesondere in der Behindertenforschung übertreffen die Teilnehmenden mit ihren Beiträgen und Erkenntnissen oft die Erwartungen. Während Forschende eine ethische Verantwortung haben, Forschung zu betreiben, die für ihre Akteur:innen sinnvoll ist, hat unsere Erfahrung gezeigt, dass die aktive Einbindung der Akteur:innen in das Projektteam und das Lernen aus dieser Einbindung viele Vorteile für das Projekt und das Projektteam mit sich bringt.

In seinem Vorschlag für eine »interactional expertise« betont Milton, dass »eine der Hauptaufgaben der Personen, die mit autistischen Menschen arbeiten oder den Autismus als solchen analysieren wollen, darin liegt, das spezifische Wissen autistischer Menschen auf konstruktive Art und Weise zu nutzen« (2014, 799). Unser Projekt versuchte dies auf verschiedene Weise zu erreichen: Erstens wurde jede Phase aus der Perspektive autistischer Interessengruppen durchgeführt. Wir stellten dies von Beginn des Projekts an sicher, indem wir Interviews mit autistischen Alumni durchführten und die Hauptdatenerhebung auf der Grundlage der von ihnen bereitgestellten Informationen konzipierten. Auf diese Weise konnte das autistische Wissen in das Projekt einfließen, noch bevor die autistischen Teammitglieder rekrutiert worden waren. Nachdem wir das Team zusammengestellt hatten, ermöglichten häufige Teamplanungssitzungen die Anpassung der Datenerfassungsinstrumente, um sie für autistische Befragte zugänglicher zu machen. Ein Projektteam, das mehrheitlich aus autistischen Mitgliedern bestand, sorgte dafür, dass dies keine rein symbolische Aktion war. Durch die Berücksichtigung mehrerer autistischer Perspektiven in der Planungsphase konnten wir die unterschiedlichen Profile innerhalb der autistischen Bevölkerung berücksichtigen, was sich in der Praxis als sehr nützlich erwies. Das Team entwickelte mehrere Instrumente zur Weitergabe von Informationen über das Projekt, die bereits in ihrer Entstehungsphase erprobt wurden, was Zeit sparte und Relevanz garantierte.

»Interactional expertise« wurde auf direktem Wege für die Hauptdatenerhebung genutzt, da alle Interviews von einem autistischen Projektteam durchgeführt wurden. Die Evaluationen der Teilnehmenden zeigten, dass die meisten es als wichtig empfanden, von einer:m autistischen Peer befragt zu werden, da dies ein gemeinsames Verständnis schuf, das Vertrauen stärkte und die Offenlegung erleichterte:

> »Es ist schön, Menschen zu treffen, die nachempfinden können, was man durchmacht, oder die einen beraten können, weil sie ähnliche Erfahrungen gemacht haben.«

Die meisten Teilnehmenden gaben an, dass das Interview ihnen ein positives Gefühl vermittelte, und führten dies auf den Stil der Interviewer:innen zurück:

»[Der/die Interviewer:in] hat mir wirklich geholfen, meine Zeit an der Universität zu reflektieren.«

Trotz jahrelanger Erfahrung auf dem Gebiet des Autismus lernten die nicht-autistischen Koordinator:innen viel von den Erfahrungen der autistischen Projektmitarbeitenden und waren sich einig, dass dies nicht nur dem Projekt, sondern auch ihrer eigenen Praxis und ihrem Wissen als Autismusforscher:innen zugutekam:

»Ich habe diese Techniken der Zusammenarbeit in anderen Projekten angewandt, ich habe viel von dem Team gelernt.«

»Es hat definitiv dazu beigetragen, die Richtung meines Studiums und meiner Arbeit zu lenken.«

Die autistischen Mitglieder des Projektteams haben sowohl voneinander als auch von den Teilnehmenden etwas über Autismus gelernt. Obwohl die meisten von ihnen bereits vor einigen Jahren die Diagnose Autismus erhalten hatten, waren sie ihres Wissens nach keinen oder nur sehr wenigen anderen autistischen Menschen begegnet. Eine der häufigsten Antworten war, dass ihre Rolle als Projektteammitglied ihre Einstellung zum Autismus beeinflusst hat:

»Sie hat meinen Blick auf Autismus erweitert, und ich habe erkannt, dass sich selbst autistische Menschen manchmal nur auf ihre persönlichen Erfahrungen berufen können.«

Der Gedanke, dass es eine »*geteilte Erfahrung und ein Gruppenzugehörigkeitsgefühl*« gibt, war für die PAs von Bedeutung, denn so konnten sie als befähigte Forscher:innen agieren, ohne sich gezwungen zu sehen, ihre Identität als autistische Menschen zu verleugnen.

Das Projekt war daher eine sehr wichtige Möglichkeit für sie, ihr eigenes Wissen über Autismus zu erweitern. Ein unvorhergesehenes und bedeutendes Ergebnis war die Entwicklung von »interactional expertise« für das gesamte Team. Dieser Ansatz stellt sich sowohl in Zusammenhang mit der kollaborativen Forschung als auch für Peer-to-Peer-Initiativen im Allgemeinen als äußerst interessant heraus.

14.4.2 Ausbildung der nächsten Generation von Führungskräften

Auf der praktischen Ebene bot das Projekt dem Team wertvolle Arbeitserfahrung. Es wurde darin geschult, Forschungsinstrumente zu entwickeln, Interviews zu führen, Daten zu analysieren und die Ergebnisse im Anschluss zu präsentieren und zu veröffentlichen. Die Teammitglieder gaben an, dass sie durch das Projekt neue Kompetenzen entwickelt haben und dass die Arbeit ihre Kommunikationsfähigkeiten und ihr Selbstvertrauen gestärkt hat. Weniger positiv ist vielleicht, dass sie auch Stresserfahrungen in Bezug auf das notwendige Zeitmanagement, die Planung der Interviews und die Anpassung an die Bedürfnisse ihrer Gesprächspartner:innen beschrieben. Dies stellt jedoch eine »reale« Mischung aus Fähigkeiten, Erfahrungen und Herausforderungen dar, die alle auf den Arbeitsmarkt für Hochschulabsolvent:innen übertragbar sind.

Bei Forschungsarbeiten, die leichtfertig als partizipatorisch bezeichnet werden, werden die Forschungsteilnehmenden häufig nicht in den Verbreitungsprozess einbezogen. Bei diesem Projekt waren die Teilnehmenden jedoch am Verfassen des Berichts (auch als Hauptautor:in), an Präsentationen auf Konferenzen und Seminaren sowie an der Erstellung des abschließenden Videos, das die Erfahrungen der Teilnehmenden an der Universität dokumentiert, und der Webseite beteiligt. Sowohl die Teilnehmenden als auch die Mitglieder des Projektteams wurden gebeten, die endgültigen Entwürfe der Dokumente zu kommentieren und die Videos und Webseiten zu begutachten.

Wir möchten diese Ergebnisse in Bezug auf unsere früheren Ausführungen über den Kontext für autistische Erwachsene, autistische Hochschulabsolvent:innen und den Mangel an autistischer Agency im Allgemeinen innerhalb der Autismusforschung reflektieren. Es ist bekannt, dass die Bewältigung eines Hochschulstudiums mit einer spezifischen Lernvoraussetzung wie Autismus zusätzliche Arbeit und Stress für die Studierenden bedeutet (Gurbuz et al., 2019). In Zusammenhang mit dem sog. »spiky« (ungeschliffenen) Lernprofil, das häufig bei Autismus zu beobachten ist, bedeutet dies, dass sich autistische Studierende an der Universität noch einige der praktischen Fähigkeiten aneignen müssen, die ihre nicht-autistischen Peers in der Schule gelernt haben, und dass sie möglicherweise nicht die gleichen Chancen haben, während des Studiums eine Arbeit anzunehmen. Diejenigen, die eine Anstellung finden, stellen mitunter fest, dass wettbewerbsorientierte Einstellungsverfahren ein Hindernis bei der Arbeitssuche darstellen. Arbeitgeber:innen wünschen sich zunehmend Absolvent:innen, die bezahlte Berufserfahrung nachweisen können. Unerfahrene Bewerber:innen werden oft benachteiligt. Projekte wie das vorliegende, das explizit darauf abzielt, autistische Studierende zu beschäftigen und ihnen einen Zugang zum Arbeitsmarkt zu ermöglichen, bieten wichtige Wege, dieser Benachteiligung entgegenzuwirken, indem sie auf praktische Erfahrungen, die Entwicklung arbeitsbezogener Fähigkeiten und die so wichtigen Referenzen von Arbeitgeber:innen aufbauen. Ein Teammitglied, das inzwischen seinen Abschluss gemacht und eine Stelle angetreten hat, sagte bspw., das Projekt habe ihm geholfen, sich in seinem Arbeitsumfeld einzuleben.

Wie bei einem Hochschulprojekt nicht anders zu erwarten, strebten einige der beteiligten Studierenden eine akademische Laufbahn an. In diesem Zusammenhang führten die umfassende Forschungserfahrung und die Möglichkeit, in einem Team zu veröffentlichen, zu wichtigen Erkenntnissen, Anerkennung in wissenschaftlichen Kreisen und von offiziellen akademischen Ergebnissen.

Wir sind der Meinung, dass es eine wichtige Aufgabe der Hochschulbildung ist, im Sinne der jungen Menschen, die unsere Universitäten besuchen, zu handeln und sicherzustellen, dass wir sie durch unsere Aktivitäten auf die von ihnen angestrebte Zukunft vorbereiten und fördern.

14.5 Abschließende Punkte

Wir schließen dieses Kapitel ab, indem wir unsere Erfahrungen mit diesem Kooperationsprojekt reflektieren und der Frage nachgehen, wie es die Forschung und Praxis im Hochschulbereich in Bezug auf Autismus beeinflussen könnte.

14.5.1 Bedeutung für die Hochschulbildung

In diesem Kapitel wollen wir uns auf die Projektzusammenarbeit und nicht auf die Projektergebnisse konzentrieren, da diese bereits an anderer Stelle vorgestellt wurden. Die vollständigen Projektempfehlungen finden Sie im Anhang. Wir möchten zwei pädagogische Ansätze vorstellen, die unsere Ergebnisse untermauern und die wir für den Hochschulkontext für besonders wichtig halten.

Universal Design »fördert Bildungsstrategien, die eher darauf ausgelegt sind, verschiedenartige Lernansätze zu unterstützen, als bereits existierende Materialien rückwirkend an die Bedürfnisse einer spezifischen Gruppe anzupassen« (Fabri et al. 2016, 21). Ein Beispiel dafür ist eine Reihe von Bewertungsoptionen, die verschiedenen Lernstilen gerecht werden. Dieser Ansatz kann nicht nur für Studierende mit zusätzlichem Unterstützungsbedarf, sondern auch für andere Gruppen wie internationale Studierende von Vorteil sein (Thoma et al. 2010). Bublitz et al. (2015) stellen fest: »Die Studierenden lernen am besten, für sich selbst einzustehen, indem ihnen Möglichkeiten zur Stärkung ihrer Selbstsicherheit gegeben werden und sie so eigene Erfahrungen sammeln können« (ebd., 8). Die Autor:innen argumentieren, dass ein Universal-Design-Ansatz den Bedarf an (teurer) individualisierter Unterstützung minimieren kann.

Der »Inclusive Curriculum«-Ansatz für eine inklusive Laufbahn »berücksichtigt die Erfahrungen, den bildungstechnischen, kulturellen und sozialen Hintergrund sowie physische Barrieren, Sinnesbeeinträchtigungen und die psychische Gesundheit der Studierenden« (Morgan & Houghton 2011, 5). So kann auf die Bedürfnisse einer vielfältigen Studierendenkohorte eingegangen werden, die eine typische Seminargruppe der weiterführenden/höheren Bildung widerspiegelt. Dabei wird ein Ansatz verfolgt, der sensibel für Unterschiede ist, unabhängig davon, ob diese offengelegt werden oder nicht.

Die Ansätze des »Inclusive Curriculum« und des »Universal Design for Learning« erfordern einen grundlegenden Wandel in der Herangehensweise von Bildungseinrichtungen: Es bedarf einer Berücksichtigung der zusätzlichen Bedürfnisse des:r Einzelnen, einem Bewusstsein für die Vielfalt der gesamten Studierendenschaft und einem Lehrplan, der die unterschiedlichen Bedürfnisse von vornherein mit einschließt. Dies kann zwar eine erhebliche Änderung der persönlichen Einstellung erfordern, lässt sich aber mit relativ geringem Ressourceneinsatz erreichen und wird wahrscheinlich zu weniger individuellem Unterstützungsbedarf und besseren Ergebnissen führen, sodass die Vorteile die Kosten überwiegen. So könnte bspw. ein informelles Kennlerntreffen für Studienanfänger:innen, das in einem ruhigen Raum und ohne Alkohol stattfindet, nicht nur für

Studierende mit besonderen sensorischen Bedürfnissen oder sozialen Ängsten, sondern auch für Studierende aus anderen Kulturen oder mit anderen Glaubensrichtungen attraktiv sein.

Solche Ansätze erfordern ein authentisches Verständnis dessen, was »inklusiv« in bestimmten Kontexten bedeutet und wie spezifische Bildungsangebote angepasst werden sollten, um den Bedürfnissen des »universellen Lernens« gerecht zu werden. Bei der Hochschulbildung geht es um mehr als nur um den Lehrplan; es geht auch um die Lehr-, Lern-, Sozial- und Lebensräume der Studierenden. Inklusive Gestaltung und Planung muss daher über die Gremien der Universitätsleitung hinausgehen und in die Räume der Studierenden hineinreichen. Zudem sollte sie auf sinnvolle und aktive Weise direkt von den Studierenden mitgestaltet werden (wobei die Vielfalt der Studierendenschaft hier wichtig ist). Auf diese Weise können Universitäten sowohl in der Praxis als auch in der Forschung »interactional expertise« entwickeln.

14.5.2 Bedeutung für die Forschung

Partizipative Forschungsansätze wie der hier beschriebene erfordern ein hohes Maß an Engagement von den Teilnehmenden, da ihre Meinung in alle Phasen des Forschungsprozesses eingebunden wird. Dies ist in der Praxis nicht immer einfach umzusetzen. Fragen der Zeit, des Vertrauens und des Interesses an dem Prozess können eine Teilnahme erschweren (Bourke 2009). Im Rahmen dieses Projekts mussten wir auch berücksichtigen, dass unsere Teilnehmenden überwiegend Vollzeitstudierende waren und ihr Studium zu jeder Zeit Vorrang hatte. Dies ist per se kein Grund, von partizipativer Forschung abzusehen, denn es ist eindeutig erwiesen, dass sich die Investition in neue Erkenntnisse und Einsichten auszahlt (MacLeod et al. 2014). Bei der Planung und Budgetierung muss dies jedoch berücksichtigt werden. Darüber hinaus ist es unbedingt erforderlich, dass diese zusätzliche Investition von Zeit und Ressourcen von den Finanzierungsstellen anerkannt und berücksichtigt wird.

Zwar können einzelne Personen dem Vorwurf des Alibi-Charakters oder der Nicht-Repräsentativität ausgesetzt sein, handelt es sich jedoch um eine möglichst vielfältige Gruppe an Menschen, so kann die Komplexität des Autismus in ihrem Ansatz durchaus abgebildet werden. Wir brauchen autistische Erzählungen, nicht nur als Gegenstück zu den mangelhaften Kenntnissen, die die meisten Menschen in diesem Zusammenhang aufweisen, sondern auch als Gegenstück zueinander. So werden wir daran erinnert, dass es nicht nur eine autistische Erfahrung oder Perspektive gibt.

Es wurde von Anfang an vereinbart, dass Veröffentlichungen und Berichte, die aus dieser Arbeit hervorgehen, grundsätzlich dem gesamten Projektteam zugeschrieben werden sollten. Die Frage der akademischen Anerkennung ist für jede:n, der:die eine akademische Laufbahn anstrebt, entscheidend, und inklusive Forschung kann ein wichtiges Mittel sein, um diese größtenteils geschlossene Tür langsam zu öffnen.

Kooperationsprojekte zwischen autistischen und nicht-autistischen Forschenden sind für die Autismusforschung von entscheidender Bedeutung. So kann sichergestellt werden, dass sich aus wissenschaftlicher Sicht etwas bewegt, was für das tägliche Leben autistischer Menschen und ihrer Angehörigen äußerst relevant ist. Wenn wir Autismus aus einer historischen Perspektive betrachten, haben Ärzt:innen und Wissenschaftler:innen heutzutage die Pflicht, den in der Vergangenheit angerichteten Schaden wiedergutzumachen, der entweder mit den besten Absichten oder manchmal mit den schlimmsten, die grundlegendsten Menschenrechte autistischer Menschen betreffend angerichtet wurde. Wir sind es uns schuldig, auf jede erdenkliche Weise zusammenzuarbeiten, konstruktive Beziehungen zu fördern und Gelegenheiten für autistische Menschen zu schaffen, an der Autismusforschung teilzunehmen, sie mitzugestalten und zu leiten.

Das AuVision-Projekt wurde von HEFi an der Universität von Birmingham finanziert. Daraus entstand eine frei zugängliche Ressource für Hochschulmitarbeitende, die autistische Studierende unterstützen: https://auvisionsite.wordpress.com/

14.6 Literatur

Adams, M. & Brown, S. (Hrsg.) (2006). *Towards inclusive learning in higher education: Developing curricula for disabled students.* London: Routledge.

Barer, R. (2007). *Disabled students in London: A review of higher and further education, including students with learning difficulties.* London: Greater London Authority.

Bourke, L. (2009). ›Reflections on doing participatory research in health: participation, method and power‹. *International Journal of Social Research Methodology,* 12(5), 457–474.

Bublitz, D., Wong, V., Donachie, A., Brooks, P. J. & Gillespie-Lynch, K. (2015). ›Applying universal design to build supports for college students with autism spectrum disorder‹. *Progress in Education,* 36, 1–24.

Chown, N., Robinson, J., Beardon, L., Downing, J., Hughes, L., Leatherland, J., ... & MacGregor, D. (2017). Improving research about us, with us: A draft framework for inclusive autism research. *Disability & society,* 32(5), 720–734.

Coney, K. (2021). What should be done to ensure autistic graduates succeed in the workplace?. *The Journal of Inclusive Practice in Further and Higher Education,* 106.

Davidson, J. (2010). »It cuts both ways«: A relational approach to access and accommodation for autism‹. *Social Science and Medicine,* 70, 305–312.

Fabri, M., Andrews, P. C. & Pukki, H. K. (2016). *Best Practice for Professionals Supporting Autistic Students Within Or Outside HE Institutions: A Guide to Best Practice in Supporting Higher Education Students on the Autism Spectrum.* Guide 3. Leeds Beckett University.

Foster-Fishman, P., Jimenez, T., Valenti, M. & Kelley, T. (2007). ›Building the next generation of leaders in the disabilities movement‹. *Disability and Society,* 22, 341–356.

Frank, F., Jablotschkin, M., Arthen, T., Riedel, A., Fangmeier, T., Hölzel, L. P. & Tebartz van Elst, L. (2018). Education and employment status of adults with autism spectrum disorders in Germany – a cross-sectional-survey. *BMC psychiatry,* 18, 1–10.

Goode, J. (2007). »Managing‹ disability: early experiences of university students with disabilities‹. *Disability and Society,* 22(1), 35–48.

Gurbuz, E., Hanley, M. & Riby, D. M. (2019). University Students with Autism: The Social and Academic Experiences of University in the UK. *Journal of Autism and Developmental Disorders 49*, 617–631.

HESA (2022). Higher Education Statistics Agency. HE Student Data: Who's studying in HE? Online verfügbar unter: https://www.hesa.ac.uk/data-and-analysis/students/whos-in-he#characteristics, Zugriff am 25.09.2023.

Howlin, P. & Moss, P. (2012). ›Adults with Autism Spectrum Disorders‹. *The Canadian Journal of Psychiatry, 57(5)*, 275–283.

Irvine, B. & MacLeod, A. (2022). What are the challenges and successes reported by autistic students at university? A literature review. *Good Autism Practice (GAP), 23(1)*, 49–59.

Kmietowicz, Z. (2012). University college london issues new research standards but says it won't investigate wakefield. *BMJ: British Medical Journal (Online), 345*. https://doi.org/10.1136/bmj.e6220

Knott, F. & Taylor, A. (2014). ›Life at university with Asperger syndrome: a comparison of student and staff perspectives‹, *International Journal of Inclusive Education, 18(4)*, 411–426.

MacLeod, A. G., Lewis, A. & Robertson, C. (2014). ›CHARLIE: PLEASE RESPOND! Using a participatory methodology with individuals on the autism spectrum‹. *International Journal of Research and Method in Education, 37(4)*, 407–420.

MacLeod, A., Ellis, L., Lear, C., Kourti, M., Searle, K., Duckworth, C., … & Simpson, J. (2020). The AuVision project: a collaboration between autistic students and non-autistic staff to understand the student experience within a higher education institution. *Good Autism Practice (GAP), 21(1)*, 5–14.

Madriaga, M. & Goodley, D. (2009). ›Moving beyond the minimum: socially just pedagogies and Asperger's syndrome in UK higher education‹. *International Journal of Inclusive Education*, 1–17.

Milton, D. (2012). On the ontological status of autism: the ›double empathy problem‹. *Disability and Society, 27(6)*, 883–887.

Milton, D. (2014). ›Autistic expertise: A critical reflection on the production of knowledge in autism studies‹. *Autism, 18(7)*, 794–802.

Milton, D. & Moon, L. (2012). ›And that, Damian, is what I call life-changing‹: findings from an action research project involving autistic adults in an on-line sociology study group. *Good Autism Practice, 13*, 32–39.

Morgan, H. & Houghton, A. M. (2011). *Inclusive curriculum design in higher education: Considerations for effective practice across and within subject areas*. York: Higher Education Academy.

Ne'eman, A. (2010). The Future (and the Past) of Autism Advocacy, Or Why the ASA's Magazine, The Advocate, Wouldn't Publish This Piece. *Disability Studies Quarterly, 30(1)*.

Nicolaidis, C., Raymaker, D., McDonald, K., Dern, S. & Ashkenazy, E. (2011). ›Collaboration Strategies in Nontraditional Community-Based Participatory Research Partnerships: Lessons From an Academic–Community Partnership With Autistic Self-Advocates‹. *Progress in Community Health Partnerships, 5(2)*, 143–150.

Nind, M. (2014). *What is inclusive research?* London: Bloomsbury Publishing.

Pellicano, L., Mandy, W., Bölte, S., Stahmer, A., Lounds Taylor, J. & Mandell, D. S. (2018). A new era for autism research, and for our journal. *Autism, 22(2)*, 82–83.

Rutherford, M., McKenzie, K., Johnson, T., Catchpole, C., O'Hare, A., McClure, I., … & Murray, A. (2016). Gender ratio in a clinical population sample, age of diagnosis and duration of assessment in children and adults with autism spectrum disorder. *Autism, 20(5)*, 628–634.

Searle, K. A., Ellis, L., Kourti, M., MacLeod, A., Lear, C., Duckworth, C., … & Simpson, J. (2019). Participatory autism research with students at a UK university: Evidence from a small-scale empirical project. *Advances in Autism, 5(2)*, 84–93.

Sinclair, J. (1993). ›Don't Mourn For Us‹, *Autism Network International: Our Voice newsletter*. Online verfügbar unter: http://www.autreat.com/dont_mourn.html, Zugriff am 02.10.2023.

Thoma, C. A., Bartholomew, C. C. & Scott, L. A. (2010). *Universal design for transition: A roadmap for planning and instruction*. Baltimore, MD: Paul H. Brookes.

VanBergeijk, E., Klin, A. & Volkmar, F. (2008). ›Supporting More Able Students on the Autism Spectrum: College and Beyond‹. *Journal of Autism and Developmental Disorders, 38*, 1359–1370.

Van Hees, V., Moyson, T. & Roeyers, H. (2015). ›Higher Education Experiences of Students with Autism Spectrum Disorder: Challenges, Benefits and Support Needs‹. *Journal of Autism and Developmental Disorders, 45*, 1673–1688.

Wei, X., Wagner, M., Hudson, L., Yu, J. W. & Shattuck, P. (2015). Transition to adulthood: Employment, education, and disengagement in individuals with autism spectrum disorders. *Emerging Adulthood, 3*(1), 37–45.

Anhang: Projekt-Empfehlungen

Unsere Ergebnisse weisen auf einige Empfehlungen hin, die sich speziell auf die Bedürfnisse autistischer Studierender beziehen. Viele dieser Empfehlungen sind nicht unerheblich und werden daher der Übersicht halber zunächst als Punkte aufgeführt, die für einen inklusiven Lehrplan/Universal-Design-Ansatz zu berücksichtigen sind, der einer vielfältigen Studierendengruppe zugutekommen soll.

Empfehlungen speziell für autistische Studierende

1. Viele Probleme, die autistische Studierende betreffen, gelten auch für andere Studierendengruppen.
2. Bei autistischen Studierenden wird die Diagnose wahrscheinlich erst spät gestellt, sodass die Offenlegung selbst ein komplexes Thema sein kann.
3. Eine beträchtliche Anzahl autistischer Studierender hat zusätzliche Bedürfnisse im Bereich psychische Gesundheit/Umgang mit Angst, die besonders berücksichtigt werden sollten.
4. Bei autistischen Studierenden ist die Wahrscheinlichkeit größer, dass sie auf andere Weise benachteiligt oder ausgegrenzt werden.
5. Autistische Studierende haben ein Leben und Erfahrungen, die über das »Autistisch-Sein« hinausgehen.
6. Autistische Studierende sind unter Umständen sozial ängstlich, wünschen sich aber ähnliche soziale Möglichkeiten wie ihre nicht-autistischen Mitstudierenden, was für ihre psychische Gesundheit wichtig ist.
7. Die Rolle des:r Mentors:in ist eine grundlegende »Vermittler:innen«-Rolle, die es den Studierenden ermöglicht, die vielen Systeme, die in der Hochschulbildung eine Rolle spielen, zu verstehen und ihre Anforderungen effektiv zu bewältigen.
8. Kleine Ängste können zu unüberwindbaren Problemen werden. Ein präventiver Ansatz, bei dem frühzeitig kleine Veränderungen vorgenommen werden, ist am erfolgreichsten und auch am kostengünstigsten.
9. Autistische Studierende setzen sich oft selbst unter unangemessenen Druck, sodass Unterstützung beim Verstehen von Erwartungen (z. B. Interpretation von Lektürelisten und Bewertungsprotokollen) dies mildern kann.

Empfehlungen für ein inklusives Curriculum

1. Bedeutung einer klaren Kommunikation – Ungewissheit ist eine Hauptursache für Ängste. Die Kommunikation muss kohärenter sein und eher von Systemen als von Einzelpersonen geleitet werden. Sicherstellung des effektiven Austauschs und der Nutzung von Informationen aus dem Reasonable Adjustment Plan (RAP) (Plan zur zweckgebundenen Anpassung).
2. Studierende sind in der Regel passiv und schlecht über ihre Rechte und Pflichten informiert, wenn sie ihre Daten offenlegen. Eine bessere Unterstützung beim Verständnis der Systeme würde dazu führen, dass die Studierenden sie besser nutzen.
3. Bedarf an Unterstützung und Antizipation der Bedürfnisse der Studierenden vom Beginn des Studiums an und darüber hinaus – Übergänge in die Universität hinein und aus der Universität heraus.
4. Ein Bedarf an barrierefreien Umgebungen – Akustik, Beleuchtung, Lärm, klare Raumaufteilung, Nutzung von Lageplänen, nicht nur »rollstuhlgerechte« Umgebungen.
5. Antizipieren Sie die Bedürfnisse der Studierenden – melden Sie sich bei den Studierenden, denn diejenigen, die sich am meisten schwertun, sind möglicherweise nicht in der Lage, dies zu melden.
6. Anerkennung der unterschiedlichen Lernmethoden der Studierenden und folglich die Notwendigkeit, mit unterschiedlichen Bewertungsmethoden umzugehen.
7. Partizipative Konsultationen mit schwer erreichbaren Gruppen erfordern eine sorgfältige Planung und Bereitstellung von Ressourcen. Zu den Vorteilen gehören jedoch ein leichter zugängliches Konsultationsmodell und wichtige Möglichkeiten zur Vernetzung und Entwicklung von Fähigkeiten der studentischen Teilnehmenden.
8. Teilzeitstudierende und solche, die ein Fernstudium machen, haben andere Erfahrungen und Bedürfnisse und sind in der Regel im Universitätsalltag schlechter eingebunden als Vollzeitstudierende.
9. Die Tatsache, dass ein:e Studierende:r mit zusätzlichen Bedürfnissen in der Hochschulbildung studiert, bedeutet für sie:ihn eine zusätzliche Arbeitsbelastung. Es geht für diese Menschen meist darum, Unterstützung zu erhalten, was zu zusätzlichem Stress führt, um sicherzustellen, dass diese Unterstützung umgesetzt wird. Der Sektor muss Wege finden, um diese Arbeitsbelastung zu minimieren.
10. Anerkennung der Tatsache, dass ein inklusiver Ansatz einer Reihe von Bedürfnissen zugute kommt, die sich in der Studierendenschaft widerspiegeln, darunter nicht nur Studierende mit zusätzlichen Bedürfnissen, sondern auch Studierende mit unterschiedlichem kulturellen/sprachlichen Hintergrund.

IV Übergänge vom Studium in das Arbeits- und Berufsleben koordinieren und moderieren

15 Gelingensbedingungen für den Übergang vom Studium in den Beruf: Praxisbeobachtungen und Empfehlungen am Beispiel von Salo+Partner

Sylva Schlenker & Michael Schmitz

15.1 Herausforderung Studium

Die Übergangsphase vom Studium in den Beruf stellt Studierende vor neue Herausforderungen. Barrieren beeinflussen den Studienverlauf – trotz Fortschritten im Hochschulleben für Menschen aus dem autistischen Spektrum. Die erhöhte Arbeitslosigkeit unter Autist*innen zeigt die Notwendigkeit von gezielten Unterstützungsmaßnahmen auf. Erhöhte Aufmerksamkeit und verbesserte Rahmenbedingungen bieten zwar positive Perspektiven, aber Inklusion erfordert weiterhin gemeinsame Anstrengungen.

Haben autistische Studierende einen Studienplatz bekommen, stehen ihnen verschiedene autismusspezifische Barrieren gegenüber. Oft haben Autist*innen große Schwierigkeiten bei der Orientierung, z. B. in einem großen Universitätsgebäude oder beim Raumwechsel. Im Studium wird viel Selbstständigkeit und Organisationstalent erwartet, wie Koordination von Terminen, Anmeldungen zu Klausuren, Anfordern von Mitschriften, Vorbereitung auf Sprechstunden, Entwicklung von Strukturierungshilfen bei Arbeitsanforderungen oder die Erstellung eines Stundenplans. Hier fühlen sich viele Autist*innen überfordert.

Schwierigkeiten in der sozialen Interaktion werden häufig deutlich. Dazu gehören das Missverstehen von Absichten und Erwartungen oder Ängste bei der Kontaktaufnahme zu Kommiliton*innen, Mentor*innen, Fachberater*innen oder anderen Mitarbeitenden der Universität. Auch die Arbeit in Klein- und Lerngruppen fällt häufig schwer. Die Initiierung und das Aufrechthalten von Kontakten zu anderen Studierenden stellen oft eine große Herausforderung dar. Wenn dies nicht gelingt, kommen Studierende zum einen nicht an Informationen zum Studium oder zu Freizeitaktivitäten heran und fühlen sich zum anderen häufig sehr einsam. Soziale Regeln erkennen und angemessene Strategien zur Konfliktbewältigung finden zu können, bedeuten eine weitere große Aufgabe für autistische Studierende.

Weitere Herausforderungen stellen die Reizfilterschwächen dar: Leiseste Geräusche oder bestimmte Gerüche im Hörsaal können bspw. stark ablenken. Oftmals haben autistische Studierende eine ausgeprägte auditive Wahrnehmungs- und Wahrnehmungsverarbeitungsstörung, sodass Vorlesungen nur bruchstückhaft aufgenommen werden können. Die Konzentration auf das Gesagte kann dann so anstrengend sein, dass der Energievorrat schnell erschöpft ist. Das Nachfragen und Einholen von Hilfe gelingen häufig nicht. Zudem ist das Nacharbeiten des Stoffes zu Hause oft nicht mehr möglich, weil die Kraft hierfür nicht mehr vorhanden ist. Ausruhzeiten werden oft nicht eingeplant, weil viele Autist*innen einen sehr hohen Leistungsanspruch an sich selbst haben und den Erwartungen gerecht werden wollen. Auch wird oft die Erschöpfung zeitversetzt gefühlt, sodass Erholungspausen zu spät eingeplant werden (delayed after effect). Viele Autist*innen haben noch keine Strategie zur Entspannung für sich gefunden.

Leider finden auch im Hochschulleben immer wieder Mobbing und Ausgrenzung von Autist*innen statt. Diesem sind sie oft hilflos ausgeliefert.

Aufgrund divergent ausgeprägter exekutiver Funktionen haben autistische Menschen meist Probleme beim Planen und Strukturieren. Beides sind wichtige Fähigkeiten, die im Uni-Alltag Voraussetzungen für erfolgreiches Studieren darstellen. Häufig benötigen Autist*innen für ungewohnte Tätigkeiten mehr Zeit und scheitern daran, wichtige Abgabe- oder Prüfungstermine einzuhalten. Zu erkennen, welche Aufgaben wichtig sind, welcher Stoff gelernt werden muss oder wie detailliert Ausarbeitungen sein müssen, fällt autistischen Studierenden oft schwer.

Arbeitsblätter sind häufig zu komplex dargestellt, Aufgabenstellungen nicht eindeutig genug und es fehlt eine Person, die gefragt werden kann. Im Gegensatz zu Universitäten erfolgt an vielen Fachhochschulen das gemeinsame Lernen in Gruppen. Dabei werden Aufträge für Gruppenarbeiten verteilt. Das ist oft eine große Hürde für autistische Studierende, da ihnen kooperatives Arbeiten schwerfällt. Termine für Arbeitsabgaben setzen diese Studierenden häufig unter Druck, gutes Zeitmanagement gelingt selten. Beschaffung von Büchern, Informationsmaterialien und die Erstellung von Präsentationen stellen oft eine Barriere dar. Auch Termin- und Raumänderungen lösen häufig Ängste aus.

Für Menschen im Autismus-Spektrum ist der Studienabschluss – wie für viele andere – ein bedeutsamer Abschnitt ihres Lebenswegs. Viele autismusspezifische Barrieren wurden überwunden, Selbstständigkeit und Organisationstalent bewiesen, Schwierigkeiten in der sozialen Interaktion bewältigt[39] – ein Meisterstück! Wenn ein junger Mensch mit oder ohne Unterstützung das Studium erfolgreich absolviert hat, beginnt ein neuer Lebensabschnitt: Die Suche nach einer Anstellung.

15.2 Erhöhte Arbeitslosigkeit unter Autist*innen

Zur Beschäftigungssituation gibt es nur wenige aktuelle Daten. Riedel et al. (2016) stellten in ihrer Studie im Rahmen einer Spezialsprechstunde für erwachsene Au-

---

39 Ein hilfreiches Faltblatt »Studium« wurde 2020 vom autistischen Beirat von autismus Deutschland e. V. herausgegeben: autismus.de/fileadmin/WAS_IST_AUTISMUS/Merkbla etter_autistischer_Beirat/Merkblatt_Studium.pdf

tist*innen fest, dass etwa 60% der Studienteilnehmenden mit dem sog. Asperger-Syndrom nicht berufstätig, 10% unter ihrem Ausbildungsniveau tätig waren und 30% einer Beschäftigung nachgingen, die ihrer Ausbildung entsprach (vgl. dazu auch autismus Deutschland e.V. 2023).

Die Arbeitslosenquote von Autist*innen kann von verschiedenen Faktoren abhängen, wie bspw. dem (Bundes-)Land, in dem sie leben, der allgemeinen Wirtschaftslage, dem Bildungsniveau, der Art des Studiums, das absolviert wurde, und der individuellen Situation.

Nicht jede*r Autist*in hat die gleichen Schwierigkeiten, einen Job nach dem Studium zu finden. Die autismustypischen Herausforderungen im Studium wurden oben und in den vorangegangenen Beiträgen dieses Sammelbands bereits beleuchtet. Während der Jobsuche begegnen den Menschen neue Faktoren (vgl. auch Schlenker & Schmitz 2023), darunter:

1. Soziale und kommunikative Unterschiede: Autist*innen haben oft Schwierigkeiten, soziale Interaktionen und nonverbale Kommunikation zu verstehen oder angemessen zu reagieren. In Vorstellungsgesprächen und in beruflichen Netzwerken kann dies zu Problemen führen.
2. Sensible Reaktionen: Autist*innen reagieren oft empfindlicher auf Reize wie Geräusche, Licht oder andere sensorische Eindrücke, das kann in lauten oder hektischen Arbeitsumgebungen beeinträchtigend sein und stellt bereits in Vorstellungsgesprächen eine Herausforderung dar.
3. Veränderte Interessenslage: Einige Autist*innen haben spezialisierte Interessen, die möglicherweise nicht (mehr) mit bestimmten Arbeitsplätzen übereinstimmen, für die das absolvierte Studium Grundlage war. Dies kann die Jobauswahl einschränken.
4. Flexibilität und Veränderung: Veränderungen in der Arbeitsumgebung oder im Aufgabenbereich können für Autist*innen herausfordernd sein, da Routinen und Stabilität für sie wichtig sind.
5. Schwierigkeiten beim Networking: Viele Jobs werden durch persönliche Kontakte vergeben. Gerade in diesem Bereich liegen aber die Schwächen bei Autist*innen.
6. Stigmata und Vorurteile: Bei Arbeitgebenden können falsche Vorstellungen von Autismus und Behinderung vorliegen, die im Vorfeld besprochen werden sollten. Dazu muss in einem Gespräch erst einmal die Möglichkeit zur Aufklärung bestehen.

Bei der Suche nach einem Arbeitsplatz ist es wichtig, dass Autist*innen zum richtigen Zeitpunkt offen mit ihrer Diagnose umgehen. Abgesehen davon, dass ein möglicher Grad der Behinderung (GdB) die Anzahl der Urlaubstage beeinflussen kann, der Betrieb eine Quote der angestellten Menschen mit Behinderung erfüllen muss und durch die Offenheit Mobbing reduziert werden kann: Autismus gehört zwar zu den unsichtbaren Behinderungen, kann jedoch recht auffällig sein. Kolleg*innen und Vorgesetzte können bemerken, dass sich autistische Angestellte in einigen Situationen ungewöhnlich verhalten. Sind einer Führungskraft im Vorfeld die besprochenen Merkmale des individuellen Autismus nicht wichtig oder fallen

Sätze wie »Stellen Sie sich nicht so an, das müssen alle machen!«, ist die Firma der falsche Arbeitsort. Oft stellen Autist*innen die Wahl ihres Studiums in Frage, wenn sie im Arbeitsleben nicht so ankommen wie erwartet. Dabei ist nicht die Berufswahl das Problem, sondern die Firma, der es aus Unkenntnis oder mangelnder Aufklärung heraus nicht möglich ist, ausreichend auf die Bedürfnisse des Menschen einzugehen. Damit Arbeitgebende und Studienabsolvent*innen gut zueinanderfinden, sollten Autist*innen ihre Bedürfnisse und Stärken kennen und in der Lage sein, diese während des Bewerbungsprozesses zu kommunizieren. Dabei helfen z. B. Jobcoachings, Beratungsstellen und Psychotherapeut*innen.

15.3 Unterstützungsmöglichkeiten

In vielen Bundesländern gibt es Initiativen und Programme, die darauf abzielen, die Beschäftigungsmöglichkeiten für Autist*innen zu verbessern. Als Kostenträger treten dabei die Bundesagentur für Arbeit, die Rentenversicherung, die Eingliederungshilfe oder auch das Integrations- bzw. Inklusionsamt auf. Bundeslandspezifisch bieten verschiedene Träger Maßnahmen zur Unterstützung an, bundesweit z. B. AuReA@SALO (**Au**tismus – **Re**habilitation – **A**rbeit) von Salo+Partner. Förderprogramme, die speziell auf die Bedürfnisse und Anforderungen von Autist*innen entwickelt und zugeschnitten wurden, bilden hier die Grundlage (Salo AG 2024).

Unterstützungsmaßnahmen und Strategien, die bei SALO für Autist*innen bei der Jobsuche entwickelt, zusammengetragen und genutzt werden, gelten auch nach erfolgreicher Absolvierung eines Studiums. Diese können sein:

1. Jobcoaching: Dieser Arbeitsansatz unterstützt Autist*innen bei der Jobsuche nach dem Studium in allen Belangen der Jobsuche – und möglicherweise sogar noch in den ersten Wochen/Monaten nach der Beschäftigungsaufnahme. So kann es hilfreich sein, Vorstellungsgespräche arbeitgeberspezifisch vorzubereiten, um besser mit den sozialen und kommunikativen Aspekten einer solchen Gesprächssituation umzugehen (Marotzki et al. 2020).[40]
2. Berufliche Beratung und Unterstützung: Berufsberater*innen und spezialisierte Organisationen können Autist*innen bei der Jobsuche nach dem Studium dabei unterstützen, ihre Fähigkeiten und Interessen zu identifizieren, realistische Karriereziele zu setzen und Bewerbungsstrategien zu entwickeln.
3. Networking: Obwohl es für einige Autist*innen bei der Jobsuche nach dem Studium eine Herausforderung sein kann, ist Networking ein wichtiger Aspekt

---

[40] Ein Forschungsprojekt im Bereich Jobcoaching mit zahlreichen fachlichen Hinweisen findet sich unter: https://jade.hawk.de/de. Die Broschüre kann unter https://www.hawk.de/de/media/7420 heruntergeladen werden, Zugriff am 07.01.2024. Außerdem empfehlenswert: Ina Blodig (2016): Hochfunktionale Autisten im Beruf.

der Jobsuche. Es kann hilfreich sein, an speziellen Veranstaltungen teilzunehmen, die auf die Bedürfnisse von Autist*innen bei der Jobsuche nach dem Studium zugeschnitten sind, um Kontakte zu knüpfen und Unterstützung zu erhalten.
4. Ausbildung und Praktika: Praktika und Ausbildungsprogramme bieten eine Gelegenheit, praktische Erfahrungen zu sammeln und eine eventuelle Eignung für bestimmte Arbeitsbereiche zu testen. Einige Unternehmen haben spezielle Programme, die auf Autist*innen bei der Jobsuche nach dem Studium zugeschnitten sind (z. B. SAP, Auticon).
5. Barrierefreie Bewerbungsprozesse: Klare Anweisungen, reduzierte sensorische Stimulation während Vorstellungsgesprächen und andere Anpassungen können hilfreich sein.
6. Sensibilisierung am Arbeitsplatz: Arbeitgebende und Mitarbeitende könnten an Sensibilisierungsschulungen teilnehmen, um ein besseres Verständnis für Autismus und andere Behinderungen zu entwickeln.
7. Unterstützung am Arbeitsplatz: Je nach den individuellen Bedürfnissen der Autist*innen bei der Jobsuche nach dem Studium können angepasste Arbeitsumgebungen, flexible Arbeitsmodelle oder spezielle Unterstützungsdienste eine wichtige Rolle bei der erfolgreichen Integration spielen.
8. Selbsthilfe: Selbsthilfegruppen können bei vielen Aspekten der beruflichen Integration hilfreich sein und Erfahrungen aus erfolgreichen Prozessen schildern. Menschen im Autismus-Spektrum sollten ihre Stärken und Herausforderungen kommunizieren können, um eine unterstützende Arbeitsumgebung zu schaffen.

15.4 Gelingensbedingungen

In einer bundesweiten, nicht repräsentativen Umfrage an 12 Standorten von Salo +Partner wurden Erfahrungen der Jahre 2020 bis 2023 abgefragt. Teilnehmende Standorte fungieren als Kompetenzzentren im Bereich Autismus.

Zahlreiche Mitarbeitende unterstützen Autist*innen erfolgreich bei der Arbeitsintegration. Die zugrundeliegenden Studienabschlüsse sind dabei ausgesprochen vielfältig und kommen aus den Bereichen Betriebswirtschaftslehre (BWL), Geschichte, Lebensmittelchemie, Soziale Arbeit, Religionswissenschaften und zahlreichen weiteren. Menschen aus dem Autismus-Spektrum werden klischeehaft oft im IT-Bereich verortet. Tatsächlich stellen sie mit etwa 25–30 % den größten Anteil innerhalb der verschiedenen Berufsgruppen dar. IT-Expert*innen sind gefragt, die Arbeitgebenden immer häufiger mit dem Thema Autismus vertraut und die Kommunikation verläuft meist schriftlich.

Die Umfrage hat eine große Anzahl an Gelingensfaktoren ergeben, die hier in Gewichtung und Häufigkeit der Nennungen wiedergegeben werden:

- Offenlegung der Diagnose bereits im (begleiteten) Vorstellungsgespräch: Nachdem die fachlichen Vorrausetzungen für die Stelle geklärt werden, sollten autismusspezifische Besonderheiten und Bedürfnisse besprochen werden. Anderenfalls könnte eine Arbeitsaufnahme weder erfolgreich noch nachhaltig sein.
- Praktika: Bevor ein Arbeitsvertrag geschlossen wird, helfen Arbeitserprobungen bei der Einschätzung der Arbeitssituation.
- Soziales Kompetenztraining im Vorfeld einer Arbeitsintegration zu individuell abgestimmten Themen: Dazu zählen Übungen zu Vorstellungsgesprächen (ggf. mit Kamera), Umgang mit Vorgesetzten und Kolleg*innen, Pausengestaltung, Resilienzmodelle, Telefontraining, Mobilitätstraining und weitere.
- Klare Strukturen im Betrieb: Der*die Arbeitnehmer*in sollte eine*n Ansprechpartner*in (Pat*in) haben, der*die bei Fragen zur Verfügung steht und Arbeitsaufträge erläutert. Diese Person sollte von einer autismuserfahrenen Fachkraft geschult werden.

Die Vermittlungsquote bei Teilnehmenden im Autismus-Spektrum auf den Arbeitsmarkt liegt bei über 80 % und ist damit sehr hoch (erhoben am Standort Hannover). Allerdings benötigen die Vermittlungen in der Regel eine lange Zeit, gemessen an den Qualifikationen der Menschen. Aufgrund des aktuellen Fachkräftebedarfs sind studierte Menschen aus den meisten Studienbereichen schnell in Arbeit. Viele Arbeitgebende sprechen die angehenden Absolvent*innen bereits während des Studiums und studienbegleitenden Praktika an. Menschen im Autismus-Spektrum benötigen oft eine sehr individuelle Vorbereitung, Begleitung und Unterstützung.

Insofern lässt sich positiv auf die Möglichkeiten von Autist*innen mit Universitätsabschluss blicken. In den vergangenen Jahren haben sich Rahmenbedingungen und das Wissen über Autismus von Arbeitgebenden und in der Gesellschaft verbessert. Das Thema Autismus erfährt Aufmerksamkeit, Vorbehalte werden abgebaut. Noch ist es zur Inklusion ein sehr weiter Weg, doch die ersten Schritte sind getan.

15.5 Literatur

autismus Deutschland e. V. (2020). *Autistischer Beirat: Faltblatt »Studium«*. Hamburg. Online verfügbar unter: autismus.de/fileadmin/WAS_IST_AUTISMUS/Merkblaetter_autistischer_Beirat/Merkblatt_Studium.pdf, Zugriff am 04.01.2024.

autismus Deutschland e. V. (2023). *Leitfaden Teilhabe am Arbeitsleben für Menschen mit Autismus*. Hamburg.

Blodig, I. (2016). *Hochfunktionale Autisten im Beruf*. Paderborn: Junfermann Verlag.

Marotzki, U., Hötten, R., Weber, L. & Tschaggeny, D. (2020). *Empfehlungen zu JobcoachingAP*. Hildesheim: HAWK.

Riedel, A. et al. (2016). Überdurchschnittlich ausgebildete Arbeitslose – Bildung, Beschäftigungsverhältnisse und Komorbiditäten bei Erwachsenen mit hochfunktionalem Autismus in Deutschland. In *Psychiat. Prax., 43*, 38–44.

Salo AG (o.J.). *Berufliche Rehabilitation für Menschen mit Autismus-Spektrums-Störung. Erfolgreich in Ausbildung und Beruf mit Autismus.* Online verfügbar unter: https://www.salo-ag.de/fuer-menschen-mit-autismus/, Zugriff am 07.01.2024.

Schlenker, S. & Schmitz, M. (2023). Integration von Menschen mit Autismus-Spektrum-Störung in Arbeit. *VPP aktuell, 62,* 4–8.

Schmitz, M. (2020). *Alles über Autismus.* Hannover: Verlag Rad und Soziales.

16 Jenseits der Normen: Einblicke in meinen Arbeitsalltag als (autistische) wissenschaftliche Mitarbeiterin

Nele Groß

Menschen grüßen mich und ich grüße freundlich zurück. Ich habe keine Ahnung, wer diese Menschen sind, da ich ihre Gesichter nicht richtig erkennen kann. Den Weg über den Campus kenne ich immerhin mittlerweile, trotzdem lösen die vielen Menschen um mich herum ein unangenehmes Gefühl aus. Die Geräusche um mich herum nehme ich als zu laut wahr. Ich wünschte, ich hätte meine Kopfhörer mitgenommen, die mich von meiner Umwelt abschirmen und Unterhaltungen und Geräusche als nicht mehr so präsent erscheinen lassen. Aber ich möchte nicht auffallen und gehe gefühlt schutzlos über den Campus. Am Hörsaal angekommen, versuche ich, mich auf mich zu konzentrieren, und atme noch einmal tief durch. Mir ist bewusst, dass es gleich laut und unruhig wird. Mich erwarten Menschen, die reden, rascheln und Geräusche machen, viele verschiedene Gerüche und Licht, das eine Spur zu hell ist.

Den Blick auf den Boden gerichtet, betrete ich den Raum, suche meinen Platz und packe meine benötigten Sachen aus. Ich merke, dass mein Körper mir eindeutige Signale gibt, dass dieses Umfeld zu viele Eindrücke bietet, die ich nicht angemessen verarbeiten kann. »Herzlich willkommen zur heutigen Vorlesung!«, höre ich eine Stimme sagen. Ich möchte nur noch fluchtartig den Raum verlassen, meine Kopfhörer aufsetzen und in meine benötigte Ruhe zurückkehren. Aber das geht nicht. Die gehörte Stimme ist meine, denn ich bin die Dozentin der Vorlesung. Während der nächsten eineinhalb Stunden versuche ich, den anwesenden Studierenden Einblicke in Themen der Erziehungswissenschaft zu geben. Mehrfach bitte ich, dass private Gespräche unter den Studierenden eingestellt werden. Für die Studierenden wirke ich vermutlich wie eine Lehrerin einer Grundschulklasse. Wahrscheinlich fühlen sich sogar einige durch meine Bitte bevormundet. Schließlich ist die Universität ein Ort der Erwachsenenbildung und jede:r ist selbst dafür verantwortlich zuzuhören oder auch nicht. Dabei ist es mir gar nicht wichtig, dass alle Studierenden meinen Worten folgen. Vielmehr geht es mir darum, dass mein Fokus verschwindet, sobald die Nebengeräusche zu intensiv werden, und ich damit meine vorbereiteten Inhalte nicht mehr vorstellen kann.

Aufgrund einer intensiven Planung endet die Vorlesung genau nach 90 Minuten mit der Abschlussfolie. Ich bin erschöpft. Erste Kopfschmerzen machen sich bemerkbar. Schnell packe ich meine Sachen ein und bemerke, dass Studierende sich auf den Weg zu mir machen, um noch letzte Nachfragen zu stellen. Durch ein antrainiertes Verhalten wie vermeintlicher Blickkontakt und ein leichtes Lächeln schaffe ich es hoffentlich, freundlich und kompetent die Anliegen der Studierenden zu beantworten, ohne dass sie meine Unsicherheit bemerken. Mir ist heiß und kalt im Wechsel, meine Beine zittern, ich habe Herzrhythmusstörungen. Nachdem ich alle Anliegen soweit möglich bearbeitet habe, verlasse ich den Hörsaal und gehe ins Gebäude, in dem das nächste Meeting stattfindet. Mir ist übel und ich habe Bauchschmerzen, doch leider keine Zeit, mich darum zu kümmern. Erst nach dem Meeting kann ich wieder ins Büro und versuchen, etwas zur Ruhe zu kommen. Nach Feierabend steht mir noch ein etwa 90-minütiger Heimweg mit öffentlichen Verkehrsmitteln bevor, der durch Lärm, Telefonate, Gespräche und Verspätungen wieder viele Stressoren mit sich bringt.

So oder ähnlich sehen Arbeitstage in Präsenz bei mir während des Semesters an der Universität aus. Ich arbeite als wissenschaftliche Mitarbeiterin einer Universität und bin spätdiagnostizierte Autistin (Alter bei Diagnose: 36 Jahre). Trotz aller Herausforderungen und durch Überlastung begründeten gesundheitlichen Herausforderungen habe ich nur einen GdB 20, gelte daher nicht als schwerbehindert und bin damit Personen mit Schwerbehindertenstatus nicht gleichgestellt. Bereits während der Schulzeit, der Ausbildung und des Studiums hatte ich oftmals mit zwischenmenschlichen Herausforderungen zu kämpfen. Ohne dass ich wusste, warum, schien mein Verhalten »nicht richtig« zu sein, was mir durch vermeintliche Autoritätspersonen und Gleichaltrige widergespiegelt wurde. So wurde mir bspw. bei Gruppenarbeiten unterstellt, dass ich die Zusammenarbeit destruktiv verweigern würde. Dabei habe ich meines Erachtens nur Inhalte und Beiträge durch Nachfragen, z. T. sicherlich auch kritisch, hinterfragt. Da diese Konflikte stets viel Kraft kosteten, versuchte ich, mich vermehrt anzupassen, um wenigstens nicht aufzufallen.

Seit meinem Studienabschluss arbeitete ich an verschiedenen Universitäten und habe sowohl in drei Drittmittelprojekten als auch auf sog. Haushaltsstellen gearbeitet. Ich mag die Arbeit als Wissenschaftlerin und das Gewinnen neuer Erkenntnisse. Die Drittmittelprojekte, in denen ich gearbeitet habe, hatten sehr unterschiedliche inhaltliche und methodische Schwerpunkte, was meiner Neugier sehr entgegenkam. Innerhalb des Forschungsteams kam es teilweise aufgrund der sozialen Interaktionen zu Herausforderungen, bei denen es leider keine gezielte Unterstützung oder Mediation gab. Vielmehr wurde ich als das Problem identifiziert und sollte mich mehr anpassen. Jedes Mal war das sehr frustrierend, da meine Sicht, mein Verständnis der Situation und meine Handlung nicht erfragt wurden. Trotz meines für mich angemessenen Verhaltens bekam ich persönliche Kritik bis hin zu einer Kündigung in der Probezeit. Aufgrund mehrerer solcher Gespräche mit Vorgesetzten bin ich mittlerweile hinsichtlich eines »richtigen Verhaltens« verunsichert. Das Identifizieren der Situationen und der Einsatz des dementsprechenden Verhaltens gelingen mir leider nicht immer. Die Übernahme von erlerntem Verhalten nimmt immer mehr Ressourcen in Anspruch, was sich durch vielfältige psychosomatische Beschwerden wie Kopfschmerzen/Migräne, Übelkeit, Frieren, Bauchschmerzen und auch vermehrte Krankheitstage bemerkbar macht.

Bei meiner aktuellen Stelle habe ich ein Lehrdeputat von vier Semesterwochenstunden. Auch wenn das Lehren meine Ressourcen oftmals übersteigt, macht mir das Dozieren Spaß. Allerdings benötige ich dafür eine sehr intensive Vorbereitung. Mein Anspruch ist es, die Studierenden bestmöglich zu begleiten und ihnen auf eine interessante und abwechslungsreiche Art und Weise die Seminareinhalte zu vermitteln. Ein sog. Power-Point-Karaoke oder eine schlechte Vorbereitung sind für mich keine Option. Daher benötige ich vor und während des Semesters viel Zeit für die Lehrplanung, weshalb andere Dinge, wie Publikationen, erst einmal zeitlich verschoben werden. Mir wird wiederkehrend gesagt, dass Publikationen »die Währung der Wissenschaft« sind und nicht gute Lehre bzw. Lehrevaluationen. Allerdings mag ich meine tägliche Arbeit nicht wegen des Publizierens und der Außendarstellung, sondern wegen des Forschens als solches. Ich mag es, mich einem Thema zu widmen, Fragestellungen zu untersuchen, Ergebnisse zu analysieren und meine Erkenntnisse weiterzugeben. Das ist natürlich in dem »Wettbewerb Wissenschaft«, wo eine hohe Sichtbarkeit wichtig ist, eine Herausforderung. Bis heute fällt es mir schwer, von erledigten Arbeiten detailliert zu berichten, weshalb nicht erkannt wird, wie viel Aufwand in scheinbar »automatisch erledigten« Arbeiten steckt. Wenn Sachen erledigt sind, dann muss über diese in meiner Wahrnehmung auch nicht mehr gesprochen werden. Ich vermute, dass durch dieses vermeintlich schlechte Anpreisen meiner Arbeitsleistung auch oft nicht gemerkt und erkannt wird, was ich übernehme und erledige. Daher wird meine Arbeitsleistung meiner Wahrnehmung nach teilweise zu wenig wertgeschätzt und es wird als selbstverständlich angenommen, dass die Abläufe reibungslos funktionieren und Aufgaben sich scheinbar automatisch erledigen.

Sicherlich ist es eine Herausforderung für mich, dass ich mir Strukturen für meine Arbeit schaffen muss und mich unvorhergesehene Arbeitsaufträge schnell in innere Unruhe versetzen. Leider ist die Arbeit an der Universität nicht immer planbar. Es kann daher vorkommen, dass für mich abgeschlossene, fertige Arbeiten dann doch noch einmal kurzfristig angepasst oder verändert werden müssen, da Kolleginnen oder Kollegen kurzfristig Ergänzungen oder Änderungswünsche haben oder einfach festgestellt wird, dass ich durch meine Planung noch zeitliche Ressourcen habe und kurzfristig unterstützen kann. Ebenso lösen unklar formulierte Arbeitsaufträge Stress aus, besonders wenn mir sämtliche Hintergrundinformationen fehlen oder E-Mails einfach kommentarlos weitergeleitet werden. Desgleichen ist bspw. das Schreiben von Artikeln keine Aufgabe, die mir von Beginn an leichtfällt. Oft gibt es bei Ausschreibungen zwar thematische Rahmen, aber keine inhaltlichen oder strukturellen Vorgaben (Ausnahme hierbei sind Formatierung und Zeichenanzahl). Auf der einen Seite eröffnen die Freiheiten in Lehre und Forschung viele Möglichkeiten zur Ausgestaltung, auf der anderen Seite sind es genau diese Freiheiten, die mich vor Herausforderungen stellen. Für die Schaffung von geeigneten Strukturen benötige ich oft mehr Zeit und teilweise auch mehrere Versuche, bis ich eine für mich zufriedenstellende Lösung gefunden habe. Da wünschte ich mir oftmals mehr Unterstützung.

Ein großer Vorteil bei der Arbeit an einer Universität ist für mich die freie Zeiteinteilung und ebenfalls – besonders seit Corona – die Möglichkeit, im Homeoffice zu arbeiten. Dank eines verständnisvollen Vorgesetzen darf ich mehr im Homeoffice arbeiten als von der Universität offiziell erlaubt. Allerdings funktionierte dies nicht selbstverständlich: Zunächst wurde ein ärztliches Attest für die Notwendigkeit seitens der Verwaltung gefordert, da ich offiziell keiner schwerbehinderten Person gleichgestellt bin und somit – trotz aller Herausforderungen – keinen rechtlichen Anspruch auf Unterstützung habe. Das Versorgungsamt begründet den GdB damit, dass ich ohne Unterstützung arbeiten würde. Die Unterstützung bekomme ich allerdings erst ab einer Gleichstellung oder einem GdB 50. So werde ich offiziell wie eine neurotypische Person behandelt, obwohl ich das nicht bin. Die Beurteilung meiner Leistung fällt demnach auch nach der Norm aus. Sätze wie »Andere können das auch.« oder »Ach, für mich ist das auch anstrengend, stell dich nicht so an.« finde ich anmaßend, da sich kaum jemand vorstellen kann, wie viel Kraftaufwand der Alltag für mich bedeutet.

Sicherlich erfordert die Arbeit als wissenschaftliche Mitarbeiterin auch Fähigkeiten, die mir tendenziell schwerfallen. Neben der fehlenden Fähigkeit, ohne Stress zu telefonieren, weswegen ich alle Anfragen schriftlich kommuniziere, fehlen mir besonders die Vernetzung und der Austausch mit Kolleginnen und Kollegen. Dieser gelingt mir in geplanten Meetings oder Workshops besser als ungeplant. Da ich nicht mit in die Mensa gehen kann (zu laut, zu unruhig, keine Separees oder Rückzugsmöglichkeiten, um in Ruhe zu essen), fehlt mir der informelle Austausch mit den Kolleginnen und Kollegen. Natürlich ist Smalltalk anstrengend, allerdings fehlen mir so oft Informationen, die am Tisch ausgetauscht werden, oder auch der inhaltliche Austausch über anstehende Arbeiten oder Planungen. Immer wieder gerate ich an Grenzen der Kommunikation, wenn in meiner Wahrnehmung Fragen oder Aussagen nicht eindeutig genug formuliert werden. Auf der einen Seite bekomme ich, wenn meine Herausforderungen bekannt sind, die Aufforderung, dass ich nachfragen soll, wenn mir etwas unklar ist. Allerdings habe ich auch schon erlebt, dass sich Menschen dann nicht ernstgenommen gefühlt haben, da die Antwort für sie scheinbar eindeutig war. Daher versuche ich mich selbst an der Interpretation, auch wenn es mir nicht immer richtig gelingt und Fehlinterpretationen zu Frust bei mir führen. Auch wenn ich mich bemühe, den Anforderungen von Gesprächssituationen gerecht zu werden, so ist es vorgekommen, dass Kolleginnen und Kollegen oder Studierende in Gesprächen angefangen haben zu weinen. Leider kann ich nicht genau sagen, warum das der Fall war, aber ich habe wohl dazu beigetragen. Nachfragen meinerseits blieben auch in diesen Fällen unbeantwortet. Vielleicht handelte es sich hierbei auch um (wenn auch nicht für mich) eindeutige Situationen.

Ich bin sehr dankbar dafür, dass auf meine Einschränkung bei Erläuterung oft positiv und offen an der Universität reagiert wird. Allerdings sind Aussagen wie: »Wenn du etwas brauchst, dann sag es einfach.« strukturell nicht so einfach umzusetzen. Mir würde bspw. eine Reduzierung des Lehrdeputats helfen, aber das ist nur für schwerbehinderte oder gleichgestellte Personen möglich. Das Lehrdeputat eines Jahres komplett in einem Semester zu absolvieren, ist aus planungsorganisatorischen Gründen nicht umsetzbar. Die Balance zwischen dem Anpassen an meine Umwelt und dem Einfordern von Unterstützungsbedarf habe ich noch nicht gefunden. Die Frage »Wie viel jenseits der Norm darf ich sein?« begleitet mich auch während meiner Rolle als Lehrende. Es fühlt sich für mich paradox an, dass ich mit angehenden Lehrerinnen und Lehrern die Herausforderungen der Inklusion bespreche und sicherlich unbegründet nicht den Mut habe zu berichten, dass ich autistisch bin, um nicht als inkompetent oder »andersartig« wahrgenommen zu werden.

Meines Erachtens hat das System Wissenschaft noch Potenzial, wie die Rahmenbedingungen für neurodivergente Mitarbeitende einfacher werden können.

Die bisherigen gemachten Erfahrungen führen durchaus bei dem wiederkehrenden externen und damit auch internen Vergleich mit neurotypischen Menschen zu Selbstzweifeln. Ich habe mich auch schon mehrfach gefragt, ob die Universität überhaupt ein geeignetes Arbeitsumfeld für mich darstellt. Persönlich würde ich behaupten, dass ich inhaltlich eine gute Arbeit leiste, allerdings die Strukturen innerhalb der Universität für mich nicht optimal sind. Zwar ist die Hochschule ein Ort der Lehre und Forschung und damit freier in der inhaltlichen und strukturellen Ausgestaltung einzelner Arbeitsplätze, aber sie ist auch ein komplexes ökonomisches Unternehmen mit vielen (teilweise sehr bürokratischen) Abteilungen, welches auf Leistung und Effizienz ausgelegt ist. Aufgrund der Wettbewerbssituation und der Konkurrenz innerhalb des Universitätssystems ist zwar die Hilfsbereitschaft meiner Erfahrung nach für Menschen mit Einschränkungen gegeben, allerdings aus Kostengründen und wegen nicht beantragter Mittel nicht über einen längeren Zeitraum umsetzbar bzw. finanzierbar (durch die fehlende Gleichstellung mit einer schwerbehinderten Person können keine Mittel für mich beantragt werden). Trotzdem mag ich meine Arbeit. Die Befristung meiner Stelle und die ungewisse berufliche Zukunft lösen zwar Existenzängste bei mir aus, aber diese versuche ich, so gut es geht zu verdrängen und meinen Beruf so gut ich es kann auszuüben, auch wenn ich jenseits von Normen bin.

17 Herausforderungen beim Übergang vom Studium in den Arbeitsmarkt: Diskrepanz zwischen Anspruch und Wirklichkeit

Angelika Sarrazin

17.1 Gesetzlicher Anspruch

Das von der UN-Behindertenrechtskonvention (UN-BRK) vom 13.12.2006 formulierte Menschenrecht der Inklusion als unmittelbare Zugehörigkeit und Teilhabe aller Menschen mit und ohne Behinderung in allen Gesellschaftsbereichen beinhaltet verschiedene Aspekte. Bei diesen handelt es sich um die Wertschätzung jeder Person in ihrem So-Sein als Bereicherung der menschlichen Vielfalt im Gegensatz zu sozialen Diskriminierungen als negative Ungleichbehandlungen, Beschränkungen oder Ausschlüsse von Menschen durch andere Menschen und Institutionen wegen ihrer persönlichen Eigenschaften (Welti 2016, 66) sowie um Selbstbestimmung, Mitbestimmung und Einbindung in solidarische Beziehungen, die auch gegenseitige Verpflichtungen und Rücksichtnahme beinhalten (Theunissen 2012).

In Bezug auf den für die Prosperität von Wirtschaft, Kultur und Wohlstand einer Nation ausschlaggebenden Teilhabebereich Arbeit formuliert die UN-BRK in Artikel 27 in Absatz 1:

> »Die Vertragsstaaten anerkennen das gleiche Recht von Menschen mit Behinderungen […], den Lebensunterhalt durch Arbeit zu verdienen, die in einem […] inklusiven und […] zugänglichen […] Arbeitsumfeld frei gewählt oder angenommen wird. Die Vertragsstaaten sichern und fördern die Verwirklichung dieses Rechts […] durch geeignete Schritte, einschließlich des Erlasses von Rechtsvorschriften, um unter anderen …
>
> a) Diskriminierung aufgrund von Behinderung in allen Angelegenheiten im Zusammenhang mit einer Beschäftigung gleich welcher Art, einschließlich der Auswahl-, Einstellungs- und Beschäftigungsbedingungen, der Weiterbeschäftigung, des beruflichen Aufstiegs sowie sicherer und gesunder Arbeitsbedingungen zu verbieten […];
> b) das gleiche Recht von Menschen mit Behinderungen auf gerechte […] Arbeitsbedingungen, einschließlich […] des gleichen Entgelts, […] zu schützen […];
>
> i) sicherzustellen, dass am Arbeitsplatz angemessene Vorkehrungen […] getroffen werden;
> j) das Sammeln von Arbeitserfahrung auf dem allgemeinen Arbeitsmarkt [sog. erster Arbeitsmarkt als Gegensatz zum sog. beschützten zweiten Sonderarbeitsmarkt der Werkstätten für behinderte Menschen (WfbM); Erg. A. S.] durch Menschen mit Behinderungen zu fördern.« (Übers. A. S.)

Abgesehen davon gilt in Deutschland bereits seit dem 23. Mai 1949 als Basis-Bezugsnorm aller Einzelgesetzgebungen, juristischen Auslegungen wie Rechtsprechungen das Grundgesetz (GG). Es formuliert in Art. 12: »Alle Deutschen haben das Recht, Beruf, Arbeitsplatz und Ausbildungsstätte frei zu wählen.«

17.2 Wirklichkeit: Aktueller Forschungsstand und Arbeitsmarktsituation

Aufgrund einer Online-Recherche in einschlägigen Datenbanken (wie z.B. KVK, FIS-Bildung, REHAB-DATA, ERIC, SSOAR, PsycINFO, PSYNDEX) sind erst eine geringe öffentliche Beachtung und ein äußerst dürftiger Forschungsstand bezüglich des Übergangs von autistischen Hochschulabsolvent*innen auf den allgemeinen deutschen Arbeitsmarkt zu konstatieren. Fachpublikationen – meist Empfehlungen und wenige qualitative empirische Untersuchungen – setzen sich bislang in erster Linie mit der aktuellen Beschäftigungssituation, dem Übergang autistischer Personen von der (Förder-)Schule/Ausbildung in den Beruf/WfbM oder Akademiker*innen mit Behinderung in die wirtschaftliche oder wissenschaftliche Erwerbsarbeit auseinander (Dalferth 2012; Blodig 2016; Proft et al. 2017; Giloi 2018; Arens-Wiebel 2021; PROMI-Projekts 2021; Schuster & Schuster 2022). Dabei wird noch immer nicht den von der UN-BRK und dem GG deutlich bestimmten o.g. elementaren Persönlichkeitsrechten von Menschen aus dem Autismus-Spektrum bzw. mit (psychischer) Behinderung entsprochen.

Aktuelle Quellen nennen einen Anteil von ca. 10% aller Autist:innen, die auf dem allgemeinen europäischen Arbeitsmarkt beschäftigt sind (Duris et al. 2021). Ferner berichten diese, dass autistische Mitbürger*innen häufig kaum beeinträchtigungsgerechte, angemessen bezahlte Tätigkeiten unterhalb ihres Qualifikations- und Leistungsniveaus ausführen (Theunissen & Sagrauske 2019, 156) bzw. »vulnerable« Anstellungen (Reich 2018, 108) mit täglichen Balanceakten zwischen Anpassung (Verschweigen der Diagnose/Nachahmung kollegialer Verhaltensweisen/Unterdrückung eigener Bedürfnisse etc.) und Ausgrenzung aus dem Arbeitsteam gefunden haben (ebd., 109) oder gar nicht arbeiten. Mehr als 60% von ihnen seien in WfbM anzutreffen und ca. 30% (ohne Arbeit, Ausbildung oder in Frühverrentung) auf Staatsunterstützung angewiesen (Reich 2018, 13).

Auch jene mit überdurchschnittlichem Bildungsniveau sind von dieser Situation betroffen. Dementsprechend hat Kai Vogeley (2020) unter Rückgriff auf die Statistik der Bundesagentur für Arbeit (2014) eine durchschnittlich etwa dreifach bessere Ausbildung, aber dennoch dreifach höhere Arbeitslosigkeit bei autistischen im Gegensatz zu nicht betroffenen Personen in Deutschland ermittelt. Indes sind Menschen mit Behinderung im Allgemeinen, auch wenn dies gegenwärtig noch nicht den Idealzustand darstellt, immerhin zu ca. 60% auf dem ersten deutschen Arbeitsmarkt integriert (Statistisches Bundesamt 2021).

Diese Exklusion kommt nicht selten durch Nichteinstellung oder Mobbing zustande (Theunissen & Sagrauske 2019, 155f.). Bei Letztgenanntem handelt es sich um ein systematisch feindseliges Verhalten gegenüber Mitarbeitenden, um sie aus ihrem Beschäftigungsverhältnis zu verdrängen (Momand 2011, 11). Gerade für autistische Menschen kann Mobbing zu einer seelischen Zermürbung, somit gesundheitlicher Schädigung und der (Wieder-)Aufgabe oft erst mühsam erkämpfter Anstellungsverhältnisse beitragen. So treffen sie immer wieder auf stigmageprägte Vorurteile, damit einhergehende mangelnde Autismuskenntnisse ihrer (potenziellen) Arbeitgeber*innen wie Kolleg*innen (z.B. unzureichende Veränderungen der Rahmenbedingungen und Rücksichtnahme auf ihre Bedürfnisse, wie Gestattung von Zwischenpausen, Nutzung von Reizabschirmungen, keine sich Zeit nehmende explizite, kompetenzen- wie ressourcenorientierte Einarbeitung und Anleitung). Dazu können neben fehlender (Selbst-)Reflexion o. g. medial geprägter Vorurteile und nicht vorhandener Sensibilität in Bezug auf Mobbingkonstellationen auf Vorgesetzten- wie Kolleg*innenseite Insuffizienz-Unterstellungen und andere beleidigende Entgleisungen gehören.

Auch Intrigen hinter dem Rücken, Ausschlüsse bei Team-Gesprächen bzw. die Ausbeutung autistischer Mitarbeitender können als Reaktionen auf ihre sensorisch-emotionalen, motorisch-pragmatischen und kommunikativ-interaktiven Besonderheiten (in individuell verschiedener Anzahl und Ausprägung) vorkommen (Theunissen & Sagrauske 2019, 155 f.). Zu jenen können Überforderungen durch viele und intensive Reize, eine mangelnde kognitive Flexibilität, Schwierigkeiten mit dem Multitasking und Ad-hoc-Erfassen non- wie paraverbaler fein-emotionaler und gedanklicher Kommunikationssignale, verbunden mit kognitiven, aber keineswegs emotionalen Empathieproblemen gehören (Smith 2009, 489). Zudem können Sprechhemmungen, ein erschwertes akustisches und inhaltliches Sprachverstehen (wegen wörtlichem bzw. sachlichem Kommunizieren), soziale Ängste bzw. Traumata wegen ihrer Neurodiversität (s. Bd. 1 dieser Reihe) auftreten und aufgrund dessen ein Angewiesensein auf Routinen, Struktur, reizreduzierte Umgebungen bzw. auf explizite, ehrliche, aber auch konstruktive Kommunikation (Theunissen & Sagrauske 2019, 155 ff.). Unterbleiben eine diesbezügliche Aufklärung und Anleitung des Berufsumfeldes (z.B. beschrieben bei Bader et al. 2018, 36 ff.) sowie eine reflektierende Nach- wie Vorbereitung sozialer Arbeitssituationen mit berufsbegleitenden pädagogischen bzw. psychologischen Fachkräften und ergibt sich somit keine Chance eines (weiteren) Aneignens von Schlüsselqualifikationen, ist ein Scheitern vorprogrammiert.

Das ist zudem besonders der Fall, wenn weder eine Autismusdiagnose bekannt noch ein Schwerbehindertenausweis vorhanden ist und folglich keine entsprechenden und als Leistungen zur Teilhabe am Arbeitsleben (§ 49 f. SGB IX) finanzierbaren weiteren Maßnahmen wie Eingliederungszuschüsse durch die zuständigen Rehabilitationsträger (Integrations-, Arbeitsamt etc.) ergriffen werden können.

17.3 Stärken autistischer Menschen, die dem Arbeitsmarkt »verloren gehen«

Derartige Umstände wiegen umso schwerer, als autistische Personen mit Ausbildungs- bzw. Studienabschlüssen oft über eine hohe Motivation, Disziplin, Gewissen- und Wahrhaftigkeit, Zuverlässigkeit, Sach- und Zielorientierung sowie Genauigkeit verfügen und häufig eine umfassende Fachexpertise vorweisen. Außerdem könnten sie im demokratischen Sinn sozialkompetent, weil meist vorurteilsabstinent und solidarisch gegenüber ebenfalls von Marginalisierung bedrohten Bevölkerungsgruppen, und als emotional empathische, faire, loyale, tolerante, selten mobbende, intrigierende bzw. ohne Unterstellungen, ungünstige oder egoistische Absichten (wie Profilierungsbestrebungen) kommunizierende Teamplayer agieren, wenn sie wertschätzend-aufgeschlossene Mitmenschen vorfänden (Attwood 2012, 351). Auch sind sie dann meist gewillt, ihren Autismus, persönliche Bedarfe und Schwierigkeiten zu thematisieren und hieran zu arbeiten (Theunissen & Paetz 2011, 79 ff.).

Insofern gehen durch ihre berufliche Exklusion unserer Gesellschaft kostbare Fähigkeiten und Begabungen auf dem Gebiet des Zwischenmenschlichen, aber auch im Bereich der »autisti-sche[n] Intelligenz« (Asperger 1944, 117) verloren. Es scheinen nämlich ein sowohl sensorisches, ahierarchisches, fokussiert-detailorientiertes Bottom-Up-Denken (dienlich für die Enttarnung von Verbrechensspuren, Beseitigung von Programmiermängeln und sonstigen Fehlern in puncto Orthografie, IT, Medizin, Bauwesen etc.) als auch ein assoziativ-kreatives Denken eine gute Voraussetzung für die Berufsbilder der Musiker*innen, Instrumentenbauer*innen/-stimmer*innen, Mediziner*innen, Polizeiermittelnde, Lektor*innen, (reparierende) Techniker*innen/Ingenieur*innen, Softwaretester*innen/-entwickelnde und Qualitätsprüfende von Einrichtungen/Firmen/Dienstleistungen/Produkten darzustellen (Theunissen 2016, 82). Des Weiteren sind Betätigungsmöglichkeiten der Schriftsteller*innen, Berichterstatter*innen, Historiker*innen, Stadt-/Reiseführer*innen, Dolmetscher*innen, Bibliothekar*innen etc. denkbar, in denen sich Verbaldenkende verwirklichen können.

Überdies kann sich auf wissenschaftlichem Terrain die Befähigung ergeben, gesellschaftliche Werte und Machtstrukturen zu hinterfragen sowie Informationen kritisch aufzunehmen und ihren Einzelaspekten auf den Grund zu gehen. Hierbei kann wiederum durch eine Kopplung des einzelheitlichen an das assoziative und visuell-strukturierende Denken eine »ungewöhnlich akkurate Systematisierung« (a.a.O., 72) stattfinden, die umfassende, miteinander vernetzte wie tiefgreifende theoretische Erkenntnisse hervorbringt. Es erwächst aber auch die Chance der Entwicklung sozial-emotionaler Kompetenzen für die Tätigkeit in unterstützend-bildenden Berufen in der Pflege, Sozialarbeit und Pädagogik etc. Das ist vermutlich darin begründet, dass nicht selten intensives Mitgefühl besteht und Menschen(gruppen) frei von üblichen Top-down-Denkkategorien (»Schubladen«) wie Vorurteilen begegnet wird.

Jenes hoch qualifizierte branchenübergreifende Expert*innenhandeln ist sowohl erforderlich für die Förderung von Demokratie und Zusammenhalt als auch für das kulturell-wirtschaftliche Voranbringen einer Gesellschaft, und zwar durch ernsthaft-vertieftes Aufgehen in einer ertragreichen Tätigkeit, Entwicklung neuer praktisch-handwerklicher Lösungen, wissenschaftlicher Einsichten, musischer, literarischer, ästhetischer Ideen, (informations-)technischer Produkte o. ä. (Simmeborn-Fleischer 2012, 178).

So ist zwar eine solche unnötige Ressourcenverschwendung und -vernichtung für Betroffene aufgrund ihrer ausbleibenden (adäquaten) Beschäftigung besonders gravierend, weil ihnen die Grundlage vorenthalten wird, ihre Existenz zu bestreiten, eigene Neigungen und Fähigkeiten zu verwirklichen, folglich eine ausgewogene und gesellschaftlich inkludierte Ich-Identität zu entwickeln, vermehrt Lebensqualität und ein psycho-physisches Wohlbefinden zu genießen. Aber genauso hat das Umfeld (wenn auch wegen Exklusionshandlungen selbst verschuldet) das Nachsehen, wenn vielfältige sozial-emotionale, musisch-ästhetische, sprachliche, mathematische, (informations-)technische bzw. (natur-)wissenschaftliche Kompetenzen vorliegen und dennoch ungenutzt bleiben. Ferner wird auf diese Weise der gegenwärtig immer drängender werdende Fachkräftemangel verschärft. Obendrein entsteht ein offenbar nicht zu unterschätzender und sich zusehends ungebremst ausweitender volkswirtschaftlicher Schaden:

»So entstehen in der Arbeitslosigkeit […] durch die Abhängigkeit von Sozialleistungen […] Kosten. Zudem ist nicht ausgeschlossen, dass […] als Konsequenz der Langzeitarbeitslosigkeit psychisch-emotionale Folgeerscheinungen auftreten, deren Behandlung ebenfalls Kosten verursacht« (Theunissen & Paetz 2011, 84 f.).

17.4 Ausgewählte Fallbeispiele

Diesbezüglich sei zunächst meine Biografie als Beispiel für entsprechende berufliche Benachteiligungen angeführt. Trotz erworbener Einserabschlüsse in den Studiengängen Diplom-Heilpädagogik und Lehramt Sonderpädagogik, Begeisterungsfähigkeit und mehrjähriger Praxis in der Arbeit mit Menschen mit Beeinträchtigung habe ich aufgrund meiner weiteren Persönlichkeitseigenschaften Autismus (die Diagnose erhielt ich im Alter von 33 Jahren), Depressionen und Sehbehinderung bis heute keine Einstellung erfahren. Konkret musste ich – als Gruppenbetreuerin in einer Wohneinrichtung für Jugendliche mit geistiger und Mehrfachbehinderung (mit tarifungebundener unzureichender Entlohnung, prekären Beschäftigungsbedingungen im Schichtdienst ohne Pausen, aber 14-stündigen Arbeitstagen am Wochenende), als Referendarin einer Realschule, die ihre Inklusionsbemühung auf den Förderschwerpunkt Lernen beschränkte, und wissenschaftliche Mitarbeiterin einer deutschen Universität – mit fehlendem Verständnis, Vorurteilen und Autismuskenntnissen auf Seiten von Teammitarbeitenden wie Vorgesetzten, kaum vorgenommenen Arbeitsplatzanpassungen (wie kein

Fach und Sitzplatz im Lehrer*innenzimmer), Mobbing und Infragestellen meiner beruflich-fachlichen, wissenschaftlich-intellektuellen bzw. sozial-emotionalen Eignung zurechtkommen.[41]

Aus der von mir – im Rahmen meiner Dissertation – durchgeführten qualitativen Interviewstudie »Gelingensbedingungen inklusiver Hochschulbildung für Studierende aus dem autistischen Spektrum« geht hervor, dass von den neun Studienabsolvent*innen mit (sehr) guten Abschlüssen und den fünf Studienerfahrenen aus dem Autismus-Spektrum im Alter von 21 bis 55 Jahren (die neben fünf aktuell Studierenden und drei unterstützenden Fachkräften als Forschungspartner*innen zwischen 2018 und 2022 an der Befragung teilgenommen haben) bislang erst sechs Personen eine Tätigkeit auf dem ersten Arbeitsmarkt erlangen konnten. Diese sechs autistischen Personen sind in der Kommunalverwaltung und Stadtplanung, in der elektronischen Datenverarbeitung, im Bibliothekswesen, in der Gesundheitsversorgung und Lebensmittelbranche tätig. Drei dieser Personen üben Tätigkeiten unterhalb ihres Qualifikationsniveaus aus oder verschweigen ihren Autismus aus Angst vor Diskriminierungen (wie Arbeitsplatzverluste). Stattdessen nehmen sie autismusinkompatible, vermehrt stressbesetzte und gesundheitsbeeinträchtigende Rahmenbedingungen wie die Platzierung in einem Großraumbüro oder Durchgangsarbeitszimmer in Kauf.

So will Frau K. ihren gegenwärtigen Chef nicht (allein) über ihren Autismus informieren. Das hat den Grund, »dass ich dann evtl. noch Aufstiegsmöglichkeiten für mich sehe«. »Auf der Arbeit [...] muss man es nicht so aussprechen [...]. Das führt eher zu Problemen.«

Auch Herr S. hält nichts von einem »Auting« (Bader et al. 2018, 30), weil er seinen »guten Job« (Schriftl. Befragung, 1. D'lauf, Z. 64) in einer Stadtplanungsbehörde und sein »relativ hohes Einkommen« (ebd.) nicht einbüßen möchte. Seines Erachtens nutze es nämlich »nicht so viel [...], ›gesondert‹ behandelt zu werden, da man so [...] erst recht ein Außenseiter« (2. D'lauf, Z. 88) werde. Außerdem komme es in seinem Beruf sehr »auf kommunikative und soziale Softskills« (ebd.) an, weswegen dieser dann, so befürchtet er es, in den Augen seiner Teammitarbeitenden und Vorgesetzten als »falsche[r] Job« (ebd., Z. 89) für ihn angesehen werden könnte.

Abgesehen davon äußert schon die Studentin der Sozialen Arbeit, Frau D., folgende Bedenken: Zwar hat

> »man [...] ganz andere Verdienstmöglichkeiten mit dem Bachelor. Das wird [...] vielleicht in Zukunft meine finanziellen Probleme lösen, aber eben [...] nur vielleicht, weil ich [...] die Sorge hab', wie finde ich einen Arbeitsplatz, wo meine Probleme nicht zum Rauswurf führen, oder wenn ich schon vorher mit offenen Karten spiele [...], ob ich dann überhaupt genommen werde« (Mündliche Befragung Z. 1051–1054).

Jedoch ist hervorzuheben, dass diejenigen Interviewten, die auf dem ersten Arbeitsmarkt Fuß gefasst haben, sowie diejenigen unter ihnen, die zudem autismuskompatible, qualifikationsangemessene und -entlohnte Tätigkeiten ausüben, hier-

---

41 Diese Vorfälle sind belegbar per schriftlicher Dokumente (u. a. in Form von Mobbingtagebüchern).

von nicht nur materiell, sondern auch besonders beruflich und zwischenmenschlich profitieren.

So freut sich der Diplom-Ökotrophologe Herr W., immer noch an »Ernährung und Gesundheit« (Schriftl. Befragung, 2. D'lauf, Z. 115) sehr interessiert, dass er stets sein »Fachwissen [...] auffrischen und auf der jetzigen Arbeit einbringen« (ebd., Z. 116) kann, »wie z. B. Kenntnisse über die Lactose- und Histamin-Intoleranz« (2. D'lauf, Z. 116), und zwar sowohl bei seinen Teammitarbeitenden als auch bei seinen Kund*innen (ebd.). Gleichfalls ist Fr. Kl. mit ihrer momentanen Arbeitssituation ausgesprochen zufrieden: »Ich habe hier Abwechslung, bin kognitiv gefordert, habe soziale Kontakte« (Schriftl. Befragung, 2. D'lauf, Z. 104).

Mit Ausnahme von Fr. Br., die nach ihrem Bachelor- den Masterabschluss in Physik anstrebt, sind hingegen alle anderen acht ehemaligen Studierenden, worunter sich gerade auch jene mit pädagogisch-didaktischen, psychologischen, therapeutischen und medizinischen Qualifikationen wiederfinden, bislang arbeitssuchend geblieben. Dies kann in manchen Fällen auf die wegen einer noch nicht erfolgten Diagnostizierung ausgebliebenen Selbsterkenntnis bzw. nicht gewährte organisatorisch-strukturelle Arbeitsplatzanpassungen, flankierende sozial(pädagogisch)e Unterstützungen durch Jobcoaches, berufliche Integrationsfachdienste (IfD) und somit fehlende Aufklärung des Arbeitsumfeldes zurückgeführt werden – inklusive einer nicht erfolgten Anregung zur Selbstreflexion eigener Vorbehalte gegenüber (autistischen) Personen (mit Verhaltensbesonderheiten). Dementsprechend berichtet Herr L. (Diplom-Psychologe):

> »Praktika waren für mich die größten Herausforderungen des Studiums [...] und gaben einen Vorgeschmack auf die massiven Schwierigkeiten, die mir im Berufsleben bevorstanden [...]:
> In Kliniken und bei sozialen Trägern (z. B. Betreutes Wohnen) waren Kommunikationsprobleme mit Kollegen [...] und Klienten ein riesiges Problem. Trotz aller Mühen, ›normal‹ zu wirken, fielen meine Sonderbarkeit (Unbeholfenheit und mangelnde Empathie [im Bereich der Kognition und des Spontanerfassens feiner Gefühlssignale in Mimik, Gestik, Prosodie (z. B. Schriftl. Befragung 1. D'lauf, Z. 161 f.); Erg. A. S.]) negativ auf« (ebd., Z. 108 f.).

Mitunter gab es sogar:

> »drohende Rügen [der Exklusion; Erg. A. S.] und Vorwürfe, gelegentlich [...] bei Vorstellungsgesprächen« (ebd., Z. 111).
> »Oft hörte ich hier, dass ich bei meinen Problemen wohl das falsche Studium ergriffen hätte. Nimmt man Berufserfolg als Kriterium, ist das womöglich so. Es interessiert mich aber nach wie vor, weshalb die Menschen in dieser oder jener Weise denken und handeln, was sie aus welchen Gründen fühlen und was in ihnen vorgeht« (ebd., Z. 29–31).

Neben jener immer noch ausgeprägten hohen intrinsisch-idealistischen Berufswahlmotivation und einer sehr guten Studienabschlussnote (ebd., Z. 102) zeigt sich allerdings eine derart starke Entmutigung durch Diskriminierungserlebnisse (wie ungerechtfertigt-voreilige fachliche Abqualifizierungen durch Vorgesetzte, Mitarbeitende; langjährige Arbeitslosigkeit) wegen der eigenen Neurodiversität: »Heute habe ich kaum noch Ängste [...], als Sonderling wahrgenommen oder entlarvt zu werden, da ich beruflich nichts mehr zu verlieren habe« (ebd., Z. 52), dass entsprechende Lebenslauf-Fallkurven des Erleidens in angeblich selbstverschuldete Einstellungen und daraus resultierende Handlungen umgedeutet werden:

> »Statt meine zwischenmenschlichen Schwierigkeiten in den Praktika als Warnung zu verstehen, gab ich mich der Illusion hin, lediglich noch weiter an meiner Verhaltensanpassung arbeiten zu müssen, um später mit Anerkennung als klinischer Psychologe arbeiten zu können.
> Die Motivation war ungetrübt, die Ängste, zu scheitern, wuchsen allerdings. Ich verdrängte die [...] Konflikte und [...] Probleme, [...] machte [...] mir etwas vor« (ebd., Z. 113–116).

Gleichfalls scheinen die den Stigmatisierungen zugrundeliegenden sozialen Vorurteile gegenüber autistischen Menschen in das eigene Selbstkonzept übernommen worden zu sein:

> »Mein Rat an andere Autisten: Akzeptiert [...], dass ihr neben positiven Besonderheiten erhebliche Defizite habt und übernehmt euch nicht mit einem Studium und Beruf, zu dem Nichtautisten besser geeignet sind« (Schriftl. Befragung, 1. D'lauf, Z. 264).

Stattdessen sind offenbar »viele Begabungen, die mich zu einem guten Psychologen machten« (ebd., Z. 261; man beachte das traurig-resignierte Präteritum), wie analytisches Denken, abstandsgewinnende Problembewältigungsorientierung im Kontakt mit Ratsuchenden, Verlässlichkeit, Vorurteilsfreiheit, Hilfsbereitschaft, Fürsorge und Tiefe in der Gestaltung von Beziehungen (2. D'lauf, Z. 34 ff., Z. 27 ff.), fast vergessen und begraben.

Obendrein hat sich trotz gesellschaftskritischer Beobachtungen (»Solange in der menschlichen Gesellschaft das Leistungsprinzip im Vordergrund steht – der Stärkere setzt sich durch – hat man es schwer als Autist und behinderter Mensch« (Schriftl. Befragung, 1. D'lauf, Z. 259)) eine eher defätistische Haltung durchgesetzt: »Man kann nicht überall Barrierefreiheit und Verständnis für die eigenen autistischen Besonderheiten erwarten« (ebd., Z. 265).

Genauso wie Herr L. hat Fr. Z. (Absolventin des ersten Lehramtsexamens) mit ebenfalls sehr guter Studienabschlussnote (Schriftl. Befragung, 1. D'lauf, Z. 40), die sich nach wie vor für Deutsch und Spanisch begeistert (2. D'lauf, Z. 40) und anscheinend über soziale Kompetenzen verfügt (»Ich fühlte mich an der Hochschule am richtigen Platz. Ich [...] hatte [...] Freunde. Ich konnte anderen helfen« (ebd., Z. 172–174)), bis heute keine Anstellung als (Grundschul-)Lehrerin gefunden (1. D'lauf, Z. 39). Für diese von ihr als »Versagen« (ebd.) erlebte Erfahrung nennt sie verschiedene Gründe: »Ich habe schon bei Praktika gemerkt, dass mich Lautstärke, Lebhaftigkeit, Unruhe in einer Klasse überfordern [...]. Im [...] Referendariat hatte ich [...] einen Nervenzusammenbruch« (ebd., Z. 15–19).

Eine »Beschränkung auf kleine Unterrichtsgruppen und Team-Teaching« (ebd., Z. 26) mit anderen Lehrpersonen der Praktikums- und Referendariatsschule bzw. anderen Lehramtsstudierenden hätte diese Überlastung vermutlich verhindern oder verringern können, vorausgesetzt, Frau Z. wäre damals in den 1990er Jahren schon als autistisch diagnostiziert, sich dieses Lebensumstandes bewusst, mit sich im Reinen gewesen und hätte mit äußerer Hilfe ihre Kolleg*innen darüber aufklären können. So stellt sie im 1. D'lauf in Z. 42–44 Folgendes fest:

> »Ich weiß, dass es heutzutage viele Hilfen gibt. Das ist aber eine Frage, ob man überhaupt schon im Studium diagnostiziert ist; bei mir war das nicht so [...]. Die [...] Frühdiagnose [...] ist hier essentiell.«

Diese Gedanken führt sie an anderer Stelle weiter aus:

> »Ich wusste damals [...] nicht, dass ich Asperger-Autistin bin. Ich entsprach auch nicht dem Bild des ›Mathe-Nerds (männlich)‹, das zu dieser Zeit vorherrschte bzw. in Deutschland war die Diagnose nicht sehr verbreitet. Das fing ja erst Anfang der 90er Jahre an und noch bis in das erste Jahrzehnt des Jahrtausends hatte man Frauen und Mädchen kaum auf dem Radar« (2. D'lauf, Z. 147–149).
> »Wenn Probleme [Overloads, Ängste, Depressionen etc.; Erg. A. S. (ebd., Z. 80 ff.)], auftraten, habe ich sie für persönliche Schwäche gehalten und bin dagegen [...] angegangen« (ebd., Z. 91).

Herr P. (Diplom-Mathematiker und autodidaktisch gebildeter Programmierer), der erst mit Ende 40 im Rahmen einer Depressionsbehandlung als autistisch diagnostiziert wurde (Mündl. Befragung, Z. 840) und wie Herr L. und Frau Z. zu dem Befragungszeitpunkt über 50 Jahre alt gewesen ist, hat bislang ebenfalls keine Erwerbsarbeit gefunden.

Allerdings sind in seinem Fall noch ungünstige wirtschaftliche Umstände auf gesamtgesellschaftlicher Ebene hinzugekommen. So war Herr P. noch Ende der 1980er Jahre während seiner einjährigen Studienunterbrechung in einem chemischen Großkombinat mit »dreißigtausend Beschäftigten« (Mündliche Befragung Z. 268) für 40 Stunden pro Woche tätig (Z. 271). Dort hatte der »Chef [...] gleich erkannt, dass ich gut programmieren konnte [...], und hat mich dann [...] auf Lohngruppe Fünf gesetzt. Da hab' ich mit dem Geld keine Probleme gekriegt« (Z. 273 f.). Später war sogar noch nach dem Studienabschluss für Herrn P. eine »Delegationsvereinbarung« (Z. 892) zwischen dem Rektor der Universität und seinem ehemaligen Arbeitgeber geschaffen worden. Allerdings ereignete sich gerade zu diesem Zeitpunkt der »politische Umbruch« (Z. 982) in Ostdeutschland. »Noch vier Monate bin ich mit Kurzarbeit eingestellt gewesen [...]. Aber danach war ich sofort raus« (Z. 983 f.).

An diesem Zustand hat sich bis heute nichts geändert. Deshalb erlebt Herr P. häufige Phasen der Niedergestimmtheit, also »Momente [...], wo ich an mir selbst zweifel'« (Z. 971), oder sogar »Bedenken, dass ich irgendwelche Dinge [wie Haushaltspflichten (Z. 968), Erg. A. S.] gar nicht packen kann« (Z. 967). Außerdem quält ihn immer wieder die folgende Frage: »Was nutzt mir jetzt mein Studium überhaupt noch?« (Z. 977). Nichtsdestotrotz ist momentan der Entschluss gereift, »dass ich [...] an der Uni zur Astronomievorlesung gehe« (Z. 989). »Da [...] wurden Übungsaufgaben gestellt und da hab' ich plötzlich gemerkt: Wie schön, dass du das alles noch rechnen kannst« (Z. 990). Denn »ich muss immer irgendetwas Neues haben, sonst wird mir das Leben zu trist« (Z. 993).

17.5 Lösungsmöglichkeiten für die Chancensteigerung einer Einmündung in inklusive Arbeit

Studienerfolg ergibt sich nicht nur wegen erhaltener Abschlussbeurteilungen in dem Notenbereich 1,0 bis 4,0, sondern auch aufgrund gewährter Chancen der gesellschaftlichen Mitgestaltung durch das Anwendenkönnen und die erfahrene Anerkennung der im Studium erworbenen Fachkompetenzen in einem qualifikationsangemessenen bzw. tariflich bezahlten Beruf mit vor Ausbeutung schützenden rechtskonformen Arbeitsbedingungen für Beschäftigte mit Beeinträchtigungen. Für dieses Kernstück eines gerechten, demokratischen, produktiven und somit zukünftig überlebensfähigen Landes zeichnen sich beim gegenwärtigen Stand der Auswertungen der Interviews und vor dem Hintergrund der Analyse von Fachliteratur synergetisch ineinandergreifende Lösungsmöglichkeiten ab, die auch anderen Zielgruppen zugutekommen können. Aus Platzgründen kann allerdings nur eine kleine Anzahl erforderlicher hochschulinterner und -externer Maßnahmen dargestellt werden. Eine vollständige Auflistung findet sich in meiner Dissertationsschrift, die bis Anfang 2026 abgeschlossen sein soll.

Hochschulinterne Maßnahmen zur Förderung (über)fachlicher beruflicher Kompetenzen:

- Als Individual-Mentoringmaßnahmen der dezentralen Strukturen (Fachbereiche/-schaften) und zentralen Strukturen (Beratungen für Studierende mit Behinderung, Neurodiversität und psychosozialen Herausforderungen)
    - Vorhalten von »extra-curricularen Angeboten« (Wild & Esdar 2014, 80) für alle Studierenden als Erstsemester-Orientierungseinheit zum Kennenlernen der Studieninhalte, -abläufe, -orte, für das Kontakteknüpfen und zur Einführung in die Stundenplangestaltung, als fachliche Tutoria zu Lehrveranstaltungen (LV), Vorgehensweisen des wissenschaftlichen Arbeitens (z. B. Hausarbeitenschreiben, Referieren) und zur Bewältigung der Studienorganisation (z. B. Zeitmanagement/-einteilung)
    - Schulungen in metakognitiven, Lese- und Lernstrategien, Einzel- und Gruppenberatungen zum Umgang mit Kontakt-, Rede-, Prüfungsangst und Prokrastination
    - Kurse für die (Weiter-)Entwicklung berufsrelevanter Schlüsselkompetenzen (z. B. Bewerbungstechniken, Rhetorik)
- Für Studierende mit (psychischer) Behinderung bzw. aus dem Autismus-Spektrum
    - Einrichtung von auf sie zugeschnittenen Beratungs-, Peer-Counseling-, -Mentoring- und Selbsthilfeangeboten
    - Career-Services zur Förderung ihrer Inklusion in den Hochschulbetrieb, aber auch zur (Weiter-)Entwicklung von Schlüsselqualifikationen im Bereich der

Personen- und Sozialkompetenzen auf Seiten der o. g. zentralen zielgruppenspezifischen Unterstützungsstrukturen
- Durch Fakultätsleitungen und Studienfachberatende
  - Eingehen von Kooperationen mit lokalen Arbeitsämtern, dortigen Reha-Abteilungen und beruflichen IfD für (autistische) Menschen mit (psychischer) Behinderung, die in reservierten Hochschulräumen regelmäßig Sprechstunden ab dem Grundstudium bzw. spätestens in der Studienendphase anbieten (zu Arbeitsmöglichkeiten im angestrebten Beruf, Ausbildungs(um)orientierung, Bewerbungsstrategien, Umgang mit Behinderung bzw. Autismus bei Bewerbungen, Arbeitsplatzausstattung, -assistenz, diesbezüglichen Antragsstellungen etc.)
- Für alle Studierenden durch Fakultätsleitungen, Studienfachberatende und Lehrpersonen
  - Förderung der Aufnahme studienfachbezogener, persönlicher Neigungen und Fähigkeiten annähernd adäquater, per Mindestlohn bezahlter bzw. durch anderweitig faire Arbeitsbedingungen geprägte Nebenjobs und Praktika
  - Kontaktpflege zu lokalen Betrieben und Institutionen als »fast tracks« (Wild & Esdar 2014, 87) in die Berufszukunft und als »Talent-Management« (ebd.)

Hochschulexterne strukturelle und antdiskriminatorische Maßnahmen:

- Aufstockung der Personal- und Sachmittel der Hochschulberatung für (autistische) Studierende mit Behinderung; günstigenfalls zur Finanzierung von Personal mit Peer-Counseling-Vorbildung zur regelmäßigen Unterstützung, Dokumentenumsetzung, zielgruppenspezifische mündliche und schriftliche On- wie Offline-Studierenden-Ansprachen per Flyer und Plakaten (in Kooperation mit Lehrpersonen) für die Ausrichtung von Tagen der offenen Tür, Uni-Kennlernwochen, Selbsthilfegruppen, patenschaftlichen Unterstützungsformen zwischen älteren und jüngeren Semestern mit und ohne Beeinträchtigung sowie die Vernetzung mit Mutmacherstrukturen, wie Interessengemeinschaften und ASTA-Referate für Studierende mit Behinderung (ADS 2012, 80).
- Um psychische Störungen (bei Behinderung bzw. Autismus) als dritthäufigste Erkrankungs-, Arbeitsplatzaufgabe- und vorzeitige Berentungsursache zu vermeiden oder zu reduzieren, ist auf Arbeitgeber*innenseite die Kenntnis der Broschüre *Psychische Arbeitsbelastung und Gesundheit* und des Films *Gefährdungsbeurteilung psychische Belastungen* hilfreich (abrufbar auf https://www.gda-psyche.de). Sie animiert zum frühzeitigen Erkennen von (technischen) Störungen des Arbeitsablaufes, Zeitdruck, Über-, Unterforderung, fehlender gegenseitiger Wertschätzung, Unterstützung und Mobbing.
- Ergreifen eigener Diskriminierungs- und Mobbinginterventionsmaßnahmen der Betriebe und öffentlichen Einrichtungen, wie Implementierung von Beauftragten und Beschwerdestellen für Beschäftigte diverser Zielgruppen, Mediationsgespräche, Unterbindung, Wiedergutmachung von Diskriminierungen, Aufnahme von Dienstaufsichtsbeschwerden, ggf. Eröffnung von Disziplinarverfahren bei Beamt*innen, Abmahnungen, Versetzungen, Kündigungen etc. (ADS 2012, 129).

- Auf Vorgesetztenseite: Überwindung eigener Ressentiments und Exklusionstendenzen im Einstellungsverfahren gegenüber Bewerber*innen aus dem Autismusspektrum bzw. mit (psychischer) Beeinträchtigung aufgrund des sog. ersten Eindrucks; kontinuierliche Dialog- und Fortbildungsbereitschaft in Bezug auf Autismus und (psychische) Behinderungen sowie Anbieten bezahlter Team-Building und -Coaching-Module.

Entsprechende Maßnahmen können nur greifen, wenn unter ihnen der Bewusstseinsbildung gemäß Artikel 8 UN-BRK vorwiegende Aufmerksamkeit zuteilwird, auch wenn sie schmerzhafter Weise darin bestehen kann, den verdrängten blinden Fleck der eigenen Vorbehalte in den Blick zu nehmen.

17.6 Literatur

ADS – Antidiskriminierungsstelle des Bundes (2012). Endbericht zum Projekt *Diskriminierungsfreie Hochschule – Mit Vielfalt Wissen schaffen*. Online verfügbar unter: https://www.antidiskriminierungsstelle.de/Shared/Docs/Downloads/DE/publikationen/Diskriminierungsfreie_Hochschule_endbericht_20210705.pdf, Zugriff am 21.06.2021.

Arens-Wiebel, C. (2021). *Erwachsene mit Autismus begleiten. Ein Praxishandbuch für Eltern und Lehrkräfte*. Stuttgart: Kohlhammer.

Asperger, H. (1944). Die »Autistischen Psychopathen« im Kindesalter. In *Archiv für Psychiatrie und Nervenkrankheiten*, Jg. 177, 76–137.

Attwood, T. (2012). *Ein Leben mit dem Asperger-Syndrom*, 2. Auflage. Stuttgart: Trias-Verlag.

Bader, M., Labrouier, M., Proft, J. & Vogeley, K. (2010) *Menschen mit Autismus im Arbeitsleben – Informationen und Handlungsempfehlungen*. Hrsg. vom LVR-Integrationsamt Köln. Bergisch-Gladbach: Heider-Druck.

Blodig, I. (2016). *Hochfunktionale Autisten im Beruf*. Paderborn: Junfermann.

Dalferth, M. (2012). *Vocational Training and Inclusion for People with Autism*. Aachen: Shaker.

Ďuriš Nicholsonová, L., Ferragut, R. E., Pierfrancesco, M., Cañas, J., Zambelli, S., Langensiepen, K. & Gusmão, J. (2021). *Autismus und inklusive Beschäftigung. Anfrage zur mündlichen Beantwortung O-000017/2021 an die Kommission. Artikel 136 der Geschäftsordnung*. Online verfügbar unter: https://www.europarl.europa.eu/doceo/document/O-9-2021-000017-DE.html, Zugriff am 05.06.2023.

GG – *Grundgesetz für die Bundesrepublik Deutschland* vom 23.05.1949; zuletzt geändert durch Art. 1 ÄndG (Art. 90, 91 c, 104 b, 104 c, 107, 108, 109 a, 114, 125 c, 143 d, 143 e, 2143 f, 143 g) vom 13.07.2017|2347, 48. Auflage. München: Deutscher-Taschenbuch-Verlag.

Giloi, C. (2018). Andere Wege gehen. Neue Angebote zur beruflichen Teilhabe von Menschen mit Autismus. In *Autismus*, 85, 22–25.

Momand, H. (2011). *Mobbing in der Arbeitswelt. Ursachen, Folgen und mögliche Lösungsansätze*. Hamburg: Diplomica-Verlag.

Proft, J., Schoofs, T., Krämer, K. & Vogeley, K. (2017). *Autismus im Beruf. Coaching-Manual*. Weinheim: Beltz.

PROMI-Projekt (2021). *Stellungnahme August 2021: Potentiale erschließen – Schwerbehinderten Akademiker:innen nachhaltig den Weg zur Promotion und in die Wissenschaft öffnen*. Online verfügbar unter: https://promi.uni-koeln,de/wp-content/uploads/2021/07/Stellungnahme.pdf, Zugriff am 12.12.2022.

Reich, K. (2018). *Berufliche Perspektiven von Autisten. Ein Balanceakt zwischen Anpassung und Ausgrenzung*. Hamburg: Verlag Dr. Kovač.

Schuster N. & Schuster U. (2022). *Vielfalt leben – Inklusion von Menschen mit Autismus-Spektrum-Störungen.* Stuttgart: Kohlhammer.

SGB IX – *Sozialgesetzbuch Neuntes Buch – Rehabilitation und Teilhabe von Menschen mit Behinderungen vom 23.12.2016*; zuletzt geändert durch Art. 13 G. v. 04.05.2021|882. Berlin: Bundesministerium der Justiz und für Verbraucherschutz. Online verfügbar unter: https://www.gesetze-im-internet.de/sgb_9_2018, Zugriff am 11.11.2018.

Simmeborn-Fleischer, A. (2012). Alienation and Struggle: Everyday Student-Life of three Male Students with Asperger Syndrome. In *Scandinavian Journal of Disability Ressearch, 14*, 177–194.

Smith, A. (2009). The Empathy Imbalance Hypothesis of Autism: A Theoretical Approach to Cognition and Emotional Empathy in Autistic Development. In *The Psychological Record, 59*, 489–510.

Statistisches Bundesamt (2021). *Zahl der Woche: 57% der Menschen mit Behinderung zwischen 15 und 64 Jahren waren 2019 in den Arbeitsmarkt integriert.* Online verfügbar unter: https://www.destatis.de/DE/Presse/Pressemitteilungen/Zahl-der-Woche/2021/PD21_20_p002.html, Zugriff am 05.06.2023.

Theunissen, G. (2012). Autismus heute und morgen – ein Plädoyer für eine verstehende Sicht. In *Zeitschrift für Heilpädagogik, 63*, 231–240.

Theunissen, G. (2016). Autismus – das neue Verständnis aus der Außensicht in Anlehnung an Vorstellungen von Betroffenen. In G. Theunissen (Hrsg.), *Autismus verstehen. Außen- und Innensichten.* Stuttgart: Kohlhammer, S. 15–97.

Theunissen, G. & Paetz, H. (2011). *Autismus. Neues Denken – Empowerment – Best-Practice.* Stuttgart: Kohlhammer.

Theunissen, G. & Sagrauske, M. (2019). *Pädagogik bei Autismus. Eine Einführung.* Stuttgart: Kohlhammer.

UN-BRK – *Behindertenrechtskonvention der Vereinten Nationen mit rechtlichen Erläuterungen.* Hrsg. von Antje Welke. Berlin: Eigenverlag des Deutschen Vereins für öffentliche und private Fürsorge 2012

Vogeley, K. (2020). *Autismus und Arbeitswelt.* Online verfügbar unter: https://www.autismus.de/fileadmin/Veranstaltung/Bundestagung/Tagungsrueckschau_BUTA_2020/Vogeley-Beruf-Luebeck-202.pdf, Zugriff am 22.01.2024.

Welti, F. (2016). Die UN-BRK – Welche Bedeutung hat sie für die Hochschulen? In Klein, U. (Hrsg.), *Inklusive Hochschule. Neue Perspektiven für Praxis und Forschung.* Weinheim [u.a.]: Beltz, S. 60–79.

Wild, E. & Esdar, W. (2014). *Eine heterogenitätsorientierte Lehr-/Lernkultur für eine Hochschule der Zukunft. Fachgutachten im Auftrag des Projekts nexus der Hochschulrektorenkonferenz.* Online verfügbar unter: http://www.hrk-nexus.de/material/publikationen/detailansicht/meldung/fachgutachten-heterogenitaetsorientierte-lehre-3517, Zugriff am 5.10.2016.

18 Autist*innen im Übergang vom Studium in den Beruf

Katrin Reich

Übergänge stellen eine vulnerable Zeit im Leben von Autist*innen dar. Während der Übergang von der Schule in die Ausbildung bzw. Arbeit schon seit längerem im Fokus von Forscher*innen steht (s. u.), ist der Übergang vom Studium in die Arbeitswelt bisweilen in der Forschung noch unterrepräsentiert – und das, obwohl viele Autist*innen das Studium erfolgreich abschließen.

18.1 Autismus und Studium

Autist*innen durchlaufen ihr Studium mit vergleichbarer Leistung zu ihren nichtautistischen Kommiliton*innen. Das gilt für die Notendurchschnitte, die Abbruchquoten, die Anzahl der Wiederholungen und den erfolgreichen Abschluss des Studiums (Bakker et al., 2023).

Unterstützung wird vorwiegend für die nicht-universitären sozialen Aktivitäten benötigt (Accardo et al., 2019). Denn gerade die Gestaltung der sozialen Aktivitäten rund um den Studienalltag stellen autistische Studierende vor große Herausforderungen (Gurbuz et al., 2019). Obwohl sie Schwierigkeiten sowohl in akademischen als auch in sozialen Angelegenheiten aufweisen, nehmen sie nur selten Unterstützung in Anspruch. Gründe dafür sind ein Gefühl des Unbehagens gegenüber der Inanspruchnahme von Unterstützungen und der Offenlegung der Autismus-Diagnose (Anderson et al., 2020).

Ein wichtiger Punkt für den erfolgreichen Abschluss des Studiums für Autist*innen ist der Grad der Sensibilisierung bei Mitarbeiter*innen der Universitäten sowie der Kommiliton*innen (Accardo et al., 2019; Gurbuz et al., 2019). Dabei spielt aber nicht nur das Wissen über das Autismus-Spektrum eine Rolle, sondern auch die Einstellung gegenüber autistischen Studierenden (White et al., 2019).

Während die o. g. Studien dem internationalen Raum entnommen werden konnten, fehlt es bisher weitgehend an nationalen, wissenschaftlichen Erkenntnissen. Zwar gibt es auch in Deutschland an allen Universitäten und Hochschulen Beratungsangebote für Menschen mit Behinderungen und chronischen Erkrankungen. Eine Spezialisierung auf Studierende aus dem Autismus-Spektrum ist dabei selten, auch wenn durch das Projekt *Autism&Uni* hilfreiche Leitfäden zur Verfügung stehen (www.autism-uni.org; ▶ Kap. 13 in diesem Band). Über die Situation von autistischen Studierenden an den Universitäten bzw. Hochschulen ist bisher kaum etwas bekannt. Zwar wird durch die Befragung von Studierenden mit Beeinträchtigungen und chronischen Erkrankungen der Studierendenwerke die Situation der Studierenden mit Behinderung erfasst, Erkenntnisse der Situation von Menschen im Autismus-Spektrum bleiben aber weitestgehend aus. Das liegt daran, dass Autismus nicht als eigenständige Diagnose kategorisiert, sondern zu den »anderen Beeinträchtigungen und Erkrankungen« (Deutsches Studentenwerk, 2023) bzw. »andere länger dauernde Erkrankungen« (Deutsches Studentenwerk, 2018) gezählt wird.

Wie oben bereits erwähnt, stellen Übergänge eine vulnerable Lebensspanne von Autist*innen dar, und so steht der Übergang von der Ausbildung oder anderen Qualifikationen in den Arbeitsmarkt schon länger im Fokus der Forschung.

18.2 Übergang ins Arbeitsleben

Als erfolgsversprechenden Ansatz beim Übergang in den allgemeinen Arbeitsmarkt nahm man lange Zeit die Kompetenzerweiterung der autistischen Personen selbst in den Blick. Neben der Ausprägung des Autismus-Spektrums haben die Persönlichkeit und der Kommunikationsstil sowie das Vorliegen von Komorbiditäten einen Einfluss auf den erfolgreichen Übergang (Chen et al., 2015; Hedley et al. 2016; Pillay & Brownlow 2017). Zur Überwindung der sozialen und kommunikativen Herausforderungen am Arbeitsplatz wurden spezielle Social-Skills-Trainings entwickelt und ihre Effekte auf den Übergang in das Arbeitsleben ausgewertet (Chen et al., 2015; Hedley et al., 2016; Pillay & Brownlow, 2017). Positive Effekte konnten auch durch den Einsatz von Assistenztechnologien, sog. *assistive technologies*, nachgewiesen werden (Black et al., 2019; Chen et al., 2015).

Aus Sicht der Autist*innen selbst stellen Reizüberlastungen am Arbeitsplatz eine große Herausforderung dar (Institut der deutschen Wirtschaft, 2019), aber Arbeitgeber*innen sind über die Möglichkeiten der autismusgerechten Arbeitsplatzanpassung nur unzureichend informiert (Reich & Dalferth, 2023). Doch gerade die räumliche Anpassung und eine damit einhergehende Reduzierung möglicher Reize sowie die Modifikation der Arbeitsaufgabe fördern die Beschäftigungsfähigkeit der autistischen Mitarbeiter*innen im hohen Maße (Black et al., 2019; Dreaver, 2020).

Neben persönlichen Faktoren spielen auch die Arbeitgeber*innen selbst eine entscheidende Rolle im Übergang. Befragungen von Arbeitgeber*innen zeigen, dass Informationen und die Wissensvermittlung in Bezug auf die Diagnose Autismus sowie die unterschiedlichen Ausprägungen von Merkmalen eine wichtige Komponente bei der Integration ins Arbeitsleben darstellen (Black et al., 2019; Dreaver et al., 2020; Reich& Dalferth, 2023). Auch der Aufklärung und dem Einbezug der direkten Arbeitskolleg*innen kommt hierbei eine zentrale Bedeutung zu (Chen et al., 2015; Dreaver et al., 2020; Hedley et al., 2016; Reich& Dalferth, 2023). Als weitere Erfolgskomponente hat sich die Haltung der Arbeitgeber*innen herauskristallisiert, welche großen Einfluss auf nachhaltige Beschäftigungsverhältnisse nimmt (ebd.).

Schließlich hat sich die Unterstützung von beratenden bzw. begleitenden Diensten, sog. *Vocational Rehabilitation Services*, als zielführend beim Übergang in das Erwerbsleben herausgestellt (Ditchman et al., 2018; Dreaver et al., 2020). Diese werden auch aus Sicht der Arbeitgeber*innen als wichtige Akteur*innen wahrgenommen (Reich et al., 2021).

18.3 Übergang Studium – Erwerbsleben

Während einige Erfolgsfaktoren des Übergangs unterschiedlicher Qualifikationswege ins Arbeitsleben bereits herausgearbeitet werden konnten, befassen sich erst wenige Studien spezifisch mit dem Übergang von der Universität bzw. Hochschule in das Arbeitsleben. Zwei Überblicksartikel aus dem Jahr 2018 identifizierten lediglich 15 Studien (Cashin et al., 2018; Chandroo et al., 2018). Immer mehr Autist*innen studieren und erwerben akademische Abschlüsse. Über die Arbeitsmarktchancen dieser Gruppe ist bisher nur wenig bekannt. In Großbritannien haben 55% der Autist*innen mit Bachelorabschluss einen unbefristeten Arbeitsvertrag im Vergleich zu 71% der Graduierten ohne Autismus. Die Zahlen ändern sich nur leicht, betrachtet man die Studierenden mit postgradualem Abschluss (Allen & Coney, 2021).

Nationale Studien, welche spezifisch den Übergang von der Universität in den allgemeinen Arbeitsmarkt beleuchten, fehlen bisher gänzlich. Unterschiedliche Erhebungen weisen aber auch in Deutschland einen hohen Anteil an akademischen Abschlüssen bei den befragten Autist*innen auf. Bei der Befragung zur beruflichen Situation von Menschen aus dem Autismus-Spektrum des Instituts der deutschen Wirtschaft (2019) geben 39% einen Hochschulabschluss an.

Im Rahmen des AUT*CIA-Projekts[42], welches die Chancengleichheit autistischer Frauen im Berufsleben untersuchte, konnte ein großer Datensatz generiert werden, der auch Daten zur Bildungs- und Studienlaufbahn enthält. Rund ein Drittel der Befragten geben an, einen Hochschulabschluss erworben zu haben (9% Bachelor; 19% Master), 8% befinden sich zum Zeitpunkt der Befragung in einer Hochschulausbildung mit dem Ziel eines Bachelors- oder Masterabschlusses. Rund 4% der Befragten geben an, zum Zeitpunkt der Studie zu promovieren oder promoviert zu haben. Besonders auffallend in dieser Befragung ist der hohe Anteil der

---

42 AUT*CIA – Chancengleichheit autistischer Frauen im Arbeitsleben – ist ein Praxisforschungsprojekt, welches vom Berufsbildungswerk Abensberg in Kooperation mit dem Integrationsfachdienst (IFD) gemeinnützige GmbH Mittelfranken und dem Berufsförderungswerk Nürnberg vom 01.04.2022–30.09.2024 durchgeführt und vom Bundesministerium für Arbeit und Soziales aus den Mitteln des Ausgleichsfonds für überregionale Vorhaben zur Teilhabe schwerbehinderter Menschen am Arbeitsleben finanziert wurde.

Befragten, die angeben, ihr Bachelorstudium abgebrochen zu haben (37 %). Ein Viertel der Personen mit einem Bachelorabschluss und über ein Drittel der Masterabsolvent*innen arbeiten Vollzeit. Fast die Hälfte der promovierten Personen können eine Vollzeitstelle vorweisen. Jedoch geben auch 22 % der Personen mit Bachelorabschluss an, nicht erwerbstätig zu sein. Dies trifft auch für ein Viertel der Masterabsolvent*innen zu. Insgesamt konnte ein negativer Einfluss des Studienabbruchs auf unterschiedliche Lebensbereiche beobachtet werden (Reich et al., 2024). Da die Daten nicht mit dem Ziel erhoben wurden, Übergänge von der Universität bzw. Hochschule in das Arbeitsleben zu messen, können keine Aussagen darüber getroffen werden, ob eine Betreuung während des Studiums oder im Übergang erfolgte und welche Auswirkungen damit einhergehen.

Einige der internationalen Studien konnten bereits Erfolgsfaktoren und Barrieren bezogen auf den Übergang von der Universität ins Arbeitsleben herausarbeiten. Einen großen Einfluss hat die Ausprägung autistischer Merkmale der Person selbst. Dabei spielen die Intensität der sensorischen Reizwahrnehmung sowie das Ausmaß der Schwierigkeiten im Bereich der sozialen Interaktion eine große Rolle, da die damit einhergehende Belastung zur Überforderung führen kann (Vincent & Fabi, 2020).

Auch das persönliche Netzwerk konnte als Unterstützungskomponente herauskristallisiert werden. Dabei nehmen Eltern eine Schlüsselposition ein und unterstützen bei der Suche nach einem geeigneten Arbeitsplatz sowie bei der Vorbereitung der Bewerbungsschreiben und der Bewerbungsgespräche (ebd., 2020).

An vielen Hochschulen und Universitäten haben sich mittlerweile Dienstleistungen etabliert, welche den Übergang von der Universität in das Arbeitsleben unterstützen (Career Services[43]). Diese Services bieten neben zahlreichen Events, Kontakten zu Unternehmen und Jobbörsen vor allem Beratungsleistungen und Mentoring-Programme für Studierende an. Im Rahmen dieser Services können auch autistische Studierende Unterstützungsangebote in Anspruch nehmen.

Barry et al. (2023) untersuchten in einer international angelegten Studie die unterschiedlichen Prioritäten im Rahmen der Karriereunterstützung aus Sicht von autistischen Studierenden bzw. Graduierten und den Karriereberater*innen. Besonders auffallend stellen sich in dieser Studie die sich unterscheidenden Priorisierungen von autistischen Studierenden und den Karriereberater*innen heraus. Während die Karriereberater*innen die größte Barriere beim Übergang ins Berufsleben in der sozialen Kommunikation sehen, vor allem in Bezug auf das Bewerbungsgespräch und die Interaktion mit Klient*innen bzw. Kund*innen, stellen autistische Studierende und Graduierte Angst und Stress als größte Barriere beim Übergang in das Arbeitsleben heraus. Des Weiteren stellt das Selbstvertrauen in die Fähigkeiten der autistischen Personen eine Hürde dar. Sowohl bei den autistischen Studierenden als auch Graduierten selbst fällt der Mangel an Vertrauen in die eigenen Fähigkeiten auf. Aber auch die Karriereberater*innen zeigen kein Ver-

---

43 Career Services gibt es an vielen Hochschulen und Universitäten in Deutschland. Ihre Aufgabe besteht im Aufbau berufsvorbereitender Angebote sowie der Vernetzung mit Arbeitgebern. Seit 2003 haben sich zahlreiche Career Services im Career Service Netzwerk Deutschland e. V. zusammengeschlossen (https://csnd.de/).

trauen in die Fähigkeiten ihrer autistischen Beratungspersonen und stufen einige arbeitsbezogene Fähigkeiten sogar geringer ein als ihre autistischen Beratenden selbst (Barry et al., 2023). Pesonen et al. (2021) befragten autistische Studierende und Graduierte, wie sie die Unterstützung durch die Carrer Services wahrnehmen. Zwar wird den Angeboten eine orientierende Wirkung zugeschrieben, jedoch werden sie als zu wenig auf die individuellen Bedürfnisse zugeschnitten empfunden. Die Unterstützung durch Mentor*innen und Coaches sowie Mitarbeiter*innen von Beratungseinrichtungen außerhalb der Universität werden als sehr hilfreich beschrieben, weil diese einen tieferen Kontakt pflegen und Interesse an ihren individuellen Bedürfnissen zeigen. Vereinzelt wird diese Unterstützung durch sich kümmerndes akademisches Personal erbracht, was sich in diesem Fall als Hilfe erweist. Auch in dieser Studie werden die eigene Familie und Freund*innen als entscheidende Unterstützungsakteur*innen bewertet, die sowohl fachliche als auch zwischenmenschliche Unterstützung leisten.

Aus Sicht der Unterstützer*innen gehören zu den Strategien, die zu einem erfolgreichen Übergang beitragen, die Gestaltung der Rahmenbedingungen, die Unterstützung bei sozialen Interaktionen sowie die Sensibilisierung in Bezug auf die Diagnose Autismus (Pesonen et al., 2020). Gerade ein größeres Wissen über das Autismus-Spektrum und das Verstehen der Bedürfnisse, welche autistische Mitarbeiter*innen haben, spielen bei Arbeitgeber*innen eine entscheidende Rolle und tragen zum gelingenden Übergang bei (Vincent & Fabri, 2022).

Eine große Barriere beim Übergang von der Universität ins Arbeitsleben stellen die Arbeitgeber*innen selbst dar, die durch Vorbehalte und mangelnder Sensibilität gegenüber Autist*innen eine Anstellung behindern können (Barry et al., 2023).

Offen bleibt der Einfluss von Praktika. Aus Sicht der befragten autistischen Studierenden bzw. Graduierten wird ihnen eine positive Wirkung auf die Entwicklung des Selbstvertrauens zugeschrieben, jedoch könnten sie die tatsächliche Arbeitsbelastung nur bedingt simulieren (Pesonen et al., 2021).

Die Aufnahme eines Studiums geht meist mit großen Veränderungen einher. Durch einen Wohnortwechsel können Unterstützungsnetzwerke wegfallen und die neuen Herausforderungen zu Überforderung führen. Neben den Studienanforderungen, die gerade in der ersten Zeit anspruchsvoll sind, fehlt es dann an gewohnten Strukturen, was für viele Autist*innen einen enormen Stressfaktor bedeuten kann. Gerade dem persönlichen Netzwerk und hier insbesondere den Eltern kommt aber im Übergang vom Studium in den Arbeitsmarkt eine Schlüsselposition zu. Fallen diese aufgrund der lokalen Entfernung weg, muss diese Unterstützungskomponente von einem Unterstützungsdienst ausgeglichen werden.

Die bestehenden Unterstützungsstrukturen an den Universitäten sind die Beratungsangebote für Studierende mit Behinderungen und chronischen Erkrankungen und die Karriereservicestellen, welche vor allem in der Endphase des Studiums Hilfestellungen für den Übergang in das Arbeitsleben anbieten. Die Beratungsangebote für Studierende mit Behinderungen und chronischen Erkrankungen sind nicht auf eine spezifische Beeinträchtigung spezialisiert. Zwar gibt es mittlerweile Beratungsangebote unterschiedlicher Träger, welche sich auf die Beratung von Autist*innen im Studium spezialisiert haben (▶ Kap. 3, ▶ Kap. 12,

▶ Kap. 15 in diesem Band). Diese stehen jedoch nicht flächendeckend zur Verfügung. Eine weitere Schwierigkeit besteht darin, dass die Karriereservicestellen eigene Strukturen im universitären System darstellen und nicht auf die besonderen Bedarfe von autistischen Studierenden ausgerichtet sind (s. o.). Ein fundiertes Wissen um die Herausforderungen, die mit der Diagnose Autismus einhergehen, sind jedoch Voraussetzung für ein erfolgreiches Beratungsangebot. An dieser Stelle könnten Erfahrungen der autismusspezialisierten Berufsausbildung herangezogen werden. Vorreiter sind hier die Berufsbildungswerke, die durch bundesweite Initiativen die Qualifizierung und Berufsausbildung von Autist*innen deutlich verbessert (Dalferth, 2014) und so einen großen Beitrag zur Beschäftigungssituation geleistet haben. Erfolgskomponenten dieser Initiative sind die Vermittlung von Wissen in Bezug auf die Diagnose Autismus an das (pädagogische) Personal, die Verbesserung der sozialen Kompetenzen der autistischen Auszubildenden durch Social-Skills-Training sowie Praktika zur Vorbereitung auf die Berufstätigkeit (Baumgartner et al., 2009; Dalferth, 2014; Reich & Dalferth, 2023). Diese Komponenten sollten auch beim Übergang für Autist*innen vom Studium in den Beruf eine größere Bedeutung erhalten und gezielt durch Unterstützungsdienste zum Einsatz kommen.

Wie den Ausführungen zu entnehmen ist, kommt auch den Arbeitgeber*innen eine große Bedeutung für die nachhaltige Beschäftigung von autistischen Mitarbeiter*innen zu. Das Wissen um die Diagnose Autismus, um geeignete Anpassungen im Bewerbungsprozess und am Arbeitsplatz vornehmen zu können und Vorurteile und Stereotypisierungen zu verringern, würden einen großen Beitrag beim Übergang vom Studium ins Berufsleben leisten. Die Career Services der Universitäten verfügen über einen großen Pool an Unternehmenskontakten und sind eng mit der Wirtschaft vernetzt. Aufklärungsarbeit könnte so für ein breites Unternehmer*innenpublikum erbracht werden, Kontaktmöglichkeiten zu und Einstiegserleichterungen bei potenziellen Unternehmen geschaffen und somit die Beschäftigungssituation von autistischen Arbeitnehmer*innen nachhaltig verbessert werden.

18.4 Literatur

Accardo, A. L., Bean, K., Cook, B., Gillies, A., Edgington, R., Kuder, S. J. & Bomgardner, E.M. (2019). College access, success and equity for students on the Autism Spectrum. *Journal of Autism Developmental Disorders, 49*(12), 4877–4890.

Allen, M., Coney, K. (2021). *What happened next? 2021: A report on the outcomes of 2018 disabled graduates; Association of Graduate Careers Advisory Services (AGCAS).* Sheffield, UK. Online verfügbar unter: https://www.agcas.org.uk/write/MediaUploads/Resources/Disability%20TG/AGCAS_What_Happens_Next_2021_-_February_2021.pdf, Zugriff am 10.12.2023.

Anderson, A. H., Stephenson, J. & Carter, M. (2020). Perspectives of former students with ASD from Australia and New Zealand on their university experience. *Journal of Autism and Developmental Disorders, 50*(8), 2886–2901.

Bakker, T., Krabbendam, L., Bhulai, S., Meeter, M. & Beeger, S. (2023). Study progression and degree completion of autistic students in higher education: a longitudinal study. *Higher Education, 85,* 1–26.

Barry, A., Syurina, E. & Waltz, M. (2023). Support priorities of autistic university students and careers advisors: Understanding differences, building on strengths. *Disabilities, 3,* 235–254.

Baumgartner, F., Dalferth, M. & Vogel, H. (2009). *Berufliche Teilhabe für Menschen aus dem autistischen Spektrum (ASD).* Heidelberg: Universitätsverlag.

Black, M., Mahdi, S., Milbourn, B., Thompson, C., D'Angelo, A., Ström, E., Falkmer, M., Falkmer, T., Lerner, M., Halladay, A., Gerber, A., Esposito, Ch., Girdler, S. & Bölte, S. (2019). Perspectives of key stakeholders on employment of autistic adults across the United States, Australia, and Sweden. *Autism Research, 11,* 1648–1662.

Cashin, A. (2018). The transition from university completion to employment for students with autism spectrum disorder. *Issues in Mental Health Nursing, 39*(12), 1043–1046.

Chandroo, R., Strnadová, I. & Cumming, T. M. (2018). A systematic review of the involvement of students with autism spectrum disorder in the transition planning process: Need for voice and empowerment. *Research in Developmental Disabilities, 83,* 8–17.

Chen, J., Leader, G., Sung, C. & Leahy, M. (2015). Trends in employment for individuals with Autism Spectrum Disorder: a review of the research literature. *Review Journal of Autism and Developmental Disorders, 2,* 115–127.

Dalferth, M. (2014). Berufliche Perspektiven für junge Menschen mit Autismus in Berufsbildungswerken. *Berufliche Rehabilitation, 28,* 319–333.

Deutsches Studentenwerk (2018). *Beeinträchtigt studieren – best 2. Datenerhebung zur Situation Studierender mit Behinderung und chronischer Krankheit 2016/17.* Online verfügbar unter: https://www.studierendenwerke.de/beitrag/beeintraechtigt-studieren-best2, Zugriff am 05.12.2023.

Deutsches Studentenwerk (2023). *Die Studierendenbefragung in Deutschland: best 3. Studieren mit einer gesundheitlichen Beeinträchtigung.* Online verfügbar unter: https://www.bmbf.de/SharedDocs/Downloads/de/2023/best3_beeintr%C3%A4chtigt_studieren.pdf?__blob=publicationFile&v=4, Zugriff am 05.12.2023.

Ditchman, N. M., Miller, J. L. & Easton, A. B. (2018). Vocational Rehabilitation Service Patterns: An application of social network analysis to examine employment outcomes of transition-age individuals with autism. *Rehabilitation Counselling Bulletin, 61,* 143–153.

Dreaver, J., Thompson, C., Girdler, S., Adolfsson, M., Black, M. & Falkmer, M. (2020). Success factors enabling employment for adults on the Autism Spectrum from employers perspective. *Journal of Autism and Developmental Disorders, 50.* Doi:10.1007/s10803-019-03923-3.

Gurbuz, E., Hanley, M. & Riby, D.M. (2019). University Students with Autism: The Social and Academic Experiences of University in the UK. *Journal of Autism Developmental Disorders, 49*(2), 617–631.

Hedley, D., Cai, R., Uljarevic, M., Wilmot, M., Spoor, J. R., Richdale, A. & Dissanayake, Ch. (2018). Transition to work: Perspectives from the Autism Spectrum. *Autism,* (22)5, 528–541.

Hedley, D., Uljarević, M., Cameron, L., Halder, S., Richdale, A. & Dissanayake, Ch. (2016). Employment programmes and interventions targeting adults with autism spectrum disorder: A systematic review of the literature. *Autism,* Doi:10.1177/1362361316661855.

Institut der deutschen Wirtschaft e. V. (2019). *Es hakt noch bei der Aufklärung.* Online verfügbar unter: https://www.rehadat.de/export/sites/rehadat-2021/lokale-downloads/rehadat-publikationen/auswertung-umfrage-autismus.pdf, Zugriff am 15.05.2023.

Pesonen, H. V., Waltz, M., Fabri, M., Lahdelma, M., Syurina, E. V., Krückels, S., Algner, M., Monthubert, B. & Lorenz, T. (2020). Stakeholders' views on effective employment support strategies for autistic university students and graduates entering the world of work. *Advances in Autism.* Online verfügbar unter: https://www.researchgate.net/publication/344739630_Stakeholders'_views_on_effective_employment_support_strategies_for_autistic_university_students_and_graduates_entering_the_world_of_work, Zugriff am 05.12.2023.

Pesonen, H. V., Waltz, M., Fabri, M., Lahdelma, M. & Syurina, E. V. (2021). Students and graduates with autism: perceptions of support when preparing for transition from university to work. *European Journal of Special Needs Education, 36*(4), 531–546.

Pillay, Y. & Brownlow, C. (2017). Predictors of successful employment outcomes for adolescents with Autism Spectrum Disorders: a systematic literature review. *Review Journal of Autism and Developmental Disorders, 4*, 1–11.

Reich, K. & Dalferth, M. (2023). Vom Vermittlungsparadigma hin zur nachhaltigen Unterstützung von Unternehmen bei der Eingliederung von Menschen mit hochfunktionalen Autismus – Ergebnisse einer Arbeitgeberbefragung. *Die Rehabilitation*, DOI: 10.1055/a-1998-6630.

Reich, K., Dalferth, M., Ederer, T., Kastorff, H. & Schleper, H. (2021). Autismus und Arbeit. Risiko- und Förderfaktoren einer nachhaltigen Beschäftigung. *Berufliche Rehabilitation, 4*, 30–47.

Reich, K., Krohn, H. & Dalferth, M. (i. V.). Autism and higher education – Negative Influence of dropping out of university (noch nicht veröffentlicht).

Vincent, J. & Fabri, M. (2020). The ecosystem of competitive employment für university graduates with Autism. *International Journal of Disability, Development and Education.* Online verfügbar unter: http://ray.yorksj.ac.uk/id/eprint/4673/, Zugriff am 06.12.2023.

White, D., Hillier, A., Frye, A. & Makrez, E. (2019). College students' knowledge and attitudes towards students on the autism spectrum. *Journal of Autism and Developmental Disorders, 49*(7), 2699–2705.

19 Herausforderungen beim Übergang vom Studium in den Beruf und wie sie erfolgreich bewältigt werden können

Jana Steuer

19.1 Der Übergang vom Studium in den Beruf

Wie Autist*innen sich entwickeln, kann sehr unterschiedlich verlaufen. Lai et al. (2019, 1) verweisen auf verschiedene Lebens- und Entwicklungsverläufe: Manche Autist*innen sind konstant von den Herausforderungen im täglichen Leben und in der sozialen Interaktion belastet, manche entwickeln substanzielle Fähigkeiten zur Bewältigung sozialer und alltäglicher Herausforderungen, wieder andere zeigen im Schulalter und/oder im Erwachsenenalter mehr Auffälligkeiten als im Kleinkindalter. Die Resilienzforschung zeigt, dass die »Unterstützung durch soziale Systeme von entscheidender Bedeutung für die individuelle Entwicklung ist, insbesondere unter der Perspektive der langfristigen Entwicklung und des lebenslangen Lernens« (Griebel, Niesel & Wustmann 2015, 461). Besonders wichtig wird Resilienz zur Bewältigung kritischer Lebensereignisse, die in der Familienforschung auch als Transitionen beschrieben werden (Griebel, Niesel & Wustmann 2015). Transitionen stellen Entwicklungsaufgaben dar, deren positive Bewältigung dem Individuum ermöglicht, Fähigkeiten und Kompetenzen zu erwerben, auf die es zur Bewältigung weiterer Transitionen zurückgreifen kann. Lai et al. (2019) beschäftigen sich mit einer Resilienzforschung, die Autist*innen in den Mittelpunkt stellt, und betrachten neben sozialen Systemen auch die individuellen Kompetenzen. Ausgehend von der Annahme, dass auch Autist*innen individuelle Entwicklungsverläufe vollziehen, ist es nicht möglich zu sagen, ob der Übergang vom Studium in den Beruf für autistische Studierende herausfordernder ist als andere Übergänge im Bildungssystem. Wie sich dieser Übergang gestaltet, kann individuell sehr stark variieren und hängt von personalen Faktoren, dem sozialen Umfeld und auch der Qualität der Beziehungen ab, auf die autistische Studierende zurückgreifen können. Um dennoch Gemeinsamkeiten aufzuzeigen und somit Ansatzpunkte für die Begleitung von autistischen Studierenden auszumachen, sollen im Folgenden Herausforderungen betrachtet werden, die das soziale System des Arbeitsmarkts an autistische Bewerber*innen stellt. Diese Gemeinsamkeiten zeichnen sich auch in der praktischen Arbeit mit jungen Erwachsenen sowie erwachsenen Autist*innen ab. Sie berichten immer wieder von ähnlichen Hürden für den (Wieder-)Einstieg in das Berufsleben.

In diesem Beitrag soll zunächst auf das Ausbildungsniveau von Autist*innen in Deutschland eingegangen werden. Weiterhin werden Herausforderungen in der Arbeitswelt betrachtet. Da der Autorin aktuell keine vergleichbare Studie mit Autist*innen vorliegt, wird auf eine Studie mit berufstätigen ADHSler*innen[44] von Sander und Kögler (2021) im Hinblick auf den beruflichen Erfolg Bezug genommen. Diese Studie erscheint der Autorin als relevant, da die ADHS ebenso wie Autismus eine Form der neurologischen Varianz darstellt. Des Weiteren gibt es Überschneidungen in der Symptomatik (Tebartz van Elst 2021). Im Anschluss wird der Übergang vom Studium in den Beruf betrachtet. Verschiedene Herausforderungen werden anhand der Erfahrung der Autorin in der Begleitung von jungen, erwachsenen Autist*innen in der Phase der Berufsorientierung und im Übergang zum Beruf aufgezeigt. Abschließend sollen die Vorteile von neurodiversen[45] Teams und hilfreiche Arbeitsbedingungen genannt werden, um eine Perspektive zu schaffen, wie Autist*innen im Beruf Fuß fassen können und warum sie eine Bereicherung für jedes Berufsfeld darstellen.

19.2   Ausbildungsniveau autistischer Menschen

Arbeit ist einer der entscheidenden Lebensbereiche, der gesellschaftliche Teilhabe, finanzielle Unabhängigkeit und Selbstbestimmtheit ermöglicht. Zudem gibt Arbeit eine Tagesstruktur, kann bedeutender Teil der eigenen Identität sein und das Selbstwertgefühl beeinflussen.

Trotz überdurchschnittlicher Bildungserfolge im Vergleich zur allgemeinen Bevölkerung sind ein großer Teil der Autist*innen in Deutschland nicht auf dem allgemeinen Arbeitsmarkt beschäftigt (Riedel et al. 2016). Laut einer Studie von Frank et al. (2018, 4) hatten 56,8 % der Studienteilnehmenden eine Allgemeine Hochschulreife (Abitur), einen Bachelorabschluss besaßen 3,9 % der Teilnehmenden und 24,9 % einen Masterabschluss (8,8 % einen Master bzw. ein Diplom einer Fachhochschule, bzw. 16 % einen Master bzw. ein Diplom an einer Universität). Außerdem ist es für Autist*innen deutlich schwieriger, eine ihrer Qualifikationen entsprechende Arbeit zu finden und diese langfristig zu behalten. 31,3 % der Studienteilnehmenden waren überqualifiziert für die Beschäftigung, die sie zum Zeitpunkt der Untersuchung ausübten. Im Vergleich dazu sind in der allgemeinen deutschen Bevölkerung etwa 15 % überqualifiziert (Frank et al. 2018, 6).

---

44 ADHSler*innen ist eine Selbstbezeichnung aus der ADHS-Community. Diese Bezeichnung wurde bewusst gewählt, da die Autorin selbst ADHSlerin ist, und um Menschen mit ADHS einzubeziehen, die keine offizielle Diagnose haben.
45 Mit dem Begriff Neurodiversität beschrieb die Psychologin und Autistin Judy Singer 1998 erstmals die Vielfalt der neurologischen Entwicklung (Singer o. J.). Verschiedene sog. Entwicklungsstörungen wie Autismus, die Aufmerksamkeitsdefizit- und Hyperaktivitätsstörung (ADHS), Dyslexie und Dyskalkulie zählen zu den neurologischen Varianten oder Neurodivergenzen und werden zunehmend als eine Variante von Entwicklung betrachtet (Jäggi 2021). Menschen, die sich im Spektrum der Neurodivergenz verorten, nutzen die Selbstbezeichnung neurodivergent. Menschen deren Entwicklung der psychologischen und medizinischen Norm entsprechen, werden dagegen als neurotypisch bezeichnet.

Diese Daten legen die Vermutung nahe, dass der Übergang vom Studium zum Beruf trotz erfolgreicher Bewältigung vorheriger Bildungsübergänge nicht auf Dauer gelingt.

19.3 Herausforderungen in der Arbeitswelt

Die ADHS-Coaches Ortrud Sander und Ute Kögler (2021) interviewten Berufstätige im Alter von ca. 30 bis 60 Jahren mit und ohne ADHS, um aus deren Perspektive zu erfahren, welche Faktoren für den beruflichen Erfolg relevant sind und ob es Unterschiede zwischen Menschen mit und ohne ADHS gibt. Sie kommen zu dem Schluss, dass ADHSler*innen nicht unbedingt etablierten Karrierepfaden folgen. Stattdessen finden sie für sich berufliche Nischen. Wichtig für die interviewten Personen war vor allem eine Struktur, die Halt gibt und gleichzeitig Freiräume für eigene Ideen bietet. Dies deckt sich mit den Ausführungen von Preißmann, wonach »die Wertschätzung am Arbeitsort und die Möglichkeit, selbstbestimmt arbeiten zu können« (2016, 20), die wichtigsten Gelingensfaktoren in Arbeit und Beruf sind.

Die Passung zwischen Bildungsniveau und Beschäftigung ist dennoch äußerst relevant. Laut Preißmann ist es wichtig, dass »die eigenen Fähigkeiten im Vordergrund stehen und sich die persönlichen Interessen mit den Arbeitsinhalten decken« (ebd.).

Die Herausforderungen im Umgang mit Arbeitgeber*innen und Kolleg*innen beschreiben Frank et al. (2018, 2) folgendermaßen:

> »Nachdem die Fähigkeit, sozial relevante Informationen zu verarbeiten und auf sozial angemessene Weise zu interagieren, eine Grundbedingung im beruflichen Umfeld darstellt, können alltägliche Arbeitsprozesse für Erwachsene mit ASS eine große Herausforderung bedeuten, da die meisten Arbeitsplätze die Einhaltung sozialer Normen und Verhaltensregeln erfordern. Hinsichtlich sozialer und sensorischer Probleme, die ihre Arbeitsleistung beeinträchtigen, sowie potenzieller Einschränkungen in ihrer Fähigkeit, soziale und interaktive Arbeitsaspekte zu bewältigen, haben frühere Studien gezeigt, dass es für Erwachsene mit ASS schwierig ist, eine Beschäftigung zu finden und zu behalten.
>
> Außerdem kann eine erfolgreiche Partizipation am Arbeitsmarkt durch Differenzen mit dem Arbeitgeber, z.B. hinsichtlich des Verständnisses der Produktivitätsanforderungen oder der erforderlichen Unterstützung bei der Arbeit, sowie durch mögliche ASS-bezogene Probleme, z.B. bei der Priorisierung und Selbstorganisation von Arbeitsaufgaben, behindert werden.«

19.4 Abschluss des Studiums und die Suche nach Arbeit

Der Übergang vom Studium in den Beruf kann in drei wesentliche Phasen unterteilt werden: (1) die Abschlussarbeit/-phase (mit oder ohne begleitendes Praktikum), (2) die Bewerbungsphase und Stellensuche und (3) die Einarbeitungsphase auf der neuen Stelle.

19.4.1 Abschlussarbeit und Praktikum

Das Schreiben einer Abschlussarbeit kann autistischen Studierenden die Möglichkeit geben, sich in ein für sie interessantes Thema einzuarbeiten. Dies kann durch ein hohes Maß an intrinsischer Motivation und Begeisterung für das Thema als durchaus positiv erlebt werden. Schwierigkeiten können sich in dieser Phase dadurch ergeben, dass die autistischen Studierenden ihre Zeit und notwendige Arbeitsabläufe selbst strukturieren und einteilen müssen. Aufgrund der exekutiven Dysfunktion, die mit Autismus einhergeht, kann ein enormes Maß an Unterstützung nötig sein, um diese Phase erfolgreich zu meistern. Hier können Mentor*innen, Lerngruppen, persönliche Netzwerke oder therapeutische Begleitung sehr hilfreich sein. Eine weitere Herausforderung kann sich aus der Themenwahl ergeben. Insbesondere wenn autistische Studierende ein Thema wählen, das sich mit einer ihrer Spezialinteressen deckt, besteht die Gefahr, dass es ihnen schwerfällt, die Bearbeitung des Themas den Anforderungen einer Abschlussarbeit anzupassen. Zu ausgiebige Literaturrecherchen und Schwierigkeiten, sich auf das Wesentliche zu fokussieren, sowie die Entwicklung einer schlüssigen und stimmigen Argumentation können Herausforderungen sein. Im Gegensatz dazu kann ein Thema, das wenig Interesse weckt, dazu führen, dass es den autistischen Studierenden kaum möglich erscheint, sich mit dem Thema über einen längeren Zeitraum hinweg zu beschäftigen. Aufschiebe- und Vermeidungsverhalten können großen Stress auslösen und den Abschluss des Studiums erschweren und verzögern. Auch hier kann die Anleitung und Unterstützung durch Mentor*innen, Lerngruppen, ein persönliches Netzwerk oder therapeutische Begleitung sehr hilfreich sein. Abschlusspraktika sollen an dieser Stelle keine ausführliche Berücksichtigung finden, da sie auch als erste Beschäftigung betrachtet werden können und demnach ähnliche Anforderungen an die autistischen Studierenden stellen.

19.4.2 Bewerbungsphase und Stellensuche

Herkömmliche Bewerbungsprozesse sind für autistische Menschen oft unübersichtlich und weniger zugänglich, da es bezüglich der Erwartungen und Entscheidungsprozesse von Seiten der Arbeitgeber*innen wenig bis keine Transparenz für Bewerber*innen gibt. Viele Menschen (autistisch oder nicht-autistisch) glauben, dass sie sich nur dann auf eine Stelle bewerben sollten, wenn sie nahezu 100% der

Anforderungen erfüllen. Häufig sind Stellenausschreibungen so formuliert, dass es auch nicht-autistischen Bewerber*innen schwerfällt zu erkennen, über welche der gewünschten Kompetenzen sie verfügen. Autist*innen fällt es jedoch noch schwerer, den sog. »Subtext« zu verstehen und das Gesamtbild (in diesem Fall das Gesamtbild der Stellenanzeige) zu erkennen. Dies erschwert die Suche nach einer geeigneten Stelle erheblich. Hinzu kommt, dass Bewerbungsverfahren hohe Anforderungen an das Erkennen und Verstehen sozialer Regeln und Normen stellen sowie ein hohes Maß an Perspektivwechseln erfordern, um die eigenen Stärken darzustellen und eine*n potenzielle*n Arbeitgeber*in von sich zu überzeugen. In bestimmten Branchen wird zudem erwartet, dass Bewerber*innen über besondere Kompetenzen in Storytelling und Kommunikation verfügen. Beide Fähigkeiten erfordern, sich in das Gegenüber hineinzuversetzen, um abschätzen zu können, welche Informationen relevant sein können und welche nicht. Darüber hinaus ist es von Bedeutung zu wissen, welche Eigenschaften potenzielle Arbeitgeber*innen als besonders passend (hinsichtlich des gesuchten Profils) bewerten. Hier kann es für Autist*innen bspw. hilfreich sein, professionelle Begleitung durch ein Bewerbungs- oder Karriere-Coaching zu erhalten, um eine individuelle Bewerbungsstrategie zu entwickeln.

19.4.3 Einarbeitungsphase

Ein neues Arbeitsumfeld, neue Menschen, neue Abläufe und Regeln erfordern besonders zu Beginn, dass das Fehlen von Informationen und Nicht-Wissen ausgehalten werden müssen. Gleichzeitig muss ein sehr hohes Maß an neuen Informationen verarbeitet werden. Nicht nur fach- und arbeitsspezifische Informationen spielen eine Rolle, auch Informationen über soziale Regeln, Gruppenstrukturen, Kommunikationsabläufe und soziale Beziehungen am neuen Arbeitsplatz müssen aufgenommen, verarbeitet und verstanden werden.

Die häufigsten Herausforderungen im Arbeitsalltag sind Transparenz und Klarheit bezüglich der Kommunikation, Rollen, Aufgaben und Erwartungen der Arbeitgeber*innen bzw. Vorgesetzten an die Leistung der Arbeitnehmer*innen. Für (autistische) Berufseinsteiger*innen kommt erschwerend hinzu, dass sie sich zunächst orientieren und darüber hinaus ein hohes Maß an sozialem Lernen bewältigen müssen. Es ist insbesondere notwendig, sowohl das Kommunikationsverhalten am neuen Arbeitsort kennenzulernen und zu verstehen als auch die individuellen Kommunikationsgewohnheiten der Kolleg*innen. Aber auch die Auswirkungen von Belastung durch Reize und sozialen Stress auf das eigene Verhalten und das der Kolleg*innen müssen wahrgenommen, erkannt und verstanden werden, um geeignete Strategien für den Umgang zu entwickeln.

Während Arbeitsaufgaben, Erwartungen an Leistungen und Kompetenzen sowie Hierarchien im Idealfall während der Einarbeitungsphase formell vermittelt werden, ist das soziale Lernen nicht explizit Teil der Einarbeitung. Dieses Wissen um soziale Beziehungen muss in der Regel informell erworben werden. Eine Ursache dafür, dass sich bspw. ADHSler*innen im Berufsalltag mit Hierarchien und Office-Politics schwertun, sieht Glück und Lebenszufriedenheit für Menschen mit

Autismus (2021, 34) darin, dass diese eine Art Coping-Strategie entwickeln, indem sie versuchen, ihre Welt möglichst eindeutig zu halten. Das Ziel dieser Coping-Strategie ist laut Lachenmeier (2021, 34f.), die Datenflut von außen und die eigenen ungebremsten Gedanken von innen zu bewältigen. Da auch Autist*innen Besonderheiten in der Wahrnehmungsverarbeitung innerer und äußerer Reize zeigen (Strasser 2015), kann angenommen werden, dass sie ähnliche Coping-Strategien entwickeln. Lachenmeier (2021, 35) sieht in dieser Coping-Strategie auch eine Ursache für Resignation, Depression und Konflikte am Arbeitsplatz. Er plädiert dafür, dass ADHSler*innen lernen sollten, Hierarchien und Office-Politics zu verstehen. Auch für Autist*innen erscheint es sinnvoll und ausgesprochen hilfreich zu sein, wenn in der Einarbeitungsphase nicht nur formelles, sondern auch informelles Lernen berücksichtigt wird. Eine gut strukturierte und zeitlich übersichtliche Einarbeitung mit regelmäßigen Gesprächen und festen Ansprechpersonen ist entscheidend für den erfolgreichen Start in den Beruf. Parallele Begleitung außerhalb des Arbeitsplatzes kann Autist*innen darin unterstützen, soziale Strukturen und Regeln, Hierarchien und Office-Politics zu verstehen. Diese Unterstützung kann bspw. in der Therapie, im Job-Coaching oder in einer Selbsthilfegruppe gefunden werden. Die Einarbeitungsphase kann im Idealfall auch dazu genutzt werden, Arbeitsbedingungen auszuloten und ggf. anzupassen.

19.5 Start in den beruflichen Alltag und die Vorteile neurodiverser Teams

Ebenso wie Entwicklungsverläufe können auch die individuellen Bedürfnisse hinsichtlich der Arbeitsumgebung und Arbeitsbedingungen sehr stark variieren. Es gibt Autist*innen, die eine sehr ruhige Umgebung bevorzugen, andere wiederum empfinden die Gespräche von Kolleg*innen als angenehmes »Hintergrundrauschen« und es kann ihnen helfen, sich zu konzentrieren. Dies ist jedoch nur ein Beispiel von vielen. In der Tätigkeit als Trainer*in in der beruflichen Orientierung für junge Aust*innen im Übergang zum Beruf begegneten der Autorin eine Reihe von Arbeitsbedingungen, die von vielen Autist*innen als hilfreich empfunden werden. Da der Start in den Berufsalltag, das Ausloten und Anpassen der Arbeitsbedingungen wichtige Teile des Ankommens im Beruf sind, sollen im Folgenden Beispiele für Arbeitsbedingungen genannt werden, die in der Praxis von Autist*innen als unterstützend erlebt wurden.

Für viele Berufsanfänger*innen ist es hilfreich, eine klare Struktur und feste Ansprechpersonen zu haben. Für Autist*innen sind klare Teamstrukturen, klare Rollen- und Aufgabenbeschreibungen und feste Ansprechpersonen, die tatsächlich verfügbar sind, enorm wichtig, um ihnen Orientierung und Sicherheit im neuen Arbeitsumfeld zu geben. Erst wenn diese Voraussetzungen geschaffen sind, ist es vielen Autist*innen möglich, ihr volles Potenzial auszuschöpfen. Ohne feste Ansprechpersonen zu haben, klare Anweisungen zu erhalten und zu wissen, welche Erwartungen an sie gestellt werden, wenden viele Autist*innen einen großen Teil ihrer Energie dafür auf, zusätzliche Entscheidungen zu treffen. Zu diesen täglich wiederkehrenden Entscheidungen kann es gehören, für jede Frage oder für jedes Anliegen erneut darüber nachzudenken, welche Person dafür zuständig ist, ob diese Person um Rat oder Hilfe gebeten werden kann, wie und wann diese Person zu erreichen ist usw. Eine solche Unsicherheit kann zu zusätzlichem Stress führen und kostet viele Autist*innen deutlich mehr Energie als neurotypische Menschen. Trotz klarer Strukturen ist es für viele Autist*innen wertvoll, besonders in der Einarbeitungsphase eine gewisse Flexibilität zur Anpassung der Arbeitsbedingungen an die individuellen Bedürfnisse zu haben. Ein wertschätzender Austausch über individuelle Bedürfnisse und Arbeitsstrategien zwischen dem*der autistischen Beschäftigten und dem*der Arbeitgeber*in ist hier eine wichtige Grundlage. Stärken und Kompensationsstrategien sind von Person zu Person sehr verschieden und können den Start in den Beruf und auch den langfristigen Erfolg maßgeblich beeinflussen. Durch hilfreiche Arbeitsbedingungen wird es Autist*innen ermöglicht, ihre Stärken und gesunde Kompensationsstrategien zu nutzen sowie auf ungesunde Kompensationsstrategien nach und nach zu verzichten. Einige Beispiele hat die Autorin (Steuer 2021) im Online-Artikel »Neurodiversität in unserer Arbeitswelt« aufgezeigt:

> »Am Beispiel der Reizempfindlichkeit kann eine Arbeitsplatzanpassung durch Rückzugsmöglichkeiten, eine reizarme Umgebung oder auch reizhemmende Hilfsmittel wie Noise Cancelling Kopfhörer oder auch eine Sonnenbrille ermöglicht werden. Weitere Anpassungen sind durch Planbarkeit, transparente Strukturen und die Anpassung von Kommunikationswegen möglich. Werden Informationen bspw. über verschiedene Kanäle (E-Mail, Team Chat, Meetings) vermittelt, ist die Gefahr höher, dass Informationen verloren gehen oder es neurodivergenten Menschen noch schwerer fällt, Informationen zu ordnen oder zu priorisieren. Klare Strukturen für Kommunikationswege und feste Zuständigkeiten können hier helfen und die Kommunikation für alle erleichtern« (ebd.).

Anpassungen für Mitarbeitende können je nach Branche schon mit vorhandener Ausstattung ermöglicht werden. In den USA hat das US Job Accommodation Network erhoben, dass 59 % der häufigsten Anpassungen am Arbeitsplatz für den*die Arbeitgeber*in keine zusätzlichen Kosten bedeuten (CIPD 2018, 4). Ein großer Teil der Anpassung kann über bereits vorhandene bzw. sehr verbreitete technische Ausstattung wie bspw. Apps, Speech-To-Text-Software, Untertitel und Transkripte für Online-Termine ermöglicht werden (Steuer 2021). In Branchen, in denen weniger oder keine digitalen Arbeitshilfen genutzt werden, können die Arbeitsbedingungen für Autist*innen durch Anpassungen in der Arbeitsorganisation, mit wertschätzender und transparenter Kommunikation sowie Verständnis ermöglicht werden.

Von vielen dieser Anpassungen profitieren langfristig nicht nur die autistischen Beschäftigten. Auch für neurotypische Arbeitnehmer*innen können bspw. eine reizarme Arbeitsumgebung, transparente Abläufe und eine klare, strukturierte Kommunikation hilfreich sein und Stress reduzieren.

Im Harvard Business Review verweisen Austin und Pisano (2017) auf Daten von Hewlett Packard Enterprise (HPE), die nahelegen, dass neurodiverse Teams etwa 30 % effektiver arbeiten (ebd.). Das Unternehmen beschäftigt neurodiverse Teams, bestehend aus autistischen und neurotypischen Software-Tester*innen. Zu den Stärken und Vorteilen neurodiverser Teams gehören eine höhere kollektive Intelligenz, die Fähigkeit, sich besser auf Herausforderungen einstellen zu können und qualitativ bessere Entscheidungen zu treffen (ebd.; Nelson 2018).

Wie der Übergang vom Studium in den Beruf gelingt, hängt von vielen verschiedenen Faktoren ab (▶ Kap. 19.4). Neben individuellen Faktoren spielen die Arbeitsumgebung und die Arbeitsbedingungen eine ausschlaggebende Rolle. Viele Beispiele für die erfolgreiche Inklusion stammen zwar aus dem IT-Bereich, aber wie Frank et al. (2018) in ihrer Studie zeigen, sind Autist*innen auch in anderen Branchen tätig. Es gibt inzwischen vor allem im englischsprachigen Raum Initiativen wie das Chartered Institute of Personnel and Development, die über Neurodiversität im Arbeitsalltag aufklären und informieren. Auch in Deutschland entstehen neue Initiativen, die sich mit dem Thema Neurodiversität beschäftigen, wie bspw. der 2022 gegründete Verband Neurodiversität. Durch internationale Netzwerke wie LinkedIn werden auch Initiativen und Angebote außerhalb von Deutschland zugänglich. Der Trend, der sich im Diskurs um Neurodiversität im Beruf abzeichnet, kann als positiv betrachtet werden. Durch ihn wird eine langsame Abkehr eingeleitet: weg vom Stereotyp des technisch begabten cis-männlichen Autisten und hin zu verbesserten Bedingungen, die Arbeitgeber*innen für die sehr heterogene Gruppe neurodivergenter Arbeitnehmer*innen schaffen können. Ein solcher Diskurswechsel lässt nun langsam andere autistische Identitäten zu und auch nicht-cis-männliche Autist*innen erlangen Sichtbarkeit in der Öffentlichkeit. Zu ihnen gehören u. a. die deutschen Künstlerinnen Gee Vero und Daniela Schreiber sowie die britische Aktivistin Aimee Knight, um hier nur drei Beispiele zu nennen. Es bleibt zu hoffen, dass die Diversität innerhalb der Gruppe der Autist*innen auch vermehrt in der Wissenschaft und Arbeitswelt wahrgenommen wird.

Um den Übergang vom Studium in den Beruf erfolgreich zu gestalten, können Hochschulen und Universitäten ihre Studierenden mit gezielten Angeboten in der Entwicklung ihrer beruflichen Resilienz unterstützen. Auch flächendeckende und leichter zugängliche Angebote wie Psychotherapie, Bewerbungs- und Jobcoaching würden dazu beitragen, den Übergang und den Start in den Beruf zu erleichtern. Des Weiteren liegt ein großer Teil der Verantwortung für das erfolgreiche Gelingen des Übergangs in den Beruf bei Unternehmen und der Gestaltung von Einarbeitungsprozessen.

19.6 Literatur

Austin, R. D. & Pisano, G. P. (2017). Neurodiversity as a competitive advantage. *Harvard Business Review*, May–June 2017, 96–103. Online verfügbar unter: https://hbr.org/2017/05/neurodiversity-as-a-competitive-advantage, Zugriff am 16.08.2023.

Böhm, W., Niesel, R. & Wustman, C. (2007). Bewältigung von Transitionen und Förderung von Resilienz: Mit Risiken und Veränderungen als Familie umgehen. In G. Mertens, W. Böhm, U. Frost & V. Ladenthin (Hrsg.), *Handbuch der Erziehungswissenschaft*. Band III (S. 461–472). Paderborn: Brill/Schöningh.

Frank, F., Jablotschkin, M., Arthen, T. et al. (2018). Education and employment status of adults with autism spectrum disorders in Germany – a cross-sectional-survey. *BMC Psychiatry 18*, 75. https://doi.org/10.1186/s12888-018-1645-7

HP TECH TAKES (2019). *Neurodiversity in the office*. Hewlett Packard Enterprise. Online verfügbar unter: https://www.hp.com/us-en/shop/tech-takes/neurodiversity-in-the-office, Zugriff am 16.08.2023.

Jäggi, C. (2021). Diversität und Eingebundenheit. In RADIX Schweizerische Gesundheitsstiftung (Hrsg.), *SchoolMatters, ein Beitrag zur Entwicklung der Schule mit psychischer Gesundheit*. Digitale Ausgabe. Luzern: RADIX Schweizerische Gesundheitsstiftung. Online verfügbar unter: https://www.radix.ch/de/gesunde-schulen/angebote/schoolmatters/buecher/ein-beitrag-zur-entwicklung-der-schule-mit-psychischer-gesundheit/07-diversitaet-und-eingebundenheit/73-neurodiversitaet/, Zugriff am 18.08.2023.

Lachenmeier, H. (2021). *Mit ADHS erfolgreich im Beruf. So wandeln Sie vermeintliche Schwächen in Stärken um*. Berlin: Springer Verlag.

Lai, M.-C. (2019). Resilience in autism: Research and practice prospects. *Sage Journals, 23*(3). Online verfügbar unter: https://journals.sagepub.com/doi/10.1177/1362361319842964, Zugriff am 17.08.2023.

Nelson, Angela (2018). Neurodiversity in the workplace. *Exceptional Parent Magazine*. Online verfügbar unter: https://www.eparent.com/education/neurodiversity-in-the-workplace-exciting-opportunities-on-the-horizon/, Zugriff am 16.08.2023.

Preißmann, C. (2016). *Glück und Lebenszufriedenheit für Menschen mit Autismus*. Stuttgart: Kohlhammer.

Riedel, A. et al. (2016). Überdurchschnittlich ausgebildete Arbeitslose – Bildung, Beschäftigungsverhältnisse und Komorbiditäten bei Erwachsenen mit hochfunktionalem Autismus in Deutschland. *Psychiatrische Praxis, 43*(01), 38–44.

Sander, O. & Kögler, U. (2021). *Beruflich erfolgreich sein mit Ad(H)S: Individuelle und betriebliche Voraussetzungen*. Hamburg: tredition Verlag.

Singer, J. (o.J.). *Neurodiversity and Discussion. Reflections on Neurodiversity*. Online verfügbar unter: https://neurodiversity2.blogspot.com/p/what.html, Zugriff am 18.08.2023.

Steuer, J. (2021). *Neurodiversität in unserer Arbeitswelt. Das übersehende Potential neurodiverser Teams*. Berlin: The Changer. Online verfügbar unter: https://www.tbd.community/de/a/neurodiversitaet-unserer-arbeitswelt, Zugriff am 18.08.2023.

Strasser, S. (2015). *Wahrnehmungsbesonderheiten bei Menschen mit Autismus: Ein Leitfaden für Verständnis und Akzeptanz*. Graz: Verlag Röck.

Tebartz van Elst, L. (2022). *Autismus und ADHS: Zwischen Normvariante, Persönlichkeitsstörung und neuropsychiatrischer Krankheit*. 3. Auflage. Stuttgart: Kohlhammer Verlag.

Thomson, E. & Miller, J. (2018). *Neurodiversity at work*. London: CIPD – Chartered Institute of Personnel and Development. Online verfügbar unter: https://www.cipd.org/globalassets/media/knowledge/knowledge-hub/guides/neurodiversity-at-work_2018_tcm18-37852.pdf, Zugriff am 30.08.2023.

V Anhang

Autor:innenverzeichnis

Julia Bunge ist Studentin der Sonderpädagogik mit Ziel Sprachtherapie an der Leibniz Universität Hannover, wo sie auch als Hilfskraft in der Abteilung von Prof. Dr. Bettina Lindmeier arbeitet. Als Autistin verbindet sie wissenschaftliche pädagogische Fragen und Erkenntnisse mit Innenansichten.

Prof. Dr. Andreas Eckert lehrt und forscht nach langjähriger Tätigkeit in einem Autismus-Therapie-Zentrum und an der Universität Köln seit 2009 an der Interkantonalen Hochschule für Heilpädagogik Zürich. Seit 2019 ist er dort als Professor für Kommunikation und Partizipation bei Autismus tätig und leitet die hochschuleigene Fachstelle Autismus. Zudem ist er Mitglied des Partizipativen Forschungsnetzwerks Autismus in der Schweiz (PFAU).
andreas.eckert@hfh.ch

Stephanie Feinen arbeitet seit zehn Jahren u. a. als Beraterin im kombabb-Kompetenzzentrum NRW in Bonn. Sie ist Diplom-Pädagogin (mit Schwerpunkt auf Sozial- und Sonderpädagogik; studiert an der Universität Koblenz-Landau), Peer Counselorin (ISL), Psychologische Beraterin (BIG) und Systemische (Familien-) Therapeutin (DGSF). Derzeit befindet sie sich in berufsbegleitender Weiterbildung zur Gestalttherapeutin am Bonner Institut für Gestalttherapie. Im Rahmen ihrer Tätigkeit unterstützt sie insbesondere Schüler:innen, Studieninteressierte und Studierende mit einer (nicht-)sichtbaren Behinderung/chronischen Erkrankung (u. a. Betroffene im Autismus-Spektrum) sowie Familienangehörige und all jene, denen dieses Thema im Beruf begegnet.
feinen@kombabb.de

Dr.in Nele Groß ist wissenschaftliche Mitarbeiterin am Arbeitsbereich »Bildungsmanagement und Qualitätsentwicklung« an der Leuphana Universität Lüneburg. Bereits in ihrer Dissertation an der Universität Hamburg setzte sie sich mit dem Erhalt von psychischer Gesundheit von Schülerinnen und Schülern auseinander. Derzeit erforscht sie u. a. die psychische Gesundheit von Schulleitungen.
Nele.gross@leuphana.de

Dr.in Imke Heuer ist wissenschaftliche Mitarbeiterin in der AG Sozialpsychiatrische und partizipative Forschung am UKE Hamburg und Expertin in eigener Sache. Sie ist in der Selbstvertretung autistischer Menschen bei autSocial e. V. und Aspies e. V. sowie auf europäischer Ebene bei EUCAP (European Council of Autistic People) aktiv. Ihre Forschungsschwerpunkte sind u. a. (Autismus-)Diagnose und Identität, Peer Support im Bereich psychische Gesundheit, Autismus und Gender, Autismus und Künstliche Intelligenz, Neurodiversität, Autistische Selbstvertretung.

Eileen Jensch ist Ergotherapeutin und Studentin an der Martin-Luther-Universität Halle Wittenberg. Dort studiert sie Lehramt an Förderschulen mit den Förderschwerpunkten geistige Entwicklung und körperlich-motorische Entwicklung. Im Rahmen ihrer wissenschaftlichen Hausarbeit hat sie sich mit dem Übergang von autistischen Jugendlichen von der Schule an eine Universität beschäftigt.
eileen.jensch@student.uni-halle.de

Tabea Ketterer ist diagnostizierte Autistin und lebt ihre Leidenschaft für Sprachen aktuell als Lektorin aus. Seit einigen Jahren setzt sie sich für die Entstigmatisierung von Autismus ein und klärt in Vorträgen und Workshops darüber auf mit dem Ziel, Berührungsängste mit dem Thema zu reduzieren, die positiven und negativen Auswirkungen von Autismus realistisch darzustellen und mit Stereotypen aufzuräumen.

Matthias Kraupner, M. A. Pädagogik, ist seit August 2016 im Integrationsfachdienst Mittelfranken tätig und auf die Unterstützung von Menschen mit Schwerbehinderung und Reha-Status bei der Stellenvermittlung und beruflichen Sicherung spezialisiert. Im Rahmen des Aktion-Mensch-Projekts IBERA begleitet er seit 2019 autistische Personen als Fachberater für Autismus bei der Studienorientierung und während des Studiums.
matthias.kraupner@ifd-ggmbh.de

Johanna Krolak ist seit 13 Jahren verantwortlich für die Finanzen und Öffentlichkeitsarbeit im kombabb-Kompetenzzentrum Behinderung, Studium und Beruf NRW in Bonn. Sie ist diplomierte Volkswirtin (Rheinische-Friedrich-Wilhelms Universität Bonn), diplomierte Betriebswirtin (Fernuniversität Hagen) sowie aktuell Doktorandin der Betriebswirtschaftslehre (Forschungszentrum Jülich GmbH und technische Universität Braunschweig).
krolak@kombabb.de

Mia Lechner ist pädagogische Mitarbeiterin bei seemann autismus autark gGmbH Karlsruhe und war zunächst in der Schulbegleitung tätig. Seit 2 Jahren begleitet sie erwachsene Menschen mit einer Diagnose aus dem autistischen Spektrum im Bereich AWS (Assistenz in Wohnen und Sozialraum), wenn diese einen Anspruch auf Eingliederungshilfe haben. Sie wohnen selbstständig in einer eigenen Wohnung oder WG, sind aber bei der Alltagsbewältigung auf Unterstützung angewiesen, u. a. bei Ablösung vom Elternhaus, Selbstorganisation, Entwicklung und Förderung einer Lebensperspektive, Knüpfen von Kontakten und soziale Einbindung, Freizeitgestaltung, Selbstversorgung.

Prof.in Dr.in Bettina Lindmeier ist Universitätsprofessorin und Leiterin des Arbeitsbereichs »Allgemeine Behindertenpädagogik und -soziologie« am Institut

für Sonderpädagogik der Leibniz Universität Hannover. Zu ihren Arbeitsschwerpunkten zählen u. a. Differenz und Inklusion, Lehrer:innenbildung und Professionalisierung von Fachkräften (z. B. Schulassistenz), diversitätssensible Hochschule und die Partizipation behinderter und benachteiligter Menschen über die gesamte Lebensspanne und in unterschiedlichen Feldern.
bettina.lindmeier@ifs.uni-hannover.de

Prof. Dr. Christian Lindmeier ist Universitätsprofessor und leitet den Arbeitsbereich »Pädagogik bei kognitiver Beeinträchtigung« sowie den Arbeitsbereich »Pädagogik im Autismus-Spektrum« an der Martin-Luther-Universität Halle-Wittenberg. Seine Forschungsschwerpunkte liegen im Bereich der theoretischen Forschung zur Pädagogik der Nicht_Behinderung, der Biographieforschung bei behinderten und benachteiligten Menschen, der Schul- und Professionsforschung zur schulischen Inklusion (insbesondere Übergang Schule – Beruf), der erziehungswissenschaftlichen Autismusforschung sowie der Berufsbildungs- und Erwachsenenbildungsforschung.
christian.lindmeier@paedagogik.uni-halle.de

Dr.in Andrea MacLeod is Associate Professor in Autism Studies at the University of Birmingham. Her research interests include collaborative and inclusive research approaches and reducing barriers to success for autistic students. The project described in her article involved a collaboration between non-autistic academics and support staff and autistic students, alumni and academics, all of whom were in formal paid roles.
a.g.macleod@bham.ac.uk

Prof.in Dr.in Dorothee Meyer ist Professorin für Teilhabe im Erwachsenenalter an der Hochschule Hannover in der Abteilung Heilpädagogik. Im Bereich der Teilhabeforschung arbeitet sie u. a. zu inklusionssensibler Hochschule, zu leichter und einfacher Sprache sowie zur partizipativen Forschung.; im Bereich der Differenzforschung zu Gemeinsamkeit und Differenz in inklusiven Gruppen sowie zu Metakommunikation.
dorothee.meyer@hs-hannover.de

Nathalie Quartenoud hat viele Jahre in der Praxis mit Kindern im Autismus-Spektrum und ihrem Umfeld gearbeitet. Nach ihrer Rückkehr in die akademische Welt unterrichtet sie und vertiefte ihr wissenschaftliches Interesse, die Begleitung von jungen Erwachsenen im Autismus-Spektrum ohne geistige Behinderung im Studium. Außerdem koordiniert sie verschiedene Projekte in der Schweiz, die sich insbesondere mit der Unterstützung der Selbstbestimmung von Akademiker:innen mit Autismus befassen.
Nathalie.quartenoudmacherel@unifr.ch

Dr. Christfried Rausch ist Referent für Inklusion innerhalb der Stabsstelle Vielfalt und Chancengleichheit des Rektorats der Martin-Luther-Universität Halle-Wittenberg. Seit 2011 ist seine Aufgabe die Beratung aller Studierenden der Martin-

Luther-Universität Halle-Wittenberg, die von Behinderung betroffen sind. Seit 2024 wirkt er im Team des örtlichen Teilhabemanagements der Stadt Halle (Saale) als Teilhabemanager mit an der Umsetzung der UN-Behindertenrechtskonvention auf kommunaler Ebene. Seit seinem Studium der Diplom-Pädagogik mit dem Schwerpunkt Rehabilitationspädagogik (Martin-Luther-Universität Halle-Wittenberg, Technischen Universität zu Berlin, Freien Universität zu Berlin und Hochschule der Künste zu Berlin) ist er u. a. als freiberuflich tätiger sozialpädagogischer Einzelfallhelfer in Berlin-Spandau intensiv mit dem Thema Menschen im Autismus-Spektrum vertraut. Durch seine Tätigkeit als Referent für Inklusion ist seine Expertise im Bereich Studium und Behinderung geschärft worden.
christfried.rausch@online.de

Prof.in Dr.in Katrin Reich ist Professorin für Soziale Arbeit mit dem Schwerpunkt Menschen mit Beeinträchtigungen und chronischen Erkrankungen an der Hochschule München. In der Lehre und Forschung beschäftigt sie sich hauptsächlich mit der Teilhabe von Menschen mit Behinderungen, insbesondere mit den Herausforderungen von Menschen aus dem Autismus-Spektrum im Arbeitsleben. Sie ist Mitglied im Wissenschaftlichen Beirat von autismus Deutschland e. V.

Dr.in Mechthild Richter ist wissenschaftliche Mitarbeiterin an der Universität Erfurt. Seit ihrer Dissertation an der Universität Straßburg setzt sie sich mit pädagogischen Fragen im Kontext von Autismus auseinander, insbesondere mit schulischen Übergängen und nimmt dabei auch internationale Perspektiven und Diskurse in den Blick.
Mechthild.richter@uni-erfurt.de

Angelika Sarrazin lebt im Autismusspektrum. Während und im Anschluss an ihr Studium Diplom-(Heil-)Pädagogik an der TU Dortmund widmete sie sich der Arbeit mit Kindern, Jugendlichen und Erwachsenen mit Behinderungen bzw. Neurodiversität. Danach absolvierte sie an der Universität zu Köln das Aufbaustudium Lehramt Sonderpädagogik, das sie wie das Erststudium erfolgreich abschloss, wirkte als Wissenschaftliche Mitarbeiterin und Stipendiatin des Bundes-Projektes PROMI an der Universität Hamburg. Mittlerweile dissertiert sie an der Martin-Luther-Universität Halle-Wittenberg zum Thema Autismus und Studium, ist freiberuflich als Referentin in den Bereichen Autismus und inklusive Bildung tätig und setzt sich (auch per ehrenamtlicher Mitwirkung an der Interessengemeinschaft »Barrierefreies Buxtehude«) für mehr Mitmenschlichkeit ein.
angi_sarrazin@web.de

Carina Schipp ist wissenschaftliche Mitarbeiterin und Doktorandin der Rehabilitationspädagogik der Martin-Luther-Universität Halle-Wittenberg. Zu ihren Arbeitsschwerpunkten gehören u. a. Autismus und Beruf (Übergang Schule – Beruf), Übergangsforschung, Biographieforschung, Partizipative Autismusforschung und partizipativ-rekonstruktive Ansätze. Außerdem ist sie Mitarbeiterin im Projekt im Rahmen der Freiraum 2023-Ausschreibung mit dem Titel »Autistische Dozierende

für die inklusive Lehrkräftebildung« (AutDiL).
carina.schipp@paedagogik.uni-halle.de

Sylva Schlenker, Dipl.-Psych., Dipl.-Soz.päd., hat seit knapp 5 Jahren die fachliche Leitung Autismus bundesweit für SALO+Partner. Vorher war sie über 20 Jahre lang in Braunschweig tätig im Bereich Autismustherapie, Weiterbildung, Fachberatung, Coaching und Diagnostik. Sie setzt sich seit vielen Jahren intensiv für eine barrierefreie autismusspezifische Beschulung für Kinder und Jugendliche mit Autismus ein. Gemeinsam mit dem Landesverband Autismus Mecklenburg-Vorpommern engagiert sie sich seit nunmehr 8 Jahren für Aufklärung und Wissensvermittlung zum Thema Autismus-Spektrum-Störung.
sylvaschlenker@salo-partner.de

Michael Schmitz, Dipl.-Soz.päd., Dipl.-Soz.arb., Master of social management, leitet eine Autismus-Ambulanz in Hannover. Vorher war er 15 Jahre lang Niederlassungsleiter einer Einrichtung u. a. zur Arbeitsintegration von autistischen Menschen. Er leitet den »Runden Tisch Autismus Hannover« seit über 10 Jahren und betreibt einen Verlag zum Thema Autismus: www.autismus-buecher.de
michael-schmitz@t-online.de

Jana Steuer ist in der Forschungsabteilung einer online Sprachlernplattform tätig und bietet freiberuflich Fortbildungen zu den Themen Neurodiversität und inklusiver Seminargestaltung an. Nach ihrer Ausbildung zur Ergotherapeutin und einem Studium der Diplom Rehabilitationspädagogik hat sie in verschiedenen pädagogischen Kontexten gearbeitet und sich insbesondere mit der Begleitung von Jugendlichen und jungen Erwachsenen am Übergang von der Schule in den Beruf beschäftigt. In ihrer jetzigen Tätigkeit sind ihre Schwerpunkte digitale Barrierefreiheit und Benutzererfahrung (User Experience) im online Sprachlernen.
janasteuer@gmx.de